변호사가 말하는 아동학대

법원 판결로 아동학대 알아보기

변호사가 말하는 아동학대
법원 판결로 아동학대 알아보기

초판 1쇄 발행 2021년 9월 17일
2쇄 발행 2023년 6월 21일

지은이 박우근
펴낸이 장길수
펴낸곳 지식과감성#
출판등록 제2012-000081호

교정 양수진
디자인 정윤솔
편집 정윤솔
검수 정은지, 윤혜성
마케팅 고은빛, 정연우

주소 서울시 금천구 벚꽃로298 대륭포스트타워6차 1212호
전화 070-4651-3730~4
팩스 070-4325-7006
이메일 ksbookup@naver.com
홈페이지 www.knsbookup.com

ISBN 979-11-392-0079-9(03360)
값 23,000원

- 이 책의 판권은 지은이와 지식과감성#에 있습니다.
- 이 책 내용의 전부 또는 일부를 재사용하려면 반드시 양측의 서면 동의를 받아야 합니다.
- 잘못된 책은 구입하신 곳에서 바꾸어 드립니다.
- 이 책에는 공게임즈에서 제공한 이사만루체가 적용되어 있습니다.

지식과감성#
홈페이지 바로가기

변호사가 말하는 아동학대

법원 판결로 아동학대 알아보기

박우근 지음

아동학대치사인가, 살인인가 / 15개월 아기를 위한 조문(弔文) / 뺨 한 대만 때려도 신체학대일 수 있다 / 훈육을 위한 체벌은 허용되는가 / 손으로 때리면 유죄, 회초리로 때리면 무죄? / 정서학대란 무엇인가? 헌법재판소가 답하다 / 손톱을 너무 깊게 깎아도 학대일까 / 도깨비 전화 / 간식을 선생님 혼자서만 먹었다면 / 변태적인 행위는 아동의 동의가 있더라도 성학대다 / 스마트폰 뒤에 숨어서 뻗치는 마수 / 선생님과 제자의 사랑, 드라마처럼 아름다울까 / 여강사와 남중생의 관계, 법원의 판단은? / 아빠의 성학대, 알면서도 방임한 엄마 / 쓰레기장에 버려진 아이 / 아동을 차량에 두고 내리면 방임일까 外

지식과감정#

목차

머리말 　　　　　　　　　　　　　　　　　　　　　11
일러두기 　　　　　　　　　　　　　　　　　　　　14

제1장 아동학대, "사랑의 매"와 "범죄" 사이 　　　15
- 이 책의 구성과 읽는 방법 　　　　　　　　　　　21

제2장 아동학대 관련 주요 개념 　　　　　　　　　25

1. 아동 　　　　　　　　　　　　　　　　　　　　26
   - 아동과 유사하지만 다른 개념들 　　　　　　　27
2. 아동학대 　　　　　　　　　　　　　　　　　　29
   - 아동학대의 주체 　　　　　　　　　　　　　32
3. 금지행위 　　　　　　　　　　　　　　　　　　34
4. 아동학대범죄 　　　　　　　　　　　　　　　　38
5. 보호자 　　　　　　　　　　　　　　　　　　　42
   - 아동과 동거하는 성인이면 모두 보호자인가? 　43
6. 아동학대살해·치사, 아동학대중상해, 상습범,
   아동복지시설의 종사자 등에 대한 가중처벌 　　46
7. 조건부 기소유예, 아동보호사건, 보호처분 　　　49
8. 아동학대관련범죄 　　　　　　　　　　　　　　54
9. 취업제한명령 　　　　　　　　　　　　　　　　57
   - 어느 교사의 학대, 학교와 학부모들의 책임도 크다 　62
10. 아동학대범죄 신고의무자 　　　　　　　　　　67
    - 신고자 보호 　　　　　　　　　　　　　　　73

- 신고의무자의 신고율이 낮은 또 하나의 이유 76
11. 신고의무 교육, 아동학대 예방교육 77
   - 신고의무 교육 77
   - 공공기관 아동학대 예방교육 81

제3장 법원 판결로 아동학대 알아보기   85

   - 사례를 읽기 전에 86
1. 아동학대치사인가, 살인인가 89
   - 살인죄를 인정한 사례 90
   - 아동학대치사죄를 인정한 사례 100
   - 고의에 대한 판단이 왜 중요할까 103
2. 15개월 아기를 위한 조문(弔文) 105
3. 뺨 한 대만 때려도 신체학대일 수 있다 113
4. 훈육을 위한 체벌은 허용되는가 122
   - 친권자의 체벌은 허용되는가? 128
   - 체벌은 사회상규에 위배되지 않는 행위인가? 130
5. 손으로 때리면 유죄, 회초리로 때리면 무죄? 139
6. 부모의 허락을 받았으면 때려도 될까 146
7. 때리는 것 이외의 신체학대 151
   - 낙태 강요, 루프 시술 강요도 신체학대다 154
8. 정서학대란 무엇인가? 헌법재판소가 답하다 159
9. 스펀지로도 때려서는 안 될까 171
   - 신체학대인가, 정서학대인가 172
   - "위험 또는 가능성"과 "미필적 인식" 177
   - 사회상규에 위배되지 않는 행위 여부의 판단 178

10. 우산을 휘두르는 아이, 보호자는 어떻게 해야 했을까 　　180

11. 손톱을 너무 깊게 깎아도 학대일까 　　186

12. 아이가 싫다고 하는 장난감을 억지로 주었다면 　　188

13. 도깨비전화 　　192

　　- 도깨비전화, 규제가 필요하다 　　197

14. 아동을 차별하는 행위 　　201

15. 간식을 선생님 혼자서만 먹었다면 　　204

16. 타임아웃, 올바른 훈육방법일까 　　209

17. 아동에게 "찌끄레기"라고 한 보육교사들, 무죄? 　　213

18. 아이돌보미의 욕설, 녹음파일이 증거가 될 수 있을까 　　219

19. 어린이집에서 발생한 정서학대의 예시 　　225

20. 훈육을 빙자한 가정 내 정서학대 　　235

21. 부부싸움 노출도 정서학대다 　　242

22. 운전 중 아동의 보호자에게 폭언, 아동학대일까 　　248

　　- 보호자에 대한 폭언과 위협을 아동에 대한 정서학대로 본 사례 　　253

23. 성학대란 무엇인가? 　　257

24. 변태적인 행위는 아동의 동의가 있더라도 성학대다 　　260

　　- 아동복지법 제17조 제2호 전단과 후단의 구분 　　262

　　- "성적 학대행위"의 의미와 아동의 동의 여부 　　265

25. 스마트폰 뒤에 숨어서 뻗치는 마수 　　273

26. 선생님과 제자의 사랑, 드라마처럼 아름다울까 　　285

27. 여강사와 남중생의 관계, 법원의 판단은? 　　295

28. 아동에게 "꽃뱀" 역할을 시켰다면 　　303

29. 언어적 성희롱도 처벌될까 　　306

30. 아빠의 성학대, 알면서도 방임한 엄마 　　314

31. 쓰레기장에 버려진 아이 　　322

32. 의료적 방임 　　330

33. 교육적 방임 341
　- 홈스쿨링을 어떻게 볼 것인가? 352
34. 출생신고를 하지 않는 것도 방임이다 357
35. 아동을 차량에 두고 내리면 방임일까 364
36. 양벌규정 374
　- 아동학대 예방도 법률자문이 필요하다 389

제4장 맺음말 : 아동학대 근절을 위한 제언 391
　- 아동학대 처벌규정의 재정비가 필요하다 392
　- 누가 아동학대를 판단하는가? 394
　- 무엇이 아동학대인가, 사회적 합의를 위하여 397

판결색인 398

사례목차

⟨사례 1⟩ 은비 사건   16
⟨사례 2⟩ 고등학생 아동복지법위반 사건   36
⟨사례 3⟩ 자사고 교사 체벌 사건   62
⟨사례 4⟩ 울산 입양아 살인사건   90
⟨사례 5⟩ 동거녀의 33개월 자녀 살해 사건   94
⟨사례 6⟩ 평택 아동 살해 암매장 사건   96
⟨사례 7⟩ 강서구 위탁모 아동학대 사망사건   101
⟨사례 8⟩ 뺨 한 대 사건   115
⟨사례 9⟩ 보육교사 색연필 사건   116
⟨사례 10⟩ 장애 전문 보육교사 볼펜 사건   119
⟨사례 11⟩ 장애아동 특수교사 신체학대 사건   133
⟨사례 12⟩ 초등학교 1학년 담임교사 체벌 사건   134
⟨사례 13⟩ 생활지도원 드럼채 사건   136
⟨사례 14⟩ 회초리 무죄 사건   139
⟨사례 15⟩ 과외교사 체벌 허락 사건   146
⟨사례 16⟩ 강사 체벌 허락 사건   149
⟨사례 17⟩ 전자부품 조립 사건   151
⟨사례 18⟩ 기마 자세 사건   153
⟨사례 19⟩ 낙태 강요 사건   154
⟨사례 20⟩ 정서학대 헌법소원 사건   159
⟨사례 21⟩ 스펀지 블록 사건   171
⟨사례 22⟩ 장애아동 우산 사건   180
⟨사례 23⟩ 손톱깎이 사건   186

〈사례 24〉 장난감 바구니 사건   188

〈사례 25〉 도깨비전화 사건   193

〈사례 26〉 어린이집 원생 차별 사건   201

〈사례 27〉 유치원 교사 간식 사건   204

〈사례 28〉 어린이집 타임아웃 사건   209

〈사례 29〉 찌끄레기 사건   213

〈사례 30〉 아이돌보미 욕설 녹음 사건   221

〈사례 31〉 보육교사 아동학대 54회 사건   225

〈사례 32〉 보육교사 아동학대 37회 사건   229

〈사례 33〉 친부 부엌칼 사건   235

〈사례 34〉 휴대전화 파손 사건   240

〈사례 35〉 1세 아동 가정폭력 노출 사건   245

〈사례 36〉 지하주차장 욕설 사건   248

〈사례 37〉 운전 중 폭언 사건   249

〈사례 38〉 "집에 있는 거 알아요" 사건   254

〈사례 39〉 개목걸이 사건   260

〈사례 40〉 목사 성착취물 제작 알선 사건   274

〈사례 41〉 경찰 사칭 사진 요구 사건   275

〈사례 42〉 남교사-여고생 연인 관계 사건   285

〈사례 43〉 남교사-여중생 연인 관계 사건   287

〈사례 44〉 남교사-여고생 모델 성관계 사건   289

〈사례 45〉 여강사-남중생 연인 관계 사건   295

〈사례 46〉 꽃뱀작업 사건   303

〈사례 47〉 영어 단어 사건   306

〈사례 48〉 "애 있지" 사건   309

〈사례 49〉 피임 질문 사건   311

〈사례 50〉 아르바이트 성희롱 사건   312

〈사례 51〉 친모 피임약 사건   314

〈사례 52〉 탄원서 요청 사건   317

〈사례 53〉 신생아 쓰레기장 유기 사건   323

〈사례 54〉 산부인과 신생아실 유기 사건   324

〈사례 55〉 집 나간 친모 사건   326

〈사례 56〉 비린내와 악취 사건   327

〈사례 57〉 연비 의식 영아 사망 사건   331

〈사례 58〉 3개월 영아 뇌손상 사건   333

〈사례 59〉 어학원 안와골절 방치 사건   335

〈사례 60〉 해열제 사건   337

〈사례 61〉 교육적 방임 1년 8개월 사건   342

〈사례 62〉 교육적 방임 48일 사건   343

〈사례 63〉 농사일 사건   344

〈사례 64〉 채식 계율 사건   348

〈사례 65〉 양자 교육적 방임 사건   354

〈사례 66〉 출생신고 미신고 유기 사건   357

〈사례 67〉 출생신고 미신고 무죄 사건   359

〈사례 68〉 유치원통학버스 13분 방치 사건   364

〈사례 69〉 아동 승용차 방치 후 마사지업소 사건   368

〈사례 70〉 아동복지시설 양벌규정 무죄 사건   384

머리말

2020년 10월, 생후 16개월 된 아기가 양부모에 의해 이루 말할 수 없이 참혹한 학대를 받은 끝에 숨지는 사건이 발생했다. "16개월 입양아 학대 사망사건" 또는 "정인이 사건"이라고도 알려진 이 사건은 언론에 크게 보도되며 국민들에게 충격을 주었고, 이를 계기로 그 이전과 이후에 발생한 다른 아동학대 사건들까지 조명을 받게 되었다.

아동학대는 가정에서도, 학교에서도, 어린이집이나 유치원에서도, 아동이 있는 곳이라면 어디에서나 발생할 수 있다. 아동학대에 관한 뉴스가 연일 보도되면서 '우리 아이도 어디선가 아동학대를 당하지 않을까' 하는 부모들의 불안감도 커지고 있다.

정부도 아동학대 근절을 위하여 점점 강력한 대책들을 내놓고 있다. 2020년 10월부터 전국 시·도 및 시·군·구에 아동학대전담공무원이 배치되어 아동학대 조사 등의 업무를 수행하기 시작했다. 1년 이내에 2회 이상 신고가 접수된 아동에 대하여 현장조사 과정에서 학대피해가 강하게 의심되고 재학대가 발생할 우려가 있는 경우 아동을 즉각 보호자로부터 분리하는 "즉각 분리제도"도 2021년 3월부터 시행되었다.

이처럼 아동학대에 대한 관심이 높아지고 있는 현실에도 불구하고, 정작 "무엇이 아동학대인가?" 하는 물음에 대한 대답은 애매모호하다. 일각에서는 훈육을 목적으로 한 체벌을 포함해서 아동을 때리는 일체의 행위는 아동학대라는 적극적인 주장을 펼치기도 하지만, 한편으로는 여전히 "사랑의 매"라는 말이 있고, 아이를 기르다 보면 때릴 수도 있다고(혹은 때려야 한다고) 생각하는 사람들도 적지 않다. 현행 사법체계에서도 아이를 때렸다고 해서 모든 경우에 아동학대로 처벌을 받는 것도 아니다.

아동학대를 근절해야 한다고 외치면서 사실은 무엇을 근절해야 하는지도 모른다면 이는 뜬구름 잡기에 불과하다. 아동학대 강력 대책이라는 말은 그럴싸하지만, 대책을 시행하기 위한 기준이 애매모호하다면 법적 안정성을 해치고 국민의 기본권을 부당하게 침해하는 결과를 낳을 수 있다. 이래서는 제2의, 제3의 비극적인 사건들을 막는 길도 요원해질 뿐이다.

이 책의 목적은 아동학대사건에 대하여 지난 몇 년간 법원은 어떻게 판결하였는지 그 경향 및 태도를 검토함으로써, "무엇이 아동학대인가?" 하는 질문에 대한 답을 찾는 것이다. 법원의 판결이 반드시 정답은 아니겠으나 하나의 기준이 될 수는 있으며, "법원은 무엇을 아동학대로 보고 있는가?", 다시 말해 "현행 사법체계에서 어떤 행위를 하면 아동학대로 처벌받는가?"를 알아보는 작업은 실무적으로도 중요한 의미를 가질 것이다.

아동학대사건 판결을 법률가의 시각에서 다룬 책은 의외로 찾아보기 어렵다. 2020년 보건복지부와 아동권리보장원은 『2017-2019 아동학대사건 판례집』을 발간하였으며 같은 해 법무부와 한국여성변호사회도 『2020 아동학대 판례분석』을 발간하였지만, 일반 독자들을 대상으로 나온 책은 좀처럼 찾기 힘든 실정이다.

필자는 아동학대 현장에서 직접 발로 뛴 실무가도 아니요, 법학을 깊게 공부한 이론가도 아니다. 그저 관련 업무를 짧게 경험하면서 개인적으로도 아동학대 문제를 좀 더 고민해 본 것에 불과하다. 얕은 지식으로 책을 내는 것은 주제넘을 뿐 아니라 위험한 일일 수도 있다. 그럼에도 불구하고 필자가 용기를 낸 것은 상기한 바처럼 이런 책이 지금까지 거의 없었기 때문이고, 이런 책이 필요하다고 믿기 때문이다.

검·경찰 및 시·도, 시·군·구 아동학대전담공무원, 아동보호전문기관 상담원, 법조인, 사회복지사, 아동과 관련된 기관·단체 등 각계 종사자들에게 이 책이 부족하게나마 참고가 될 수 있기를 바란다. 아울러 자신의 근무지에서 아동학대가 발생하거나 혹은 자신이 뜻하지 않게 아동학대의 가해자로 몰릴까 봐 염려하는 보육 현장 및 교육 현장 종사자들, 법률에 따라 아동학대 신고의무자로 지정되었으나 어떤 경우에 아동학대로 신고해야 할지 몰라서 고민하는 신고의무자들, 아이가 아동학대로 의심되는 피해를 입어 어떻게 대응해야 할지 고민이거나 앞으로 만약 그런 일이 있다면 어떻게 해야 할지 불안한 부모들, 그 밖에 아동학대 문제에 관심이 있는 일반인들에게도 도움이 되기를 기대한다.

이 책을 쓰는 동안에도 건강하고 예쁘게 자라고 있는 소중한 우리 아이와 세상의 모든 아이들을 생각하며, 아동학대 없는 세상을 만들어야 한다는 무거운 책임감을 느낀다.

**2021년 6월
필자**

일러두기

1. 이 책은 2021.6.6. 현재 시행 중인 법률을 기준으로 한다.
2. 이 책에서 인용한 사례 및 판결문은 모두 대한민국 법원 홈페이지(http://www.scourt.go.kr)의 판결서 인터넷 열람 서비스 또는 국가법령정보센터 홈페이지(http://www.law.go.kr)를 통하여 비실명 처리를 거쳐 일반에 공개된 것들이다.
3. 연구의 범위를 한정할 필요가 있어, 2017년부터 2019년까지 선고된 판결들을 중심으로 검토하고 인용하였다. 단 중요한 의미가 있는 판결이라면 이전에 선고된 것이라도 인용하였으며, 2017년부터 2019년까지 선고된 판결의 상급심이 2020년에 확정된 경우에 한하여 그 상급심까지 인용하였다.
4. 최소 2심 이상 재판이 진행된 사례만을 인용하였다.
5. 판결문을 통하여 공개된 사실 이외에 사건 당사자 또는 관계자를 특정할 수 있는 정보는 일체 포함하지 않았다. 개중에는 언론 보도 등을 통하여 널리 알려진 사건들도 있으나, 언론에 공개된 사실관계도 판결문에 포함되어 있지 않다면 가급적 언급하지 않는 것을 원칙으로 하였다.
6. 사례마다 붙은 명칭은 필자가 임의로 붙인 것이다. 단 이미 언론 보도 등을 통하여 굳어진 명칭이 있는 경우에는 이를 따르기도 하였다(예: 은비 사건, 울산 입양아 살인사건 등).
7. 지나칠 정도로 잔혹하거나 가학적, 변태적인 아동학대행위까지도 판결문에 공개된 사실 그대로 묘사하였으므로 읽는 이의 주의를 요한다. 이는 정확한 사실관계를 파악하여야만 아동학대의 기준 발견이라는 이 책의 목적을 달성할 수 있기 때문이기도 하며, 동시에 아동학대의 충격적인 실상을 알리고 경각심을 일깨우기 위함이기도 하다.
8. 사례를 소개할 때 아동학대사건임을 강조하고 당사자들의 관계를 명확히 드러내기 위하여, 판결문의 "피고인", "피해자"라는 용어 대신 일선 아동학대 대응 현장에서 사용되는 "행위자", "피해아동"이라는 용어를 사용하였다(무죄로 판결된 사건의 경우에도 마찬가지로 "행위자", "피해아동"으로 지칭하였다). 다만 판결문을 직접 인용할 경우에는 용어를 수정하지 않았다.

제1장

아동학대, "사랑의 매"와 "범죄" 사이

변호사가 말하는 아동학대 법원 판결로 아동학대 알아보기

사례 1

은비 사건[01]

피해아동 G는 2012.9.경 출생해서 친모에 의해 양육되다가 경제적 사정 등을 이유로 2014.6.28. 입양원에 입소한 후 2015.7.24. 한 가정에 입양을 전제로 위탁되었으나 2015.11.27. 입양원에 귀원했고, 2015.12.19. 행위자 A, B 부부의 가정에 입양을 전제로 위탁되었다. A, B는 G 이외에도 다른 아동들을 입양하여 양육하고 있었다.

A는 말을 듣지 않는다는 이유로 G를 손과 도구(공소장에 따르면 플라스틱 막대기)로 상습적으로 때렸다. B는 A에게 "훈육이 아니라 미워서 때리는 것 같다"며 너무 심하게 때리지 말라고 말리기도 했는데, A는 이에 수긍하였지만 이후에도 상습적으로 G를 때렸다(G의 머리, 눈, 등, 좌우 발바닥과 다리 등에서 시기와 강도를 달리하는 다수의 멍과 상처가 발견되었다).

2016.4.4.경 A와 B는 G가 냉장고 안의 항생제를 먹었다는 이유로 G에게 3리터 가량의 물을 마시게 했다. 그로 인해 G는 저나트륨혈증에 의한 경련을 일으켜 병원에 입원해야 했다.

---

[01] 은비는 가명으로, 당시 언론에서 "은비 사건" 또는 "대구·포천 입양아동 학대 사망 사건" 등으로 지칭하였으며 사건의 진상을 조사한 "은비 보고서"가 발간되기도 하였다. 좀 더 복잡한 사실관계가 얽혀 있고 많은 문제점이 다각도로 제기되었던 사건이지만, 이하에서는 이 책의 취지와 목적에 따라 판결문에 드러난 사실관계만을 바탕으로 사례를 정리하고, "은비"가 아닌 "G"로 피해아동을 지칭한다.

2016.7.초순경 G가 싱크대 위에 놓여 있던 뜨거운 꿀물을 얼굴과 몸에 쏟아 2~3도 화상을 입었다. B는 이를 알고도 병원치료를 받으면 A가 G를 학대해 온 사실이 발각될 것을 두려워하여 G의 상처 부위를 식염수로 소독하고 반창고를 붙이는 외에 별다른 치료를 하지 않았다.

2016.7.15.경 A는 G가 가위를 갖고 놀고 있는 것을 보고 손과 불상의 도구로 G의 머리를 수회 때렸다. 그로 인해 G는 머리 부위 손상으로 발생한 경막하출혈로 뇌사 상태에 빠져 병원에서 입원 치료를 받다가 2016.10.29. 사망하였다(사망당시 4세).

법정에서 A는 "훈계하기 위하여 가벼운 체벌을 하였을 뿐"이라고 주장하면서, G의 사망 원인은 혼자 넘어져서 머리를 다친 것이라거나 이물질을 삼켜서 호흡곤란을 일으킨 것이라고 하는 등 납득하기 어려운 변명으로 책임을 회피하기에 급급한 모습을 보였다. 그러나 법원은 사망진단서와 부검감정서 등 객관적인 증거를 토대로 A의 주장을 배척하였다.

1심 법원은 A에게 아동복지법위반(상습아동학대)죄와 아동학대범죄의처벌등에관한특례법위반(아동학대치사)죄를 인정하여 징역 10년과 120시간의 아동학대 치료프로그램 이수명령을 선고하고, B에게도 아동복지법위반(유기·방임)죄를 인정하여 징역 10월에 집행유예 2년, 40시간의 아동학대 치료강의 수강명령을 선고하였다. 2심 법원은 A의 선고 형량을 징역 15년으로 가중하였고, 대법원은 2심 판결을 확정하였다.

[사건번호]
대구지방법원 2017.2.8. 선고 2016고합449 판결
대구고등법원 2017.9.7. 선고 2017노110 판결
대법원 2017.12.5. 선고 2017도15074 판결

끔찍하고 슬픈 사건이다. 당시 커다란 사회적 공분을 불러일으켰고, 국회의원 4명과 시민사회단체 22곳 및 관련 학자 다수의 참여로 "대구·포천 입양아동 학대 사망사건 진상조사 및 제도개선 위원회"가 발족되는 계기가 되기도 했다.[02] 안타깝게도, 아동학대로 인하여 아동이 사망하는 사건은 그 이후로도 계속 발생하고 있다.

그런데 여기서 주목할 것은 아동학대의 동기다. 위 〈사례 1〉의 행위자 A가 상습적으로 아동을 때린 것은 아동이 말을 듣지 않는다는 이유로 훈육하기 위해서였다. 가장 끔찍한 아이러니는, 비극이 벌어진 그날 아동을 뇌사 상태에 빠뜨릴 만큼 때렸던 동기도 "아이가 가위를 갖고 놀아서"였다는 사실이다. 아이에게 가위를 갖고 놀지 말라고 가르치는 이유는 두말할 나위도 없이 아이가 다치지 않게 하기 위해서인데, 아이가 다치지 않게 하기 위해서 아이를 죽게 만들었다는 것이다.

"사랑의 매"라는 말이 있다. 훈육 목적으로 아이를 때리는 것은 "아이가 잘되라고", "아이를 위해서" 때리는 것이기 때문에 잘못이 아닐뿐더러 오히려 마땅히 그렇게 해야 한다는 인식을 담고 있는 말이다. 혹자는 유교 문화의 영향이라고도 하지만, 동양에도 "예쁜 자식 매 한 대 더 때리고 미운 자식 떡 하나 더 준다(憐兒多與棒 憎兒多與食)"는 말이 있고 서양에도 "매를 아끼면 아이를 망친다(Spare the rod and spoil the child)"는 말이 있는 것을 보면 특정 문화권만의 문제는 아닌 것으로 보인다.

그러나 위 〈사례 1〉은 "사랑의 매"가 정말 아동을 위한 것인지에 대해 심각한 의문을 불러일으킨다. 훈육을 목적으로 아동을 때리는 행위는 과

---

02 "'입양아 학대·사망 재발 막는다', 대책위 발족", 파이낸셜뉴스 (2016.11.22.) 참조.

연 정당할까? 만약 정당할 수도 있다면, 어디까지 허용될 수 있는 것일까?

아동학대에 관하여 이야기할 기회가 있을 때마다 자주 받는 질문이 있다. "아이를 한 대만 때려도 아동학대인가요?" 하는 질문이 그것이다. 그런데 가만히 생각해 보면 이는 아주 이상한 물음이다. 아무도 "사람을 한 대만 때려도 폭행인가요?" 하고 묻지는 않기 때문이다.

사람을 때렸다고 해서 모든 경우에 처벌을 받는 것은 아니다. 정당방위 또는 사회상규에 위배되지 않는 행위임을 인정받아 무죄로 될 수도 있고, 혹은 사안이 경미하여 훈방되거나 기소유예처분을 받을 수도 있다. 그럼에도 불구하고, 사람이 사람을 때리는 행위는 폭행이라는 원칙 자체에 대해서는 대부분의 사람들이 공감할 것이다. "살다 보면 사람 좀 때릴 수도 있지, 그게 무슨 폭행이냐" 하고 말하는 자가 있다면 그는 조직폭력배거나 반사회적인 성향이 다분한 인물일 것이다. 그런데 유독 아동에 대해서는 "아이를 키우다 보면 좀 때릴 수도 있지, 그게 무슨 아동학대냐" 하고 말하는 사람들이 많이 있다.

위 〈사례 1〉에서 행위자 A의 행위가 절대로 허용되어서는 안 되는 범죄행위라는 점에는 거의 모든 사람들이 동의하겠지만, 그러면서도 여전히 "사랑의 매"가 어느 정도는 있을 수 있다고 생각하는 사람들 또한 적지 않다. 그러고 보면 사람들이 생각하는 아동학대란 "사랑의 매"와 "범죄" 사이 어디쯤에 존재하는 것으로 보인다. 문제는 그 어디쯤이라는 것이 사람마다 천차만별이라는 것이다. 즉 무엇이 아동학대이고, 무엇이 아동학대가 아닌지에 대해 아직도 우리 사회가 합의에 도달하지 못했다는 의미다.

아동학대를 근절시키기 위해서는 강력한 처벌이 필요하다고 흔히 사람들은 이야기한다. 처벌은 범죄의 일반예방과 특별예방을 위하여 필요하다.

범죄행위에는 처벌이 뒤따름을 알게 함으로써 일반인이 그와 같은 행위를 저지르지 않도록 하는 것이 일반예방이라면, 이미 범죄행위를 저지른 자를 처벌함으로써 다시 그와 같은 행위를 저지르지 않도록 교정하는 것이 특별예방이다. 그러나 무엇이 아동학대인지에 대한 사회적 합의가 없다면, 단순히 아동학대와 관련한 처벌조항의 법정형을 높이는 것만으로는 일반예방도 특별예방도 기대하기 어렵다.

가령 아동을 상습적으로 때리는 보호자 Z가 있다고 했을 때, Z가 자신의 행위는 "사랑의 매"이므로 아동학대와는 아무 관련이 없다고 믿는다면, 관련 처벌조항의 법정형이 아무리 높아져도 Z는 그것을 남의 이야기로만 생각하고 아동을 때리는 행위를 그만두지 않을 것이다. 아동학대로 신고되어 경찰이 출동하더라도 Z는 "이게 무슨 아동학대냐" 하고 도리어 큰소리를 칠지도 모른다. 이러면 일반예방의 효과를 전혀 기대할 수 없게 된다. 경찰 또한 Z의 행위가 아동학대인지 아닌지 애매모호하다면 수사를 개시하기를 망설일 것이고, 그러면 특별예방의 효과 또한 기대하기 어렵게 된다.

이 책은 지난 몇 년 사이에 법원의 판결을 받은 다양한 아동학대 사례들을 망라하였다. 개중에는 당연히 아동학대라고 누구나 고개를 끄덕일 만한 사례도 있고, 분노와 슬픔을 느낄 만한 사례도 있으며, 너무도 잔혹하고 끔찍해서 우리 사회에서 실제로 일어났다고 믿기 힘들 정도의 사례도 있다. 반면에 "이런 것도 아동학대였어?" 하고 의아해하거나 고개를 갸웃거릴 만한 사례도 있다.

법원이 어떻게 판결하였는지를 기준으로 "무엇이 아동학대인가"를 고찰하였으나, 법원도 언제나 옳다고는 할 수 없을 것이다. 판결의 경향도 시대와 사회적 인식의 변화에 따라 바뀔 수 있기 때문이다. 각각의 사례에 대하여 "이것은 학대다", "아니다" 하는 결론만을 보고 넘기기보다는, 정말 아동학대가 맞는지 혹은 그렇지 않은지에 대해 독자 여러분이 스스로 생각해 보고 자신만의 답을 찾아가는 시간이 될 수 있기를 희망한다.

우리 사회가 무엇이 아동학대인지에 대한 사회적 합의에 도달하고, 그러한 사회적 합의가 아동학대의 근절로 이어지는 데 이 책이 미약하게나마 보탬이 될 수 있다면 더 바랄 나위가 없겠다.

🔍 이 책의 구성과 읽는 방법

이 책은 기본적으로 아동학대와 관련이 있는 각계의 종사자 및 아동학대 문제에 관심이 있는 일반 독자들을 대상으로 하였다.

따라서 지나치게 전문적인 설명은 피하려고 했지만, 법이라는 소재 자체가 워낙 어렵기 때문에 쉽게 풀어서 설명하는 데도 한계가 있고(가령 법률용어가 하나 나올 때마다 그 의미부터 쉽게 설명해야 한다면 전공서적만큼의 두께가 필요할 것이다), 한편으로는 법조인 등 전문가들을 위해서도 유익한 책을 쓰고 싶다는 욕심이 생겨 심도 있는 내용이나 필자의 사견까지 일부 넣다 보니, 일반 독자들에게는 그리 쉽게 읽히지만은 않을 책이 되었다.

그런 의미에서 이 책의 구성과, 독자의 특성에 따라 권장되는 읽기 방법을 설명해 두고자 한다.

이 책은 총 4장으로 구성되었으나, 그중에서 본론이라고 할 수 있는 부분은 제2장과 제3장이다. 제2장에서는 아동학대와 관련하여 필수적으로 알아야 할 법적 개념을 설명하였으며, 제3장에서는 다양한 아동학대 사례들을 소개하면서 법원은 어떤 행위들을 아동학대로 판단하였는지 고찰하였다.

제2장과 제3장 공통적으로, 사례의 소개가 필요한 대목에서는 "〈사례 1〉 은비 사건"과 같은 형식으로 소개하였으며, 사례목차를 따로 정리하였다. 법률조항을 직접 살펴볼 필요가 있는 경우 해당 법률조항을 인용하였고, 판결문을 직접 살펴볼 필요가 있는 경우에는 [판결문 읽기]라는 형식으로 판결문을 인용하였다(개중에는 판결문이 아니라 헌법재판소 결정문도 있지만 형식의 통일을 위하여 [판결문 읽기]로 표시했음을 밝힌다).

판결문의 문장은 원래 난해하고 장황하기로 악명이 높으므로(이를테면 "합리적인 의심의 여지를 배제할 정도로 증명되었다고 보기 어렵고, 달리 이를 인정할 만한 증거가 없다"와 같은 문장이 끝도 없이 이어진다) 조금이라도 가독성을 높이기 위하여 필자가 임의로 중요한 문장에 밑줄을 쳤다. 이 책에서 사례로서 소개되거나 직·간접적으로 인용된 모든 판결문은 사건번호를 기재하였으며, 판결색인에 정리하였다.

이 책을 읽는 가장 좋은 방법은 물론 처음부터 끝까지 페이지 순서대로 읽는 것이다. 특히 제2장을 먼저 꼼꼼히 읽으면서 아동학대 관련 주요 개념을 숙지한 다음 제3장을 읽기를 권장한다.

그러나 제2장은 이론적인 설명 위주이기 때문에, 독자에 따라서는 다소 딱딱하다거나 와닿지 않는다고 느낄 수도 있다. 제2장이 지루해서 책을 덮고 싶어지는 독자라면 바로 제3장으로 건너뛰어서 생생한 사례들을 먼저 접하기를 권한다. 사례를 먼저 접하고 나서 제2장으로 돌아가면 처음에 이해되지 않던 개념들이 더 잘 이해될 수도 있을 것이다.

법조인 등 전문가를 위하여 좀 더 심도 있는 쟁점까지 고찰하거나 필자의 주관적인 해석 및 견해를 피력한 경우, 가급적 본문이 아닌 각주로 빼냈다. 그렇게 빼낸 각주는 읽지 않고 넘어가더라도 전체적인 내용 이해에는 지장이 없을 것이다.

단순히 아동학대에 대한 가벼운 관심으로 책을 펼친 독자라면 페이지 순서대로 읽는 대신, 먼저 사례목차를 활용하여 사례들만 찾아서 훑어보는 것도 좋은 선택이 될 수 있겠다. 그동안 우리나라에서 발생한 아동학대 사례에는 어떤 것들이 있었는지를 알아보는 것만으로도 이 책을 읽는 중요한 목적은 달성하였다고 볼 수 있기 때문이다.

나머지는 독자 여러분의 평가를 기다릴 뿐이다.

제2장

아동학대 관련 주요 개념

변호사가 말하는 아동학대 법원 판결로 아동학대 알아보기

아동학대와 관련하여 필수적으로 알아야 할 법적 개념은 「아동복지법」(이하 "아동복지법")과 「아동학대범죄의 처벌 등에 관한 특례법」(이하 "아동학대처벌법")에 주로 규정되어 있다.

문제는 두 법률이 상당히 혼란스럽게 구성되어 있어서, 한 번 읽고 중요한 법적 개념을 정확히 파악하기가 매우 어렵다는 점이다. 이 장에서는 법률에 규정된 아동학대 관련 주요 개념들을 하나씩 알아보기로 한다. 다소 어렵더라도 개념을 확실히 정리하고 넘어가야만 제3장에서 소개할 여러 사례들도 정확히 이해할 수 있다.

1. 아동
― 몇 세까지가 아동일까?

"아동"이란 18세 미만의 사람을 말한다(아동복지법 제3조 제1호).

여기서 18세란 만 18세를 의미한다. 18세 미만이라면 세는나이(한국식 나이)로는 19세가 되는 해의 생일 전날까지, 즉 일반적으로는 고등학교 3학년이 되는 해의 생일 전날까지다.

위와 같은 정의는 일상적인 언어생활에서 말하는 아동과는 다소 차이가 있다. 사전적 의미로 "아동"이란 단어는 "나이가 적은 아이. 대개 유치원에 다니는 나이로부터 사춘기 전의 아이를 이른다."고 하며,[03] 일상적인 언어생활에서도 대개 그렇게 사용하고 있지만, 법률적으로는 사춘기가 지난 고등학생까지도 아동에 포함된다.

그런데 민법상 사람은 19세로 성년에 이르게 되므로(민법 제4조 참조) 혼동하지 않도록 주의할 필요가 있다. 만 18세가 된 사람은 더 이상 아동은 아니지만, 아직 성년이 되지 못한 미성년자다.

🔍 아동과 유사하지만 다른 개념들

일상적인 의미만 보면 아동과 유사하게 보이지만, 아동과는 다른 법적 개념들이 있다.

아동·청소년. 「아동·청소년의 성보호에 관한 법률」(이하 "청소년성보호법")에 정의된 "아동·청소년"이란 19세 미만의 자를 말한다. 다만, 19세에 도달하는 연도의 1월 1일을 맞이한 자는 제외한다(청소년성보호법 제2조 제1호 참조).

즉 세는나이로 19세까지가 아동·청소년에 해당하며, 1월 1일을 맞아 세는나이로 20세가 되면 더 이상 아동·청소년이 아니게 된다.

청소년성보호법은 아동학대와도 밀접한 관련이 있는 법률이므로 적용 여부의 판단에 있어서 특히 주의해야 한다. 가령 만 18세인 고등학생이 성범죄 피해를 입었을 경우, 청소년성보호법이 적용되므로 아동·청소년대상 성범죄에는 해당하지만, 아동복지법은 적용되지 않으므로 아동학대에는 해당하지 않는다.

---

03 표준국어대사전, https://stdict.korean.go.kr 참조. (2021.5.21. 확인)

청소년. 「청소년 기본법」에서 "청소년"이란 9세 이상 24세 이하인 사람을 말한다(「청소년 기본법」 제3조 제1호 전단 참조).

일상적인 언어생활에서와 달리 만 24세까지를 청소년으로 보고 있다. 만 18세에 고등학교를 졸업하고 4년제 대학교에 입학해서 휴학 없이 다닌다면 졸업할 때까지도 청소년이라는 뜻이다.

다만, 다른 법률에서 청소년에 대한 적용을 다르게 할 필요가 있는 경우에는 따로 정할 수 있다(「청소년 기본법」 제3조 제1호 후단 참조). 그 예로 「청소년 보호법」에서 "청소년"은 청소년성보호법에서의 아동·청소년과 그 범위가 같다(「청소년 보호법」 제2조 제1호 참조).

소년. 「소년법」에서 "소년"이란 19세 미만인 자를 말한다(「소년법」 제2조 참조). 즉 민법상 미성년자와 범위가 정확히 같다.

이상과 같이 아동, 미성년자, 아동·청소년, 청소년, 소년의 범위가 각기 다르므로, 관련 법령이나 언론 보도 등을 접했을 경우 해당 법률에서 규정하고 있는 대상의 범위가 몇 세까지인지를 확인해야 혼동을 피할 수 있다. 표로 정리하면 다음과 같다.

표 1. 아동 및 유사한 개념들의 범위

용어	범위	관련 법률
아동	만 18세가 되기 전까지	아동복지법
미성년자	만 19세가 되기 전까지	민법
아동·청소년	세는나이 20세가 되기 전까지	청소년성보호법
청소년	만 9세부터 만 24세까지 (만 25세가 되기 전까지)	청소년 기본법
	세는나이 20세가 되기 전까지	청소년 보호법
소년	만 19세가 되기 전까지	소년법

2. 아동학대
- 아동학대에는 네 가지 유형이 있다

"아동학대"의 정의는 아동복지법에 있다.

> **아동복지법**
>
> **제3조(정의)** 이 법에서 사용하는 용어의 뜻은 다음과 같다.
> 7. "아동학대"란 보호자를 포함한 성인이 아동의 건강 또는 복지를 해치거나 정상적 발달을 저해할 수 있는 신체적·정신적·성적 폭력이나 가혹행위를 하는 것과 아동의 보호자가 아동을 유기하거나 방임하는 것을 말한다.

한눈에 잘 들어오지 않으므로 문장을 끊고 밑줄을 쳐서 다시 읽어 보자.

보호자를 포함한 성인이 / 아동의 건강 또는 복지를 해치거나 정상적 발달을 저해할 수 있는 신체적·정신적·성적 폭력이나 가혹행위를 하는 것과 // 아동의 보호자가 / 아동을 유기하거나 방임하는 것

의미가 좀 더 쉽게 눈에 들어올 것이다. 위 정의에 따라 일선 아동학대 대응 현장에서는 아동학대의 유형을 ① 신체학대 ② 정서학대 ③ 성학대 ④ 방임의 네 가지로 분류하고 있다.[04]
헌법재판소도 위와 같은 분류 방식을 인정하고 있다.

판결문 읽기

　이에 따라 아동복지법은 아동에 대한 학대행위를 금지하고 있는 바, 제3조 제7호는 "아동학대란 보호자를 포함한 성인이 아동의 건강 또는 복지를 해치거나 정상적 발달을 저해할 수 있는 신체적·정신적·성적 폭력이나 가혹행위를 하는 것과 아동의 보호자가 아동을 유기하거나 방임하는 것을 말한다."고 정의하고, 제17조에서는 금지되는 학대행위의 유형으로, <u>아동에게 성적 수치심을 주는 성희롱 등의 성적 학대행위</u>(제2호), <u>아동의 신체에 손상을 주거나 신체의 건강 및 발달을 해치는 신체적 학대행위</u>(제3호), <u>아동의 정신건강 및 발달에 해를 끼치는 정서적 학대행위</u>(이 사건 법률조항), <u>자신의 보호·감독을 받는 아동을 유기하거나 의식주를 포함한 기본적 보호·양육·치료 및 교육을 소홀히 하는 방임행위</u>(제6호)를 규정함으로써 <u>학대의 유형을 네 가지로 구별</u>하고 있다. (헌법재판소 2015.10.21. 선고 2014헌바266 결정)

04　아동권리보장원 홈페이지, http://www.ncrc.or.kr 참조. (2021.5.21. 확인) "신체학대", "정서학대", "성학대"는 정확한 법률용어는 아니며 법률에서는 "신체적 학대행위", "정서적 학대행위", "성적 학대행위"와 같이 쓰고 있지만(아동복지법 제17조 참조), 이 책에서는 일선 현장에서와 같이 "신체학대", "정서학대", "성학대"란 용어를 사용하되, 법원의 판결을 인용하는 경우 등 맥락에 따라서는 "신체적 학대행위", "정서적 학대행위", "성적 학대행위"도 혼용한다.

"아동학대" 자체는 하나의 개념일 뿐 죄명이 아니다. 다시 말해 아동학대를 했다고 해서 "아동학대죄"로 처벌되는 것은 아니다. 다만 아동학대를 한 경우 아동복지법상 "금지행위"를 한 것으로 되어 "아동복지법위반"으로 처벌될 수 있다.

> 📖 **아동복지법**
>
> **제17조(금지행위)** 누구든지 다음 각 호의 어느 하나에 해당하는 행위를 하여서는 아니 된다.
> 1. 아동을 매매하는 행위
> 2. 아동에게 음란한 행위를 시키거나 이를 매개하는 행위 또는 아동에게 성적 수치심을 주는 성희롱 등의 성적 학대행위
> 3. 아동의 신체에 손상을 주거나 신체의 건강 및 발달을 해치는 신체적 학대행위
> 4. 삭제
> 5. 아동의 정신건강 및 발달에 해를 끼치는 정서적 학대행위
> 6. 자신의 보호·감독을 받는 아동을 유기하거나 의식주를 포함한 기본적 보호·양육·치료 및 교육을 소홀히 하는 방임행위
> 7. 장애를 가진 아동을 공중에 관람시키는 행위
> 8. 아동에게 구걸을 시키거나 아동을 이용하여 구걸하는 행위
> 9. 공중의 오락 또는 흥행을 목적으로 아동의 건강 또는 안전에 유해한 곡예를 시키는 행위 또는 이를 위하여 아동을 제3자에게 인도하는 행위
> 10. 정당한 권한을 가진 알선기관 외의 자가 아동의 양육을 알선하고 금품을 취득하거나 금품을 요구 또는 약속하는 행위
> 11. 아동을 위하여 증여 또는 급여된 금품을 그 목적 외의 용도로 사용하는 행위

금지행위에 관한 아동복지법 제17조를 살펴보면, 제2호는 아동학대 유형 중 성학대에 관한 정의이며, 제3호는 신체학대, 제5호는 정서학대, 제6호는 방임에 관한 정의임을 알 수 있다. 위에서 본 아동복지법 제3조 제7호와 제17조 각 호의 문구를 참조하면 아동학대의 각 유형은 다음과 같이 정의될 수 있다.

① 보호자를 포함한 성인이 아동의 신체에 손상을 주거나 신체의 건강 및 발달을 해치는 신체적 학대행위 (신체학대)
② 보호자를 포함한 성인이 아동의 정신건강 및 발달에 해를 끼치는 정서적 학대행위 (정서학대)
③ 보호자를 포함한 성인이 아동에게 성적 수치심을 주는 성희롱 등의 성적 학대행위 (성학대)
④ 보호자가 자신의 보호·감독을 받는 아동을 유기하거나 의식주를 포함한 기본적 보호·양육·치료 및 교육을 소홀히 하는 방임행위 (방임)

그런데 위와 같이 정의하더라도 각 유형의 정의가 상당히 추상적이고 포괄적이어서, 구체적으로 어떤 행위들을 아동학대라고 하는 것인지 쉽게 알기 어렵다. 이 점에 대해서는 제3장에서 여러 법원 판결들을 통해 고찰할 것이며, 그것이 이 책의 주된 목적이기도 하다.

아동학대의 주체

아동학대의 정의와 관련하여 또 한 가지 중요하게 짚고 넘어가야 할 부분은 그 주체다. 신체학대·정서학대·성학대의 경우 "보호자를 포함한 성인"만 주체가 될 수 있고, 방임의 경우 "보호자"만 주체가 될 수 있다. 따라서 아동의 건강 또는 복지를 해치거나 정상적 발달을 저해할 수 있는 신체적·정신적·성적 폭력이나 가혹행위가 있었더라도, 행위를 한 주체가 성인이 아닌 경우에는 아동학대에 해당하지 않는다.

가령 고등학교 1학년 학생들 사이에 신체적 폭력이 발생했다면 이는 폭력 행위를 한 주체가 미성년자이므로 아동학대에는 해당하지 않는다. 대신 이 경우에는 「학교폭력예방 및 대책에 관한 법률」이 적용되어 학교폭력에 해당할 수 있다.

3. 금지행위
- "누구든지" 해서는 안 되는 행위

"금지행위"에 대하여 좀 더 알아보자. 아동복지법은 제17조 각 호에 금지행위를 규정하고, 이를 위반한 자에 대하여 제71조 제1항에 벌칙조항을 두고 있다.

아동복지법

제17조(금지행위) 누구든지 다음 각 호의 어느 하나에 해당하는 행위를 하여서는 아니 된다.
1. 아동을 매매하는 행위
2. 아동에게 음란한 행위를 시키거나 이를 매개하는 행위 또는 아동에게 성적 수치심을 주는 성희롱 등의 성적 학대행위
3. 아동의 신체에 손상을 주거나 신체의 건강 및 발달을 해치는 신체적 학대행위
4. 삭제
5. 아동의 정신건강 및 발달에 해를 끼치는 정서적 학대행위
6. 자신의 보호·감독을 받는 아동을 유기하거나 의식주를 포함한 기본적 보호·양육·치료 및 교육을 소홀히 하는 방임행위
7. 장애를 가진 아동을 공중에 관람시키는 행위
8. 아동에게 구걸을 시키거나 아동을 이용하여 구걸하는 행위
9. 공중의 오락 또는 흥행을 목적으로 아동의 건강 또는 안전에 유해한 곡예를 시키는 행위 또는 이를 위하여 아동을 제3자에게 인도하는 행위
10. 정당한 권한을 가진 알선기관 외의 자가 아동의 양육을 알선하고 금품을 취득하거나 금품을 요구 또는 약속하는 행위
11. 아동을 위하여 증여 또는 급여된 금품을 그 목적 외의 용도로 사용하는 행위

> **제71조(벌칙)** ① 제17조를 위반한 자는 다음 각 호의 구분에 따라 처벌한다.
> 1. 제1호(「아동·청소년의 성보호에 관한 법률」 제12조에 따른 매매는 제외한다)에 해당하는 행위를 한 자는 10년 이하의 징역에 처한다.
> 1의2. 제2호에 해당하는 행위를 한 자는 10년 이하의 징역 또는 1억원 이하의 벌금에 처한다.
> 2. 제3호부터 제8호까지의 규정에 해당하는 행위를 한 자는 5년 이하의 징역 또는 5천만원 이하의 벌금에 처한다.
> 3. 제10호 또는 제11호에 해당하는 행위를 한 자는 3년 이하의 징역 또는 3천만원 이하의 벌금에 처한다.
> 4. 제9호에 해당하는 행위를 한 자는 1년 이하의 징역 또는 1천만원 이하의 벌금에 처한다.

앞서 살펴본 바와 같이 제17조 제2호는 아동학대 유형 중 성학대를 정의하고 있고, 제3호는 신체학대를, 제5호는 정서학대를, 제6호는 방임을 각 정의하고 있다.

제1호, 제7호 내지 제9호는 아동학대의 별도 유형을 정의한 것은 아니나, 아동의 건강 또는 복지를 해치거나 정상적 발달을 저해할 수 있는 행위임은 분명하므로 보호자를 포함한 성인이 위 행위를 한다면 마찬가지로 아동학대에 해당한다고 보아야 할 것이다.[05] 이때 네 가지 중 어느 유형으로 분류할 것인지는 구체적인 사실관계에 따라 판단해야 할 것이다.

---

05 제10호와 제11호도 아동학대에 해당할 수 있는지가 문제되는데, 일단 아동학대처벌법에서는 제1호 내지 제9호는 아동학대범죄에 해당하는 반면 제10호와 제11호는 아동학대범죄에 해당하지 않는 것으로 명시하고 있다(아동학대처벌법 제2조 제4호 타목 참조).

그런데 금지행위의 주체는 "누구든지"로 되어 있다. 아동학대의 주체가 "보호자를 포함한 성인"(방임의 경우는 "보호자")으로 한정되어 있는 것과 다른 점이다. 즉 성인이 아동에 대하여 금지행위 제1호 내지 제9호에 해당하는 행위를 한 경우 아동학대에 해당하고, 아동복지법위반으로 처벌될 수 있다. 반면 미성년자가 아동에 대하여 금지행위 제1호 내지 제9호에 해당하는 행위를 한 경우, 이는 아동학대에는 해당하지 않지만 아동복지법위반으로 처벌될 수는 있다.

사례 2
고등학생 아동복지법위반 사건

행위자는 사건당시 고등학교 2학년에 재학 중이던 소년으로, 온라인 게임 및 오픈채팅을 통하여 알게 된 다수의 피해아동들에게 연인관계로 지낼 것처럼 접근한 후 피해아동들로부터 나체 사진 또는 영상을 전송받아 이를 빌미로 자신의 요구를 들어주지 않으면 사진 또는 영상을 유포하겠다고 협박하고, 점점 더 가학적·변태적인 사진 또는 영상을 요구하는 등의 행위를 하였다.

법원은 행위자의 위 행위 및 그 밖의 다른 범죄 행위들에 대하여 아동복지법위반(아동에대한음행강요·매개·성희롱등), 아동복지법위반(아동학대) 등의 혐의를 인정하여 징역 장기 6년, 단기 4년과 취업제한 5년, 보호관찰 5년을 선고하였다. 1심 법원은 판결이유에서 행위자가 피해아동에게 나체 영상 또는 자위행위를 하는 영상 등을 요구한 행위는 성적 학대행위로, 피해아동에게 스스로를 때리거나 항문에 손을 집어넣는 영상 등을 요구한 행위는 신체적 학대행위로, 대변을 먹거나 앞가슴에 바르는 영상 등을 요구한 행위는 정서적 학대행위로 각 판단하였다.

[사건번호]
수원지방법원 안양지원 2019.2.20. 선고 2018고합128 판결
수원고등법원 2019.8.22. 선고 2019노5 판결
대법원 2019.10.31. 선고 2019도12564 판결

위 〈사례 2〉는 미성년자가 금지행위를 한 데 대하여 아동복지법위반죄를 적용한 예일 뿐 아니라, 피해아동에게 사진 또는 영상을 요구한 일련의 유사한 행위들에 대해서도 구체적인 행위 내용에 따라 성적 학대행위·신체적 학대행위·정서적 학대행위로 각기 다르게 판단했다는 점에서도 참고할 만한 사례다.

4. 아동학대범죄
- "보호자"에 의한 아동학대

"아동학대범죄"는 "아동학대"와 같은 말로 오해할 수 있지만, 그렇지 않다. 아동학대처벌법에서 정의하고 있는 별개의 개념이다.

> **아동학대처벌법**
>
> **제2조(정의)** 이 법에서 사용하는 용어의 뜻은 다음과 같다.
> 4. "아동학대범죄"란 보호자에 의한 아동학대로서 다음 각 목의 어느 하나에 해당하는 죄를 말한다.
>   가. 「형법」 제2편제25장 상해와 폭행의 죄 중 제257조(상해)제1항·제3항, 제258조의2(특수상해)제1항(제257조제1항의 죄에만 해당한다)·제3항(제1항 중 제257조제1항의 죄에만 해당한다), 제260조(폭행)제1항, 제261조(특수폭행) 및 제262조(폭행치사상)(상해에 이르게 한 때에만 해당한다)의 죄
>   나. 「형법」 제2편제28장 유기와 학대의 죄 중 제271조(유기)제1항, 제272조(영아유기), 제273조(학대)제1항, 제274조(아동혹사) 및 제275조(유기등 치사상)(상해에 이르게 한 때에만 해당한다)의 죄
>   다. 「형법」 제2편제29장 체포와 감금의 죄 중 제276조(체포, 감금)제1항, 제277조(중체포, 중감금)제1항, 제278조(특수체포, 특수감금), 제280조(미수범) 및 제281조(체포·감금등의 치사상)(상해에 이르게 한 때에만 해당한다)의 죄
>   라. 「형법」 제2편제30장 협박의 죄 중 제283조(협박)제1항, 제284조(특수협박) 및 제286조(미수범)의 죄
>   마. 「형법」 제2편제31장 약취, 유인 및 인신매매의 죄 중 제287조(미성년자 약취, 유인), 제288조(추행 등 목적 약취, 유인 등), 제289조(인신매매) 및 제290조(약취, 유인, 매매, 이송 등 상해·치상)의 죄

> 바. 「형법」 제2편제32장 강간과 추행의 죄 중 제297조(강간), 제297조의2(유사강간), 제298조(강제추행), 제299조(준강간, 준강제추행), 제300조(미수범), 제301조(강간등 상해·치상), 제301조의2(강간등 살인·치사), 제302조(미성년자등에 대한 간음), 제303조(업무상위력 등에 의한 간음) 및 제305조(미성년자에 대한 간음, 추행)의 죄
> 사. 「형법」 제2편제33장 명예에 관한 죄 중 제307조(명예훼손), 제309조(출판물등에 의한 명예훼손) 및 제311조(모욕)의 죄
> 아. 「형법」 제2편제36장 주거침입의 죄 중 제321조(주거·신체 수색)의 죄
> 자. 「형법」 제2편제37장 권리행사를 방해하는 죄 중 제324조(강요) 및 제324조의5(미수범)(제324조의 죄에만 해당한다)의 죄
> 차. 「형법」 제2편제39장 사기와 공갈의 죄 중 제350조(공갈), 제350조의2(특수공갈) 및 제352조(미수범)(제350조, 제350조의2의 죄에만 해당한다)의 죄
> 카. 「형법」 제2편제42장 손괴의 죄 중 제366조(재물손괴등)의 죄
> 타. 「아동복지법」 제71조제1항 각 호의 죄(제3호의 죄는 제외한다)
> 파. 가목부터 타목까지의 죄로서 다른 법률에 따라 가중처벌되는 죄
> 하. 제4조(아동학대살해·치사), 제5조(아동학대중상해) 및 제6조(상습범)의 죄

조문이 무척 길지만, 분석해 보면 다음과 같다.

① 보호자에 의한 ② 아동학대로서 ③ 다음 각 목의 어느 하나에 해당하는 죄

즉 아동학대범죄에 해당하려면 우선 ①②의 요건에 따라 "보호자에 의한 아동학대"여야 한다. "아동학대"의 주체는 "보호자를 포함한 성인"인 반면,

"아동학대범죄"의 주체는 "보호자"로 한정된다.

"보호자에 의한 아동학대만 아동학대범죄라면, 그럼 보호자가 아닌 성인이 행한 아동학대는 범죄가 아니라는 말인가?" 하는 의문이 자연스럽게 들 수 있다. 그러나 그런 뜻이 아니다. 아동학대처벌법에서 사용하는 "아동학대범죄"라는 용어가 "보호자에 의한 아동학대"만을 한정하여 가리킨다는 뜻일 뿐이다.

아동학대처벌법은 피해아동 등에 대한 응급조치, 아동학대행위자에 대한 임시조치, 보호처분, 피해아동보호명령 등의 절차를 규정하고 있는 법률이다. 위 절차들은 보호자에 의한 아동학대가 아니면 의미가 없는 절차들이므로, 보호자에 의한 아동학대인 경우에만 적용될 수 있도록 따로 "아동학대범죄"라는 용어를 만들어서 구분한 것이라고 이해하면 되겠다.

한편 ③의 요건에 따라 "다음 각 목의 어느 하나에 해당하는 죄"여야 하는데, "다음 각 목" 중의 타목에 「아동복지법」 제71조 제1항 각 호의 죄(제3호의 죄는 제외한다)"가 들어 있다. 이는 앞에서 살펴본 아동복지법 제17조 제1호 내지 제9호의 금지행위를 가리키므로, 결국 "보호자에 의한 아동학대로서 금지행위에 해당하는 죄"라면 아동학대범죄에 해당하게 된다.

"다음 각 목"에는 위 아동복지법위반죄 외에도 형법상 범죄가 길게 열거되어 있다. 보호자에 의한 아동학대로서 위 형법상 범죄의 어느 하나에 해당한다면 마찬가지로 아동학대범죄에 해당하게 된다.[06] 다른 법률에 따라 가중처벌되는 죄, 아동학대살해·치사죄(아동학대처벌법 제4조), 아동학대중상해죄(동법 제5조), 상습범(6조)의 경우도 같다.

06 그런데 위 가목부터 타목까지 열거된 범죄들이 과연 모두 "아동의 건강 또는 복지를 해치거나 정상적 발달을 저해할 수 있는" 행위로서 아동학대범죄로 평가될 만한 범죄들인지는 의문이 있다. 사목에는 명예에 관한 죄가 포함되어 있는데, 이는 "사람의 가치에 대한 사회적 평가인 이른바 외부적 명예"를 보호법익으로 하는 범죄로서(대법원 1987.5.12. 선고 87도739 판결 등 참조) "아동의 건강과 복지, 정상적 발달"이라는 법익과는 분명히 구분된다. "외부적 명예가 훼손되면 아무튼 아동의 정신적 건강도 해를 입지 않겠느냐"는 관점으로 접근한다면 이는 "아동의 건강과 복지, 정상적 발달"을 지나치게 광범위하게 해석하는 것이다. 명예훼손죄의 전형적인 행위태양은 피해자의 사회적 평가를 저하시킬 만한 사실을 공연히 제3자에게 적시하는 것인데, 과연 그것이 일반적으로 생각하는 아동학대의 행위태양에 부합하는가? 아동학대범죄로 분류하는 실익은 아동학대처벌법을 적용하여 아동을 보호자와 분리하는 등 보호하기 위해서인데, 보호자가 아동의 명예를 훼손한 경우에 아동을 보호자와 분리하는 등의 절차가 과연 어떤 의미가 있는지도 의문이다.

한편 마목에는 미성년자 약취·유인죄(형법 제287조)도 포함되어 있는데, 미성년자 약취·유인죄는 보호자의 보호감독권도 보호법익으로 하므로 피해자가 승낙한 경우에도 성립할 수 있다는 것이 판례의 입장이다(대법원 1982.4.27. 선고 82도186 판결 등 참조). 정당한 보호자의 보호감독권을 침해한 행위도 "범죄"임에는 틀림이 없지만, 아동이 스스로 따라나선 경우 "아동의 건강과 복지, 정상적 발달"이 침해되지 않을 가능성이 있음에도 이를 "아동학대범죄"로 보는 것이 과연 타당한가?

5. 보호자
- 누가 아동의 보호자인가?

"보호자"란 친권자, 후견인, 아동을 보호·양육·교육하거나 그러한 의무가 있는 자 또는 업무·고용 등의 관계로 사실상 아동을 보호·감독하는 자를 말한다(아동복지법 제3조 제3호).

부모는 미성년자인 자의 친권자가 된다(민법 제909조 제1항). 미성년자에게 친권자가 없거나 친권자가 친권의 전부 또는 일부를 행사할 수 없는 경우에는 미성년후견인을 두어야 한다(민법 제928조 참조).

친권자와 후견인의 의미가 명확한 데 비해, "아동을 보호·양육·교육하거나 그러한 의무가 있는 자 또는 업무·고용 등의 관계로 사실상 아동을 보호·감독하는 자"의 의미는 아주 명확하지는 않다. 다만 일반적으로 생각했을 때 아동과 동거하는 성인인 가족 또는 친족이나, 아동복지시설에서 아동을 보호·양육하는 종사자, 어린이집 보육교사, 유치원 교사, 학교 교사, 학원 강사 등이 전형적으로 보호자에 해당한다고 볼 수 있을 것이다. 대다수의 법원 판결도 같은 입장이다.

판결문 읽기

누구든지 자신의 보호·감독을 받는 아동을 유기하거나 의식주를 포함한 기본적 보호·양육·치료 및 교육을 소홀히 하는 방임행위를 하여서는 아니 된다.

피고인 B은 ... E어린이집의 운영자이고, 피고인 A은 위 어린이집에서 교사로서, 피고인들은 피해자인 아동 F(3세)을 직접 돌볼 의무가 있는 자들이다. (울산지방법원 2018.11.30. 선고 2018고정630 판결)

판결문 읽기

피고인 A은 ... D어학원의 교사이고, ... 피해자 E(5세)는 위 어학원의 학생이다 ... 피고인은 아동의 정신건강 및 발달에 해를 끼치는 정서적 학대행위를 함과 동시에 자신의 보호·감독을 받는 아동의 기본적 보호·치료를 소홀히 하는 방임행위를 하였다. (수원지방법원 2018.1.25. 선고 2017고단6279 판결)

보호자인지 아닌지의 여부는 방임 유형을 제외하고는 아동학대의 성립 여부에 영향을 미치지 않는다. 아동학대는 주체가 "보호자를 포함한 성인"이면 성립하기 때문이다. 그러나 아동학대처벌법상 아동학대범죄에 해당하려면 주체가 "보호자"여야 한다.

🔍 아동과 동거하는 성인이면 모두 보호자인가?

아동의 가족 또는 친족이 아니더라도 아동과 일시적으로 같은 집에서 거주하고 있었다면 보호자로 볼 수 있을까?

행위자의 아들의 지인(친구)인 아동이 행위자의 집에서 거주하는 동안 발생한 범죄에 대하여 행위자를 아동의 보호자로 본 판결이 있다.

판결문 읽기

 기록에 의하면, 피해자는 피고인의 아들의 지인으로서 2018.6.4.부터 피고인의 집에서 거주한 사실이 인정되는바, 이에 의하면 피고인은 아동복지법 제3조 제3호에서 말하는 '업무·고용 등의 관계로 사실상 아동을 보호·감독하는 자'로서 '보호자'에 해당한다고 할 것이고, 그렇다면 이 사건 범행은 아동복지법 제3조 제7의2호의 '아동학대관련범죄'에 해당한다고 봄이 상당하다. {서울고등법원 2019.10.30. 선고 (춘천)2019노109 판결}

반면 행위자와 피해아동이 일시적으로 동거하고 있었더라도 행위자를 보호자로 보지 않은 판결도 확인된다.

판결문 읽기

 ... 아동복지법 제71조 제1항 각 호에 해당하는 범죄는 피해 아동의 보호자가 이를 범한 경우에만 '아동학대관련범죄'에 해당하는바, 피고인은 피해자와 일시적으로 동거하고 있었을 뿐 피해자의 보호자 지위에 있었다고 보이지는 아니한다. 따라서 이 사건에서는 피고인에 대한 취업제한명령 선고여부를 별도로 판단하지 아니한다. (서울북부지방법원 2019.7.19. 선고 2019노151 판결)

위 2019노151 판결문에 의하면 행위자는 피해아동의 가족을 도와주기 위하여 방문한 것이었다고 하며, 해당 사례의 1심 판결문에 의하면 행위자는 피해아동의 모친과 "약 1개월 전부터 같이 거주하는 사이"였다고 한다 (서울북부지방법원 2019.1.9. 선고 2018고단2814 판결 참조). 당사자들의 관계가 판결문에 정확하게 나타나 있지는 않아서, 2심 법원이 행위자를 보호자가 아닌 것으로 판단한 근거가 무엇인지는 정확히 알 수 없다. 다만 아동과 동거하는 성인이라고 해서 모두 보호자가 되는 것은 아닐 수 있음을 보여 주는 한 예가 되겠다.

6. 아동학대살해·치사, 아동학대중상해, 상습범, 아동복지시설의 종사자 등에 대한 가중처벌

「아동학대범죄의 처벌 등에 관한 특례법」이라고 하면 명칭만 보고 "아, 아동학대범죄를 강하게 처벌하는 법률이겠구나" 하고 지레짐작하는 사람들이 많다.

사실은 반드시 그렇지는 않다. 이 법은 아동학대범죄의 처벌 및 그 절차에 관한 특례와 피해아동에 대한 보호절차 및 아동학대행위자에 대한 보호처분을 규정함으로써 아동을 보호하여 아동이 건강한 사회 구성원으로 성장하도록 함을 목적으로 한다(아동학대처벌법 제1조). 처벌보다는 아동의 보호에 방점이 찍혀 있는 법률로서, 응급조치·임시조치·피해아동보호명령 등 아동을 보호하기 위한 절차에 관한 조항들로 대부분 구성되어 있다. 오히려 보호처분이라 하여 아동학대행위자에게 처벌 대신 일정한 처분을 내릴 수 있도록 하는 조항도 있다.

물론 아동학대범죄를 강하게 처벌하는 조항도 없지는 않은데, 아래에 살펴볼 제4조 내지 제7조가 그러한 조항이다.

> **아동학대처벌법**
>
> **제4조(아동학대살해·치사)** ① 제2조제4호가목부터 다목까지의 아동학대범죄를 범한 사람이 아동을 살해한 때에는 사형, 무기 또는 7년 이상의 징역에 처한다.
> ② 제2조제4호가목부터 다목까지의 아동학대범죄를 범한 사람이 아동을 사망에 이르게 한 때에는 무기 또는 5년 이상의 징역에 처한다.

> **제5조(아동학대중상해)** 제2조제4호가목부터 다목까지의 아동학대범죄를 범한 사람이 아동의 생명에 대한 위험을 발생하게 하거나 불구 또는 난치의 질병에 이르게 한 때에는 3년 이상의 징역에 처한다.
>
> **제6조(상습범)** 상습적으로 제2조제4호가목부터 파목까지의 아동학대범죄를 범한 자는 그 죄에 정한 형의 2분의 1까지 가중한다. 다만, 다른 법률에 따라 상습범으로 가중처벌되는 경우에는 그러하지 아니하다.
>
> **제7조(아동복지시설의 종사자 등에 대한 가중처벌)** 제10조제2항 각 호에 따른 아동학대 신고의무자가 보호하는 아동에 대하여 아동학대범죄를 범한 때에는 그 죄에 정한 형의 2분의 1까지 가중한다.

아동학대살해죄는 아동학대범죄를 범한 사람이 아동을 살해한 때에 성립하는 범죄로서, 무기 또는 7년 이상의 징역에 처한다(아동학대처벌법 제4조 제1항 참조). 형법상 살인죄(형법 제250조 제1항)가 사형, 무기 또는 5년 이상의 징역인 데 비하여 법정형의 하한이 가중되었다.

아동학대치사죄는 아동학대범죄를 범한 사람이 아동을 사망에 이르게 한 때에 성립하는 범죄로서, 무기 또는 5년 이상의 징역에 처한다(아동학대처벌법 제4조 2항 참조). 형법상 상해치사죄(형법 제259조 제1항)가 3년 이상의 유기징역인 데 비해 가중된 형량이다.

구 아동학대처벌법(2021.3.16. 법률 제17932호로 개정되기 전의 것) 제4조는 아동학대치사죄만을 규정하고 있었으나, 2021.3.16. 일부개정된 법률이 공포된 날부터 시행됨에 따라 아동학대살해죄가 신설되었다. 아동학대살해와 아동학대치사의 차이는 고의의 유무에 있는데, 아동을 살해할 고의가 있었다면 아동학대살해죄가, 아동을 학대할 고의는 있었지만 살해할 고의는 없었다면 아동학대치사죄가 성립한다.

아동학대중상해죄는 아동학대범죄를 범한 사람이 아동의 생명에 대한 위험을 발생하게 하거나 불구 또는 난치의 질병에 이르게 한 때에 성립하는 범죄로서, 3년 이상의 징역에 처한다(아동학대처벌법 제5조 참조). 형법상 중상해죄(형법 제258조 제1항)가 1년 이상 10년 이하의 징역인 데 비해 가중된 형량이다.

상습적으로 아동학대범죄를 범한 자는 그 죄에 정한 형의 2분의 1까지 가중한다(아동학대처벌법 제6조 참조). 다만 다른 법률에 따라 상습범으로 가중처벌되는 경우에는 그러하지 아니하다.

아동복지시설의 종사자 등에 대한 가중처벌(아동학대처벌법 제7조 참조)은 아동학대 신고의무자에게 적용되는 조항으로서, 아동학대 신고의무자에 관하여는 뒤에서 다시 살펴본다.

7. 조건부 기소유예, 아동보호사건, 보호처분
- 처벌만이 능사는 아니다

아동학대처벌법이 반드시 아동학대범죄를 강하게 처벌하는 법률은 아님을 앞서 언급했다. 오히려 관점에 따라서는 더 관대하게 다룬다고도 말할 수 있는 조항들도 있는데, 이하에서 살펴볼 조건부 기소유예와 아동보호사건, 보호처분에 관한 조항들이 그것이다.

> **아동학대처벌법**
>
> **제26조(조건부 기소유예)** 검사는 아동학대범죄를 수사한 결과 다음 각 호의 사유를 고려하여 필요하다고 인정하는 경우에는 아동학대행위자에 대하여 상담, 치료 또는 교육 받는 것을 조건으로 기소유예를 할 수 있다.
> 1. 사건의 성질·동기 및 결과
> 2. 아동학대행위자와 피해아동과의 관계
> 3. 아동학대행위자의 성행(性行) 및 개선 가능성
> 4. 원가정보호의 필요성
> 5. 피해아동 또는 그 법정대리인의 의사
>
> **제27조(아동보호사건의 처리)** ① 검사는 아동학대범죄로서 제26조 각 호의 사유를 고려하여 제36조에 따른 보호처분을 하는 것이 적절하다고 인정하는 경우에는 아동보호사건으로 처리할 수 있다.
> ② 다음 각 호의 경우에는 제1항을 적용할 수 있다.
> 1. 피해자의 고소가 있어야 공소를 제기할 수 있는 아동학대범죄에서 고소가 없거나 취소된 경우
> 2. 피해자의 명시적인 의사에 반하여 공소를 제기할 수 없는 아동학대범죄에서 피해자가 처벌을 희망하지 아니한다는 명시적 의사표시를 하였거나 처벌을 희망하는 의사표시를 철회한 경우

> **제29조(법원의 송치)** 법원은 아동학대행위자에 대한 피고사건을 심리한 결과 제36조에 따른 보호처분을 하는 것이 적절하다고 인정하는 경우에는 결정으로 사건을 관할 법원에 송치할 수 있다.
>
> **제36조(보호처분의 결정 등)** ① 판사는 심리의 결과 보호처분이 필요하다고 인정하는 경우에는 결정으로 다음 각 호의 어느 하나에 해당하는 보호처분을 할 수 있다.
> 1. 아동학대행위자가 피해아동 또는 가정구성원에게 접근하는 행위의 제한
> 2. 아동학대행위자가 피해아동 또는 가정구성원에게 「전기통신기본법」 제2조제1호의 전기통신을 이용하여 접근하는 행위의 제한
> 3. 피해아동에 대한 친권 또는 후견인 권한 행사의 제한 또는 정지
> 4. 「보호관찰 등에 관한 법률」에 따른 사회봉사·수강명령
> 5. 「보호관찰 등에 관한 법률」에 따른 보호관찰
> 6. 법무부장관 소속으로 설치한 감호위탁시설 또는 법무부장관이 정하는 보호시설에의 감호위탁
> 7. 의료기관에의 치료위탁
> 8. 아동보호전문기관, 상담소 등에의 상담위탁
> ② 제1항 각 호의 처분은 병과할 수 있다.

요약하자면, 아동학대범죄를 범한 행위자가 언제나 검사에 의해 기소되어 법원으로부터 처벌을 선고받는 것은 아니다. 검사는 행위자에 대하여 상담, 치료 또는 교육 받는 것을 조건으로 기소유예를 할 수 있으며(아동학대처벌법 제26조 참조) 혹은 법원에 아동보호사건으로 송치할 수 있다(동법 제27조 참조). 형사사건으로 기소된 경우에도 법원은 다시 사건을 아동보호사건으로 관할 법원에 송치할 수 있다(동법 제29조 참조). 아동보

호사건으로 송치되면 판사는 보호처분을 명령할 수 있다(동법 제36조 참조).

아동학대를 저지르고도 처벌을 받지 않을 수 있다는 사실이 국민의 법감정에 반하는 면이 있을지도 모르나, 아동학대 방지를 위하여 무조건 처벌만이 능사는 아니다. 예를 들어 가정 내에서 부모에 의한 아동학대가 발생했을 때, 징역형을 선고할 정도의 범죄가 아니라서 벌금형밖에 선고할 수 없다면, 부모에게 벌금형을 선고하는 것은 아동학대의 재발을 방지하는 데 그리 큰 효과를 기대하기 어렵다. 만약 경제적 어려움으로 인한 스트레스가 부모의 아동학대를 촉발한 요인이라면, 부모의 성행을 교정하지 않고 벌금형만을 선고하는 것은 경제적 어려움을 가중시켜 재학대를 불러일으키는 역효과만을 가져올 수도 있다.

따라서 위와 같은 경우 처벌보다는 행위자에게 상담, 치료 또는 교육을 받도록 하거나, 아동에 대한 행위자의 접근을 제한하거나, 행위자의 성행 교정을 위해 시설 또는 기관에 위탁하는 등의 처분을 내림으로써 아동학대를 방지하고 궁극적으로 아동을 보호하는 것이 위 규정들의 취지라고 할 수 있다.

법원 판결 중에서도 위와 같은 취지를 잘 설명하고 있는 판결이 확인된다.

판결문 읽기

아동학대범죄의 처벌 등에 관한 특례법에 따른 아동학대 문제에 대한 사법적 개입의 우선 원칙은 아동학대행위자에 대하여 형사처벌보다 재발 방지를 위해 필요한 보호처분을 부과하고, 피해아동에 대한 보호절차를 강구함으로써 아동학대의 재발을 방지하고 아동이 건강한 사회 구성원으로 성장할 수 있도록 지원하는 것이다. 그러나 아동학대의 정도가 아동학대행위자에 대한 보호처분 징도로 해소되기 어려운 상황이라면 형사처벌을 고려하지 않을 수 없다. (서울남부지방법원 2019.4.26. 선고 2018고합580 판결)

물론 아동학대의 정도가 중하거나 죄질이 불량하여 처벌할 필요가 있는 경우에도, 처벌만으로 끝나기보다는 행위자의 성행 교정이 함께 이루어질 수 있어야 한다. 법원은 유죄판결을 선고하는 경우에도 행위자에게 재범예방에 필요한 수강명령 또는 아동학대 치료프로그램의 이수명령을 선고할 수 있는데(아동학대처벌법 제8조 참조), 관련 규정은 아래와 같다.

아동학대처벌법

제8조(형벌과 수강명령 등의 병과) ① 법원은 아동학대행위자에 대하여 유죄판결(선고유예는 제외한다)을 선고하면서 200시간의 범위에서 재범예방에 필요한 수강명령(「보호관찰 등에 관한 법률」에 따른 수강명령을 말한다. 이하 같다) 또는 아동학대 치료프로그램의 이수명령(이하 "이수명령"이라 한다)을 병과할 수 있다.
② 아동학대행위자에 대하여 제1항의 수강명령은 형의 집행을 유예할 경우에 그 집행유예기간 내에서 병과하고, 이수명령은 벌금형 또는 징역형의 실형(實刑)을 선고할 경우에 병과한다.
③ 법원이 아동학대행위자에 대하여 형의 집행을 유예하는 경우에는 제1항에 따른 수강명령 외에 그 집행유예기간 내에서 보호관찰 또는 사회봉사 중 하나 이상의 처분을 병과할 수 있다.

④ 제1항에 따른 수강명령 또는 이수명령은 형의 집행을 유예할 경우에는 그 집행유예기간 내에, 벌금형을 선고할 경우에는 형 확정일로부터 6개월 이내에, 징역형의 실형을 선고할 경우에는 형기 내에 각각 집행한다.

⑤ 제1항에 따른 수강명령 또는 이수명령이 벌금형 또는 형의 집행유예와 병과된 경우에는 보호관찰소의 장이 집행하고, 징역형의 실형과 병과된 경우에는 교정시설의 장이 집행한다. 다만, 징역형의 실형과 병과된 이수명령을 모두 이행하기 전에 석방 또는 가석방되거나 미결구금일수 산입 등의 사유로 형을 집행할 수 없게 된 경우에는 보호관찰소의 장이 남은 이수명령을 집행한다.

⑥ 제1항에 따른 수강명령 또는 이수명령은 다음 각 호의 내용으로 한다.

1. 아동학대 행동의 진단 · 상담
2. 보호자로서의 기본 소양을 갖추게 하기 위한 교육
3. 그 밖에 아동학대행위자의 재범예방을 위하여 필요한 사항

⑦ 형벌과 병과하는 보호관찰, 사회봉사, 수강명령 및 이수명령에 관하여 이 법에서 규정한 사항 외에는 「보호관찰 등에 관한 법률」을 준용한다.

8. 아동학대관련범죄
- 아동학대범죄 + 아동에 대한 형법상 살인의 죄

"아동학대", "금지행위", "아동학대범죄"라는 서로 비슷해 보이지만 조금씩 다른 개념들 때문에 아동복지법과 아동학대처벌법을 온전히 이해하는 데 상당한 애로가 발생한다. 그런데 여기에 "아동학대관련범죄"라는 또 다른 개념도 있어서 혼란을 더욱 가중시킨다.

물론 위와 같이 개념을 구분한 것은 그럴 만한 필요성이 있어서이기는 하다.

> **아동복지법**
>
> 제3조(정의) 이 법에서 사용하는 용어의 뜻은 다음과 같다.
> 7의2. "아동학대관련범죄"란 다음 각 목의 어느 하나에 해당하는 죄를 말한다.
> 가. 「아동학대범죄의 처벌 등에 관한 특례법」 제2조제4호에 따른 아동학대범죄
> 나. 아동에 대한 「형법」 제2편제24장 살인의 죄 중 제250조부터 제255조까지의 죄

> **형법**
>
> 제24장 살인의 죄
>
> 제250조(살인, 존속살해) ① 사람을 살해한 자는 사형, 무기 또는 5년 이상의 징역에 처한다.
> ② 자기 또는 배우자의 직계존속을 살해한 자는 사형, 무기 또는 7년 이상의 징역에 처한다.

> **제251조(영아살해)** 직계존속이 치욕을 은폐하기 위하거나 양육할 수 없음을 예상하거나 특히 참작할 만한 동기로 인하여 분만중 또는 분만직후의 영아를 살해한 때에는 10년 이하의 징역에 처한다.
>
> **제252조(촉탁, 승낙에 의한 살인 등)** ① 사람의 촉탁 또는 승낙을 받아 그를 살해한 자는 1년 이상 10년 이하의 징역에 처한다.
> ② 사람을 교사 또는 방조하여 자살하게 한 자도 전항의 형과 같다.
>
> **제253조(위계 등에 의한 촉탁살인 등)** 전조의 경우에 위계 또는 위력으로써 촉탁 또는 승낙하게 하거나 자살을 결의하게 한 때에는 제250조의 예에 의한다.
>
> **제254조(미수범)** 전4조의 미수범은 처벌한다.
>
> **제255조(예비, 음모)** 제250조와 제253조의 죄를 범할 목적으로 예비 또는 음모한 자는 10년 이하의 징역에 처한다.
>
> **제256조(자격정지의 병과)** 제250조, 제252조 또는 제253조의 경우에 유기징역에 처할 때에는 10년 이하의 자격정지를 병과할 수 있다.

간단히 정리하면 다음과 같다.

"아동학대관련범죄" = "아동학대범죄" + "아동에 대한 형법상 살인의 죄"

아동학대관련범죄라는 개념을 규정한 이유는 취업제한명령을 위해서다. 법원은 아동학대관련범죄로 형 또는 치료감호를 선고하는 경우에 원칙적으로 10년의 범위 내에서 아동관련기관을 운영하거나 아동관련기관에 취업 또는 사실상 노무를 제공할 수 없도록 하는 취업제한명령을 선고하여야 한다(아동복지법 제29조의3 제1항, 제2항 참조).

아동학대범죄의 주체는 보호자로 한정됨을 앞서 살펴보았다. 반면 형법상 살인의 죄의 주체에는 제한이 없어서, 보호자가 아닌 자가 아동을 살해한 경우에도 성립할 수 있다.

아동학대범죄를 한 자에 대하여 일정 기간 동안 아동관련기관 취업 등을 제한하는 것은 아동학대범죄의 재발을 방지하기 위해 필요한 제도이다. 그런데 아동학대범죄자가 아니더라도(즉 자신이 보호하는 아동을 학대한 범죄경력은 없더라도) 아동을 살해한 범죄경력이 있다면, 아동학대범죄자와 마찬가지로 아동관련기관 취업 등을 제한한다는 것이 위 규정의 취지다.

말로 풀어서 설명하면 혼동될 수 있으므로, 표로 정리하면 다음과 같다.

표 2. 아동학대관련범죄 해당 여부 판단방법

주체	행위	아동학대관련범죄 해당 여부 (취업제한명령 대상 여부)
보호자 O	학대(살해 X)	해당 O
보호자 O	살해	해당 O
보호자 X	학대(살해 X)	해당 X
보호자 X	살해	해당 O

취업제한명령에 관하여는 이하에서 좀 더 상세히 살펴본다.

9. 취업제한명령

아동복지법

제29조의3(아동관련기관의 취업제한 등) ① 법원은 아동학대관련범죄로 형 또는 치료감호를 선고하는 경우에는 판결(약식명령을 포함한다. 이하 같다)로 그 형 또는 치료감호의 전부 또는 일부의 집행을 종료하거나 집행이 유예·면제된 날(벌금형을 선고받은 경우에는 그 형이 확정된 날을 말한다)부터 일정기간(이하 "취업제한기간"이라 한다) 동안 다음 각 호에 따른 시설 또는 기관(이하 "아동관련기관"이라 한다)을 운영하거나 아동관련기관에 취업 또는 사실상 노무를 제공할 수 없도록 하는 명령(이하 "취업제한명령"이라 한다)을 아동학대관련범죄 사건의 판결과 동시에 선고(약식명령의 경우에는 고지를 말한다)하여야 한다. 다만, 재범의 위험성이 현저히 낮은 경우나 그 밖에 취업을 제한하여서는 아니 되는 특별한 사정이 있다고 판단하는 경우에는 그러하지 아니하다.

1. 보장원, 제37조에 따른 취약계층 아동 통합서비스 수행기관, 아동보호전문기관, 제44조의2에 따른 다함께돌봄센터, 제48조에 따른 가정위탁지원센터 및 제52조의 아동복지시설
2. 「가정폭력방지 및 피해자보호 등에 관한 법률」 제4조의6의 긴급전화센터, 같은 법 제5조의 가정폭력 관련 상담소 및 같은 법 제7조의2의 가정폭력피해자 보호시설
3. 「건강가정기본법」 제35조의 건강가정지원센터
4. 「다문화가족지원법」 제12조의 다문화가족지원센터
5. 「성매매방지 및 피해자보호 등에 관한 법률」 제5조의 성매매피해자 등을 위한 지원시설 및 같은 법 제10조의 성매매피해상담소
6. 「성폭력방지 및 피해자보호 등에 관한 법률」 제10조의 성폭력피해상담소 및 같은 법 제12조의 성폭력피해자보호시설 및 같은 법 제18조의 성폭력피해자통합지원센터

7. 「영유아보육법」 제2조제3호의 어린이집, 같은 법 제7조에 따른 육아종합지원센터 및 같은 법 제26조의2에 따른 시간제보육서비스지정기관
8. 「유아교육법」 제2조제2호의 유치원
9. 「의료법」 제3조의 의료기관(같은 법 제2조의 의료인에 한정한다)
10. 「장애인복지법」 제58조의 장애인복지시설
11. 「정신건강증진 및 정신질환자 복지서비스 지원에 관한 법률」 제3조에 따른 정신건강복지센터, 정신건강증진시설, 정신요양시설 및 정신재활시설
12. 「주택법」 제2조제3호의 공동주택의 관리사무소(경비업무 종사자에 한정한다)
13. 「청소년기본법」 제3조에 따른 청소년시설, 청소년단체
14. 「청소년활동진흥법」 제2조제2호의 청소년활동시설
15. 「청소년복지 지원법」 제29조제1항의 청소년상담복지센터, 같은 법 제30조의 이주배경청소년지원센터 및 같은 법 제31조 각 호의 청소년쉼터, 청소년자립지원관, 청소년치료재활센터
16. 「청소년 보호법」 제35조의 청소년 보호·재활센터
17. 「체육시설의 설치·이용에 관한 법률」 제2조제1호의 체육시설 중 아동의 이용이 제한되지 아니하는 체육시설로서 문화체육관광부장관이 지정하는 체육시설
18. 「초·중등교육법」 제2조 각 호의 학교 및 같은 법 제28조에 따라 학습부진아 등에 대한 교육을 실시하는 기관
19. 「학원의 설립·운영 및 과외교습에 관한 법률」 제2조제1호의 학원 및 같은 조 제2호의 교습소 중 아동의 이용이 제한되지 아니하는 학원과 교습소로서 교육부장관이 지정하는 학원·교습소
20. 「한부모가족지원법」 제19조의 한부모가족복지시설
21. 아동보호전문기관 또는 학대피해아동쉼터를 운영하는 법인
22. 「보호소년 등의 처우에 관한 법률」에 따른 소년원 및 소년분류심사원

> 23. 「민법」 제32조에 따라 보건복지부장관의 설립 허가를 받아 아동인권, 아동복지 등 아동을 위한 사업을 수행하는 비영리법인(대표자 및 아동을 직접 대면하는 업무에 종사하는 사람에 한정한다)
> 24. 「아이돌봄 지원법」 제11조에 따른 서비스제공기관
> ② 제1항에 따른 취업제한기간은 10년을 초과하지 못한다.

요약하면, 법원은 아동학대관련범죄로 형 또는 치료감호를 선고하는 경우에 원칙적으로 10년의 범위 내에서 아동관련기관을 운영하거나 아동관련기관에 취업 또는 사실상 노무를 제공할 수 없도록 하는 취업제한명령을 선고하여야 한다(아동복지법 제29조의3 제1항, 제2항 참조).

"아동관련기관"은 위 제1항 제1호 내지 제24호에 열거되어 있어 그 범위가 상당히 넓은 편이나, 대부분 직관적으로 생각했을 때 "아, 아동과 관련이 있는 기관이구나", "아, 아동학대관련범죄를 저지른 자가 이런 기관에서 일하면 안 되겠구나" 하고 보기에 무리가 없는 기관들이다.

앞서 표 2에서 정리했듯이, "보호자"가 아닌 자가 아동학대를 한 경우 이는 "아동학대범죄"에 해당하지 않고, "살인의 죄"에도 해당하지 않으므로 "아동학대관련범죄"가 아니다. 따라서 이 경우에는 위 규정에 따른 취업제한명령의 대상이 되지 않는다.

한편 "형 또는 치료감호"를 선고하는 경우로 명시하고 있으므로, 아동학대범죄 사건이라 하더라도 형사사건이 아닌 아동보호사건으로 송치되어(아동학대처벌법 제27조 참조) 형벌 대신 보호처분이 내려진 경우(동법 제36조 참조)에는 취업제한명령의 대상이 되지 않는 것으로 해석된다.

형 또는 치료감호를 선고하는 경우에도 언제나 취업제한명령이 내려지는

것은 아닌데, 법원은 재범의 위험성이 현저히 낮은 경우나 그 밖에 취업을 제한하여서는 아니 되는 특별한 사정이 있다고 판단하는 경우에는 취업제한명령을 선고하지 않을 수 있다(아동학대처벌법 제29조의3 제1항 단서 참조).

실제 법원 판결을 보면 취업제한명령을 선고한 사례와 선고하지 않은 사례를 모두 찾아볼 수 있다.

판결문 읽기

피고인의 이 사건 아동복지법위반(아동학대)죄는 위 아동복지법 제29조의3 제1항이 적용되는 아동학대관련범죄에 해당하므로, 이 법원은 피고인에 대하여 아동관련기관에 대한 취업제한명령을 선고하거나 면제 여부에 대한 판단을 하여야 한다. 기록상 나타나는 범행의 방법과 태양, 피고인과 피해아동의 관계, 범행 전후의 정황 등을 고려하면, 피고인에게 재범의 위험성이 현저히 낮거나 그 밖에 취업을 제한하여서는 아니 되는 특별한 사정이 있다고 보이지 아니한다. (인천지방법원 2019.10.25. 선고 2019노925 판결)

판결문 읽기

　살피건대, 피고인의 연령, 가정환경, 사회적 유대관계, 범행의 내용과 동기, 범행의 방법과 결과, 취업제한명령으로 인하여 피고인이 입는 불이익의 정도와 예상되는 부작용, 그로 인해 달성할 수 있는 아동학대관련범죄의 예방효과, 피해자 보호 효과, 재범의 가능성 등을 종합적으로 고려하여 볼 때 취업제한을 하여서는 아니 될 특별한 사정이 있다고 판단되므로, 위 법 제29조의3 제1항 단서에 의하여 피고인에 대한 취업제한명령을 선고하지 아니한 원심판결을 그대로 유지한다. (수원지방법원 2019.11.28. 선고 2019노4602 판결)

판결문 읽기

　피고인은 이 사건 범행을 자백하면서 깊이 뉘우치고 있고, 범행 자체가 무겁다고 하기 어려우며, 발달장애 아동들을 돌봐오면서 밥을 먹이려 하는 과정에서 극심한 스트레스를 이겨내지 못하고 피해자의 이마를 한 대 때린 것이고, 피고인은 처벌 전력이 없는 자로서 폭력 성향이 있다고 보이지 아니하는 점 등을 종합하여 보면, 재범의 위험성은 현저히 낮은 것으로 보인다.

　이와 같은 피고인의 연령, 전과 여부, 가정환경, 사회적 유대관계, 범행의 내용과 동기, 범행의 방법과 결과, 취업제한명령으로 인하여 피고인이 입는 불이익의 정도와 예상되는 부작용, 그로 인해

> 달성할 수 있는 아동학대관련범죄의 예방효과, 피해자 보호 효과, 재범의 가능성 등을 종합적으로 고려하여 볼 때 <u>취업제한을 하여서는 아니 되는 특별한 사정이 있다고 판단되므로, 아동복지법 제29조의3 제1항 단서에 의하여 피고인에 대하여 취업제한명령을 하지 아니한다.</u> (서울동부지방법원 2019.11.22. 선고 2019노815 판결)

🔍 어느 교사의 학대, 학교와 학부모들의 책임도 크다

취업제한명령과 관련하여 의미 있는 판결이 있어 사례와 함께 소개한다.

사례 3

자사고 교사 체벌 사건

　행위자는 서울 서초구 소재 자사고(자율형사립고등학교)에 재직중인 수학 교사이고(여, 2심 판결 당시 만 46세), 피해아동은 사회적 배려대상자 전형으로 위 자사고에 입학한 학생이다.

　행위자는 피해아동이 교실 컴퓨터에 와이파이를 생성시키는 무선랜을 설치하고 와이파이 비밀번호를 친구들에게 알려주어 학급 분위기를 흐리게 하였다는 등의 이유로 피해아동을 훈계하다가, "싸대기를 때리고 싶은데 참고 있다. 애새끼가 어디서 거짓말이야"라고 말한 다음, 피해아동에게 책상을 잡고 뒤로 돌아 서게 한 후 신문지를 여러 겹 촘촘히 말아서 만든 막대기(길이 50cm 이상, 지름 3cm)로 피해아동의 허벅지 뒷부분을 15회 정도 때리고, 계속해서 피해아동을 책상 위에 걸터앉도록 한 후 위 막대기로 피해아동의 허벅지 윗부분을 12회 정도 강하게 내리쳐, 피해아동에게 약 31일의 치료가 필요한 좌측 대퇴부

전면 및 후면의 타박상 등을 가하였다.

피해아동의 보호자인 고모는 학교장과의 면담을 학교에 요구했으나 바로 이루어지지 않았다. 행위자는 일시적으로 담임교사에서 배제되었으나, 학부모들이 오히려 행위자의 복귀를 강력히 요구하여 여름방학 이후 담임교사로 복귀하였다. 피해아동은 같은 학교 영어 교사에게 "여자에게 맞은 것이 아프냐"는 조롱을 듣는 등 선생님들의 무시와 같은 반 학생들의 외면 내지 따돌림으로 인하여 더 이상 학교를 다닐 수 없게 되어 다른 고등학교로 전학을 사실상 강요받았다.

행위자는 이 사건으로 인하여 기소되자 피해아동을 위하여 1,000만 원을 법원에 공탁하였으나, 피해아동은 수령을 거부하고 행위자에 대한 엄벌을 탄원하였다. 반면 학부모 및 동료 교사들과 다수의 학생들, 졸업한 제자들은 행위자에 대한 선처를 호소하는 서면을 제출하였다. 1심 법원은 행위자에게 벌금 500만 원과 40시간의 아동학대 치료프로그램 이수명령을 선고하였다.

행위자는 1심 법원의 선고 형량이 지나치게 무겁다는 이유로 항소하고 피해아동을 위하여 500만 원을 추가로 공탁하였으나, 피해아동은 여전히 수령을 거부하였다. 2심 법원은 행위자의 항소를 기각하였다.

[사건번호]
서울중앙지방법원 2018.10.12. 선고 2018고단775 판결
서울중앙지방법원 2019.9.6. 선고 2018노3303 판결

씁쓸한 기분이 들게 하는 사례다. 행위자가 피해아동을 신체적으로 학대한 사실 자체보다도, 학교의 교사들과 학부모들과 다른 학생들이 누구도 피해아동의 편에 서 주지 않고 행위자만을 옹호하면서 끝내는 피해아동을 학교에서 쫓아낸 과정이 더욱 폭력적이다. 이런 일이 소위 명문고에서 사

회적 배려 대상자인 학생을 상대로 일어났다는 사실이 안타까울 뿐이다.

위 사례에서 행위자는 벌금형을 받았지만 취업제한명령은 받지 않았는데, 그 이유에 관하여 2심 법원은 아래와 같이 설시하고 있다.

판결문 읽기

피고인이 피해자에게 "싸대기를 때리고 싶은데 참고 있다. 애새끼가 어디서 거짓말이야."라는 인격을 무시하는 말을 한 점에 비추어 보면, 체벌 과정에서 훈육의 목적을 벗어나 감정이 격앙된 상태에서 범행을 한 것으로 보이고, 피고인이 반 학생들에 대한 열정이 넘치기는 하나 그 몰입이 지나치게 되면 이 사건과 같이 학생의 심각한 잘못이 아니더라도 반 분위기를 잡기 위해 신체적 또는 정서적 학대행위로 다시 나아가지 않을까 하는 우려가 있기는 하다.

그러나 피고인도 이 사건으로 우울증을 겪으면서 정신과 치료를 받을 정도로 자신의 잘못을 통렬히 느끼고 있고, 피고인은 현재 만 46세의 여자 교사로서 폭력 성향이 있다고 보이지도 않는다. 피고인은 장애로 거동이 불편한 노모를 부양해야 하는 처지로서 재범을 한 경우에는 교사직을 포함하여 아동관련기관에 취업할 수 없다는 것을 절실히 느끼고 있고, 피고인의 나이로 인하여 다른 직역으로의 재취업이 어려워 생계를 잃을 수도 있다는 것을 매우 잘 알고 있다. 이러한 점에 비추어 보면, 재범의 위험성이 현저히 낮다고 보인다.

또한 대학입시에서 좋은 결과를 거두려는 학교측과 학부모들의 요구가 결합되어 생활기록부 작성이 탁월하고 수학교사로서 유능하다고 평가받는 피고인을 보호 내지 지지하고, 오히려 피해자를 고립시키고 전학을 가게 만드는 고통을 가하였으나, 이는 학교와 학부모들의 책임이 크고 전적으로 피고인의 탓으로만 돌릴 수는 없다.

위에서 본 바와 같이 피고인의 연령, 전과 여부, 가정환경, 사회적 유대관계, 범행의 내용과 동기, 범행의 방법과 결과, 취업제한명령으로 인하여 피고인이 입는 불이익의 정도와 예상되는 부작용, 그로 인해 달성할 수 있는 아동학대관련범죄의 예방효과, 피해자 보호 효과, 재범의 가능성 등을 종합적으로 고려하여 볼 때 취업제한을 하여서는 아니 되는 특별한 사정이 있다고 판단되므로, 아동복지법 제29조의3 제1항 단서에 의하여 피고인에 대한 취업제한명령을 선고하지 아니한 원심판결을 그대로 유지하기로 한다(다만, 피고인에 대한 취업제한명령을 면제함으로써 학교 선생님들로 하여금 체벌을 하여도 지위가 상실되는 중한 처벌을 받지 않는다는 잘못된 인식을 심어 줄 염려가 있기는 하지만, 이 법원이 이 사건 내용과 개정된 아동복지법의 취업제한조항의 취지에 따라 경중을 가려 엄정하게 판단하였고, 체벌을 남용한 아동학대관련범죄에 대하여는 그에 상응하는 엄한 처벌의 필요성이 있음을 분명히 밝혀 둔다). (서울중앙지방법원 2019.9.6. 선고 2018노3303 판결)

결론적으로 취업제한명령을 선고하지 않은 것에 대하여는 동의하지 않는 의견이 있을 수도 있으나, 그럼에도 읽다 보면 결론을 내리기까지 법원이 깊이 고심한 흔적이 느껴진다. 특히 전적으로 행위자에게만 책임이 있는 것이 아니라 "대학입시에서 좋은 결과를 거두려는 학교측과 학부모들"의 책임도 크다는 언급이, 학교 현장에서 벌어지는 아동학대의 본질적인 원인에 대하여 한 가지 시사점을 던져 준다.

취업제한명령 선고 여부를 결정함에 있어 법원이 구체적으로 고려하는 바가 무엇인지를 살펴볼 수 있다는 점에서도 참고할 만한 판결이다.

10. 아동학대범죄 신고의무자
- "직무를 수행하면서" "아동학대범죄"를 알게 되거나 그 의심이 있는 경우

평소 아동학대에는 별 관심을 갖지 않고 살다가 직장에서 법정의무교육을 이수해야 한다고 하여 비로소 자신이 아동학대범죄 신고의무자라는 것을 알게 된 분들도 많을 것이다.

아동학대범죄 신고의무자(이하 "신고의무자"라 한다)가 자신의 의무를 다하지 않을 경우 과태료의 대상이 될 수 있다. 신고의무자라면 뜻하지 않게 불이익을 당하지 않도록 관련 규정을 정확히 숙지해 둘 필요가 있다.

아동학대처벌법

제10조(아동학대범죄 신고의무와 절차) ① 누구든지 아동학대범죄를 알게 된 경우나 그 의심이 있는 경우에는 특별시·광역시·특별자치시·도·특별자치도(이하 "시·도"라 한다), 시·군·구(자치구를 말한다. 이하 같다) 또는 수사기관에 신고할 수 있다.

② 다음 각 호의 어느 하나에 해당하는 사람이 직무를 수행하면서 아동학대범죄를 알게 된 경우나 그 의심이 있는 경우에는 시·도, 시·군·구 또는 수사기관에 즉시 신고하여야 한다.
1. 「아동복지법」 제10조의2에 따른 아동권리보장원(이하 "아동권리보장원"이라 한다) 및 가정위탁지원센터의 장과 그 종사자
2. 아동복지시설의 장과 그 종사자(아동보호전문기관의 장과 그 종사자는 제외한다)
3. 「아동복지법」 제13조에 따른 아동복지전담공무원
4. 「가정폭력방지 및 피해자보호 등에 관한 법률」 제5조에 따른 가정폭력 관련 상담소 및 같은 법 제7조의2에 따른 가정폭력피해자 보호시설의 장과 그 종사자

5. 「건강가정기본법」 제35조에 따른 건강가정지원센터의 장과 그 종사자
6. 「다문화가족지원법」 제12조에 따른 다문화가족지원센터의 장과 그 종사자
7. 「사회보장급여의 이용·제공 및 수급권자 발굴에 관한 법률」 제43조에 따른 사회복지전담공무원 및 「사회복지사업법」 제34조에 따른 사회복지시설의 장과 그 종사자
8. 「성매매방지 및 피해자보호 등에 관한 법률」 제9조에 따른 지원시설 및 같은 법 제17조에 따른 성매매피해상담소의 장과 그 종사자
9. 「성폭력방지 및 피해자보호 등에 관한 법률」 제10조에 따른 성폭력피해상담소, 같은 법 제12조에 따른 성폭력피해자보호시설의 장과 그 종사자 및 같은 법 제18조에 따른 성폭력피해자통합지원센터의 장과 그 종사자
10. 「119구조·구급에 관한 법률」 제2조제4호에 따른 119구급대의 대원
11. 「응급의료에 관한 법률」 제2조제7호에 따른 응급의료기관등에 종사하는 응급구조사
12. 「영유아보육법」 제7조에 따른 육아종합지원센터의 장과 그 종사자 및 제10조에 따른 어린이집의 원장 등 보육교직원
13. 「유아교육법」 제2조제2호에 따른 유치원의 장과 그 종사자
14. 아동보호전문기관의 장과 그 종사자
15. 「의료법」 제3조제1항에 따른 의료기관의 장과 그 의료기관에 종사하는 의료인 및 의료기사
16. 「장애인복지법」 제58조에 따른 장애인복지시설의 장과 그 종사자로서 시설에서 장애아동에 대한 상담·치료·훈련 또는 요양 업무를 수행하는 사람
17. 「정신건강증진 및 정신질환자 복지서비스 지원에 관한 법률」 제3조제3호에 따른 정신건강복지센터, 같은 조 제5호에 따른 정신의료기관, 같은 조 제6호에 따른 정신요양시설 및 같은 조 제7호에 따른 정신재활시설의 장과 그 종사자

18. 「청소년기본법」제3조제6호에 따른 청소년시설 및 같은 조 제8호에 따른 청소년단체의 장과 그 종사자
19. 「청소년 보호법」제35조에 따른 청소년 보호·재활센터의 장과 그 종사자
20. 「초·중등교육법」제2조에 따른 학교의 장과 그 종사자
21. 「한부모가족지원법」제19조에 따른 한부모가족복지시설의 장과 그 종사자
22. 「학원의 설립·운영 및 과외교습에 관한 법률」제6조에 따른 학원의 운영자·강사·직원 및 같은 법 제14조에 따른 교습소의 교습자·직원
23. 「아이돌봄 지원법」제2조제4호에 따른 아이돌보미
24. 「아동복지법」제37조에 따른 취약계층 아동에 대한 통합서비스지원 수행인력
25. 「입양특례법」제20조에 따른 입양기관의 장과 그 종사자

아동학대범죄 신고는 "누구든지" 할 수 있다(아동학대처벌법 제10조 제1항 참조). 다만 특정 직군에 있는 사람들에게는 아동학대범죄를 신고할 의무가 부여되는데, 이들을 신고의무자라 한다(동조 제2항 참조).

신고의무자 직군은 직무를 수행하면서 아동들을 가까이에서 관찰할 수 있어 아동학대를 인지할 가능성이 높다고 인정되는 직군들로서, 아동학대처벌법 제10조 제2항 제1호 내지 제25호에 열거되어 있다.

그런데 그 범위가 상당히 넓어서, 개별적으로 보면 일하면서 아동을 만날 일이 실질적으로 많지 않은 사람들까지 신고의무자에 포함되어 있기도 하다. 가령 의료기관에 종사하는 의료인 및 의료기사(아동학대처벌법 제10조 제2항 제15호)는 모두 포함되기 때문에, 고령층 환자를 주로 진료하는 병

원이라 아동 환자가 거의 없는 경우라도 예외 없이 신고의무자가 된다.

나쁜 예로 골프연습장은 일반적인 상식으로 볼 때 청소년이 주로 출입하는 시설은 아닌 것 같지만, 「체육시설의 설치·이용에 관한 법률」상 체육시설로서 「청소년 기본법」상 청소년시설에 해당하기 때문에 그 장과 종사자는 신고의무자가 된다(아동학대처벌법 제10조 제2항 제18호 참조).

신고의무자가 직무를 수행하면서 아동학대범죄를 알게 된 경우나 그 의심이 있는 경우에는 시·도, 시·군·구 또는 수사기관에 즉시 신고하여야 한다(아동학대처벌법 제10조 제2항 참조).

여기서 중요한 것은 신고의무의 범위인데, "직무를 수행하면서" "아동학대범죄"를 알게 되거나 그 의심이 있는 경우에만 신고의무가 있다.

"아동학대범죄"란 보호자에 의한 아동학대만을 가리킨다는 것을 이미 앞에서 살펴보았다. 따라서 보호자가 아닌 자에 의한 아동학대에 대해서는 신고할 의무가 있는 것이 아니다. 가령 신고의무자가 아동의 신체에서 상흔을 발견하고 아동과 면담했을 때, 그 상흔이 부모에게 맞아서 생긴 것이라는 진술을 듣는다면 신고의무가 발생하지만, "동네에 아는 형"에게 맞아서 생긴 것이라는 진술을 듣는다면—이 경우 "동네에 아는 형"이 성인이라면 아동학대에는 해당할 수 있지만 아동학대범죄가 아니므로—신고의무가 발생하지 않는다.

또한 직무를 수행하면서 알게 되거나 그 의심이 있는 경우가 아니라면 신고의무가 발생하지 않는다. 즉 근무시간이 아닐 때 길을 가다가 아동학대범죄를 목격하거나, 이웃집에서 나는 소리를 들은 경우에는 신고의무가 있는 것이 아니다.

물론 아동학대의 근절을 위해서는 신고의무 여부와 관계없이 국민 모두

가 모든 아동학대에 대하여 인지하는 즉시 적극적으로 신고할 것이 절실히 요구된다. 한 번의 신고가 한 아이의 귀중한 생명을 구할 수 있기 때문이다. 위에서 설명한 신고의무의 범위는 어디까지나 윤리적, 도의적인 의무가 아니라 아동학대처벌법에 따른 법적인 의무를 말하는 것임을 밝힌다.

필자도 법정의무교육인 신고의무 교육 강사로 다수의 강의를 진행한 경력이 있지만, 법정의무교육에서는 정작 그 신고의무의 범위에 대해서는 자세히 설명하지 않고 두루뭉술하게 넘어가는 경우가 많다. 잘못하면 "이런 경우에는 신고하지 않아도 된다"는 메시지를 전달하는 것으로 오해될 수 있기 때문이다. 그러나 법이 국민에게 의무를 부여했다면, 그 의무의 범위가 어디까지인지 명확히 아는 것 또한 국민의 권리일 것이다.

> **아동학대처벌법**
>
> **제63조(과태료)** ① 다음 각 호의 어느 하나에 해당하는 사람에게는 1천만원 이하의 과태료를 부과한다.
> 2. 정당한 사유 없이 제10조제2항에 따른 신고를 하지 아니한 사람

신고의무자가 직무를 수행하면서 아동학대범죄를 알게 되거나 그 의심이 있는 경우에, 정당한 사유 없이 신고를 하지 않으면 1천만 원 이하의 과태료가 부과될 수 있다(아동학대처벌법 제63조 제1항 제2호 참조).

> **아동학대처벌법**
>
> **제7조(아동복지시설의 종사자 등에 대한 가중처벌)** 제10조제2항 각 호에 따른 아동학대 신고의무자가 보호하는 아동에 대하여 아동학대범죄를 범한 때에는 그 죄에 정한 형의 2분의 1까지 가중한다.

한편 신고의무자가 보호하는 아동에 대하여 아동학대범죄를 범한 때에는 그 죄에 정한 형의 2분의 1까지 가중한다(아동학대처벌법 제7조).

아동학대범죄를 신고해야 할 사람이 오히려 아동학대범죄를 범했다면 죄질을 더 무겁게 본다는 의미가 있겠다. 다수의 법원 판결도 이 점을 언급하고 있다.

판결문 읽기

… 피고인 자신이 아동학대신고의무자임에도 불구하고 오히려 보호하는 피해자에 대하여 아동학대범죄를 범하였고 피해자가 입은 육체적·정신적 상처도 중하므로, 그 죄질이 무겁다. (서울중앙지방법원 2019.9.6. 선고 2018노3303 판결)

신고의무자는 매년 1시간 이상 법정의무교육을 이수해야 한다. 신고의무자에 관한 규정들이 대부분 아동학대처벌법에 있는 반면, 신고의무자가 이수해야 하는 법정의무교육에 관한 규정은 아동복지법에 있다(아동복지법 제26조 참조). 법정의무교육에 대해서는 뒤에서 다시 살펴보기로 한다.

🔍 신고자 보호

이처럼 신고의무가 있음에도 불구하고, 실제 신고의무자의 신고율은 별로 높지 않다는 점이 문제로 지적된다.[07] 신고의무자들이 신고를 꺼리는 경향이 있다는 것인데, 그 이유는 쉽게 짐작할 수 있다. 자신이 신고했다는 사실이 알려져 행위자로부터 항의 또는 보복을 받거나, 집단 내에서 따돌림 등 불이익을 받을 수도 있다는 불안과 우려 때문이다.

앞서 살펴본 〈사례 3〉 자사고 교사 체벌 사건에서 피해아동과 그 보호자인 고모가 교사의 아동학대에 문제를 제기했으나 돌아온 것은 외면과 무시와 따돌림이었던 점을 돌아볼 때, 위와 같은 우려는 신고의무자들의 입장에서는 충분히 현실적이다. 따라서 아동학대 신고율을 높이기 위해서는 신고자를 철저하게 보호하는 것이 중요하다.

> **📖 아동학대처벌법**
>
> **제2조(정의)** 이 법에서 사용하는 용어의 뜻은 다음과 같다.
> 4의2. "아동학대범죄신고등"이란 아동학대범죄에 관한 신고·진정·고소·고발 등 수사 단서의 제공, 진술 또는 증언이나 그 밖의 자료제출행위 및 범인검거를 위한 제보 또는 검거활동을 말한다.
> 4의3. "아동학대범죄신고자등"이란 아동학대범죄신고등을 한 자를 말한다.

---

[07] 2019년 신고접수된 사례 36,380건 중 신고의무자에 의한 신고는 8,836건(23.0%)에 불과하다. 그나마 신고의무자 중에서는 초·중·고교 직원에 의한 신고가 5,901건(15.4%)으로 가장 높고, 그 밖의 신고의무자 직군에 의한 신고는 모두 합쳐도 2,935건(7.6%)으로 미미한 수준이다. 비신고의무자 중에서는 2019년 당시 신고접수기관이었던 아동보호전문기관의 장과 종사자가 직접 인지하여 신고한 건수가 12,389건(32.3%)으로 가장 높고, 부모 6,506건(17.0%), 아동본인 4,752건(12.4%)의 순으로 나타났다. 『2019 아동학대 주요통계』, 보건복지부, 2020 참조.

제10조(아동학대범죄 신고의무와 절차) ③ 누구든지 제1항 및 제2항에 따른 신고인의 인적 사항 또는 신고인임을 미루어 알 수 있는 사실을 다른 사람에게 알려주거나 공개 또는 보도하여서는 아니 된다.

제10조의2(불이익조치의 금지) 누구든지 아동학대범죄신고자등에게 아동학대범죄신고등을 이유로 불이익조치를 하여서는 아니 된다.

제10조의3(아동학대범죄신고자등에 대한 보호조치) 아동학대범죄신고자등에 대하여는 「특정범죄신고자 등 보호법」 제7조부터 제13조까지의 규정을 준용한다.

제35조(비밀엄수 등의 의무) ① 아동학대범죄의 수사 또는 아동보호사건의 조사·심리 및 그 집행을 담당하거나 이에 관여하는 공무원, 보조인, 진술조력인, 아동보호전문기관 직원과 그 기관장, 상담소 등에 근무하는 상담원과 그 기관장 및 제10조제2항 각 호에 규정된 사람(그 직에 있었던 사람을 포함한다)은 그 직무상 알게 된 비밀을 누설하여서는 아니 된다.
  ② 신문의 편집인·발행인 또는 그 종사자, 방송사의 편집책임자, 그 기관장 또는 종사자, 그 밖의 출판물의 저작자와 발행인은 아동보호사건에 관련된 아동학대행위자, 피해아동, 고소인, 고발인 또는 신고인의 주소, 성명, 나이, 직업, 용모, 그 밖에 이들을 특정하여 파악할 수 있는 인적 사항이나 사진 등을 신문 등 출판물에 싣거나 방송매체를 통하여 방송할 수 없다.

제62조(비밀엄수 등 의무의 위반죄) ① 제35조제1항에 따른 비밀엄수 의무를 위반한 보조인, 진술조력인, 아동보호전문기관 직원과 그 기관장, 상담소 등에 근무하는 상담원과 그 기관장 및 제10조제2항 각 호에 규정된 사람(그 직에 있었던 사람을 포함한다)은 3년 이하의 징역이나 5년 이하의 자격정지 또는 3천만원 이하의 벌금에 처한다. 다만, 보조인인 변호사에 대하여는 「형법」 제317조제1항을 적용한다.

② 제10조제3항을 위반하여 신고인의 인적사항 또는 신고인임을 미루어 알 수 있는 사실을 다른 사람에게 알려주거나 공개 또는 보도한 자는 3년 이하의 징역이나 3천만원 이하의 벌금에 처한다.
③ 제35조제2항의 보도 금지 의무를 위반한 신문의 편집인·발행인 또는 그 종사자, 방송사의 편집책임자, 그 기관장 또는 종사자, 그 밖의 출판물의 저작자와 발행인은 500만원 이하의 벌금에 처한다.

제62조의2(불이익조치 금지 위반죄) ① 제10조의2를 위반하여 아동학대범죄신고자등에게 파면, 해임, 해고, 그 밖에 신분상실에 해당하는 신분상의 불이익조치를 한 자는 2년 이하의 징역 또는 2천만원 이하의 벌금에 처한다.
② 제10조의2를 위반하여 아동학대범죄신고자등에게 다음 각 호의 어느 하나에 해당하는 불이익조치를 한 자는 1년 이하의 징역 또는 1천만원 이하의 벌금에 처한다.
1. 징계, 정직, 감봉, 강등, 승진 제한, 그 밖에 부당한 인사조치
2. 전보, 전근, 직무 미부여, 직무 재배치, 그 밖에 본인의 의사에 반하는 인사조치
3. 성과평가 또는 동료평가 등에서의 차별과 그에 따른 임금 또는 상여금 등의 차별 지급
4. 교육 또는 훈련 등 자기계발 기회의 취소, 예산 또는 인력 등 가용자원의 제한 또는 제거, 보안정보 또는 비밀정보 사용의 정지 또는 취급 자격의 취소, 그 밖에 근무조건 등에 부정적 영향을 미치는 차별 또는 조치
5. 주의 대상자 명단 작성 또는 그 명단의 공개, 집단 따돌림, 폭행 또는 폭언, 그 밖에 정신적·신체적 손상을 가져오는 행위
6. 직무에 대한 부당한 감사 또는 조사나 그 결과의 공개

위와 같이 아동학대처벌법은 신고자를 보호하기 위하여 상세한 규정을 두고 있다. 우선 신고자라는 사실을 제3자가 알 수 없도록 하는 규정들(아동학대처벌법 제10조 제3항, 제35조 제1항, 제2항)이 있고, 이미 신고자라는 사실이 알려졌다면 불이익조치를 당하지 않도록 하는 규정(동법 제10조의2)이 있다. 위 규정들을 위반한 자는 형사처벌의 대상이 된다(동법 제62조, 제62조의2). 또한 신고자는 「특정범죄신고자 등 보호법」을 준용하여 보호를 받을 수 있다(아동학대처벌법 제10조의3 참조).[08]

신고의무자의 신고율이 낮은 또 하나의 이유

신고의무자의 신고율이 낮은 또 하나의 이유로 들 수 있는 것은 "무엇이 아동학대인지" 잘 알지 못하는 경우가 많다는 사실이다. 즉 아동학대로 의심되는 징후를 발견하거나 혹은 아동으로부터 아동학대로 의심되는 사실을 청취하더라도, "이게 과연 아동학대가 맞나?", "신고해야 하는 걸까?" 하고 고민하다가 결국 신고를 미루게 되는 경우다.

이는 제1장에서 강조한 바와 같이, 우리 사회가 아직도 무엇이 아동학대인지에 대하여 사회적 합의에 도달하지 못했다는 점에 문제의 본질이 있다.

위와 같은 신고의무자들의 고민을 해소하고 신고율을 높이기 위해서는 이하에서 설명할 신고의무 교육이 내실 있게 이루어지는 것도 중요하다.

---

08 「특정범죄신고자 등 보호법」의 관련 조항은 지면 관계상 생략한다.

11. 신고의무 교육, 아동학대 예방교육
- 법정의무교육

아동학대와 관련된 법정의무교육은 두 가지가 있다. 하나는 신고의무자를 대상으로 하는 신고의무 교육이고, 다른 하나는 공공기관을 대상으로 하는 아동학대 예방교육이다.

🔍 신고의무 교육

📖 아동복지법

제26조(아동학대 신고의무자에 대한 교육) ① 관계 중앙행정기관의 장은 「아동학대범죄의 처벌 등에 관한 특례법」 제10조제2항 각 호의 어느 하나에 해당하는 사람(이하 "아동학대 신고의무자"라 한다)의 자격 취득 과정이나 보수교육 과정에 아동학대 예방 및 신고의무와 관련된 교육 내용을 포함하도록 하여야 한다.

② 관계 중앙행정기관의 장 및 시·도지사는 아동학대 신고의무자에게 본인이 아동학대 신고의무자라는 사실을 고지할 수 있고, 아동학대 예방 및 신고의무와 관련한 교육(이하 이 조에서 "신고의무 교육"이라 한다)을 실시할 수 있다.

③ 아동학대 신고의무자가 소속된 기관·시설 등의 장은 소속 아동학대 신고의무자에게 신고의무 교육을 실시하고, 그 결과를 관계 중앙행정기관의 장에게 제출하여야 한다.

1. 삭제
2. 삭제
3. 삭제
4. 삭제

④ 제1항부터 제3항까지에 따른 교육 내용·시간 및 방법 등 그 밖에 필요한 사항은 대통령령으로 정한다.

제75조(과태료) ③ 다음 각 호의 어느 하나에 해당하는 자에게는 300만원 이하의 과태료를 부과한다.
1의2. 제26조제3항을 위반하여 신고의무 교육을 실시하지 아니한 자

아동복지법 시행령

제26조(아동학대 신고의무자에 대한 교육) ① 법 제26조제1항부터 제3항까지의 규정에 따른 아동학대 예방 및 신고의무와 관련한 교육에는 다음 각 호의 사항이 포함되어야 한다.
1. 아동학대 예방 및 신고의무에 관한 법령
2. 아동학대 발견 시 신고 방법
3. 피해아동 보호 절차

② 관계 중앙행정기관의 장은 법 제26조제1항에 따라 아동학대 신고의무자의 자격 취득 과정이나 보수교육 과정에 아동학대 예방 및 신고의무와 관련된 교육을 1시간 이상 포함시켜야 한다.

③ 아동학대 신고의무자가 소속된 기관·시설 등의 장은 법 제26조제3항에 따라 소속 신고의무자에게 아동학대 예방 및 신고의무와 관련된 교육을 매년 1시간 이상 실시하여야 한다.

④ 삭제

⑤ 법 제26조제1항부터 제3항까지의 규정에 따른 교육은 집합 교육, 시청각 교육 또는 인터넷 강의 등의 방법으로 할 수 있다.

신고의무자는 신고의무 교육을 매년 1시간 이상 이수해야 한다.[09] 신고의무자가 소속된 기관·시설 등의 장은 신고의무 교육을 실시하고 그 결과를 관계 중앙행정기관의 장에게 제출하여야 한다(아동복지법 제26조 제3항, 시행령 제26조 제3항 참조). 위 교육을 실시하지 않을 시 300만 원 이하의 과태료의 대상이 된다(동법 제75조 제3항 제1의2호 참조).

교육은 집합 교육, 시청각 교육 또는 인터넷 강의 등의 방법으로 할 수 있다(아동복지법 시행령 제26조 제5항). 그런데 시행령에는 교육 내용에 포함되어야 할 사항만 간략히 규정되어 있을 뿐(동 시행령 제1항 참조) 교육기관이나 교육 강사의 자격 등에 대해서는 아무런 제한이 없다. 이 때문에 실효성 있는 교육이 이루어지기보다는 형식적인 "시간 때우기"에 그칠 수 있다는 문제점이 있다. 실제로도 아동학대와는 아무런 관련이 없는 보험 영업사원이 신고의무 교육을 진행하고 수료증을 미끼로 보험 가입을 권유하는 사례가 언론에 보도된 바 있다.[10]

물론 사업장을 운영하는 사용자의 입장에서는 업무시간을 쪼개서 교육을 실시하는 것이 몹시 번거로운 일일 수 있겠으나, 신고의무 교육은 사업장 내에서 발생할 수 있는 아동학대범죄를 미연에 방지하기 위한 예방교육의 성격도 갖고 있다. 잊지 말아야 할 것은, 사업장 내에서 아동학대가 발생할 경우 양벌규정에 따라 사용자도 형사책임을 질 수 있다는 것이다(아동복지법 제74조 참조).

---

09 아동복지법 제26조는 "아동학대 신고의무자"라는 용어를 사용하고 있지만, 실제로는 "아동학대"가 아니라 "아동학대범죄"에 대한 신고의무자다. "아동학대"와 "아동학대범죄"는 서로 다른 개념이므로 혼동을 피하기 위해 용어가 시정될 필요가 있다.

10 "[단독] 학대예방 교육 "아무나 가능?"…금감원, 보험업계 조사 돌입", YTN (2021.2.21.) 참조.

> **아동복지법**
>
> **제74조(양벌규정)** 법인의 대표자나 법인 또는 개인의 대리인, 사용인, 그 밖의 종업원이 그 법인 또는 개인의 업무에 관하여 제71조의 위반행위를 하면 그 행위자를 벌하는 외에 그 법인 또는 개인에게도 해당 조문의 벌금형을 과(科)한다. 다만, 법인 또는 개인이 그 위반행위를 방지하기 위하여 해당 업무에 관하여 상당한 주의와 감독을 게을리하지 아니한 경우에는 그러하지 아니하다.

사용자가 형사책임을 면하기 위해서는 아동학대를 방지하기 위하여 상당한 주의와 감독을 한 사실을 증명해야 한다. 구체적으로 어떠한 경우에 상당한 주의와 감독을 한 것으로 인정되는지는 뒤에서 자세히 살펴보겠으나,[11] 단순히 교육을 실시했다는 사실만으로 면책이 되는 것은 아님을 판결에서 확인할 수 있다.

판결문 읽기

… 이 사건 범행으로 인한 피해의 심각성에 비추어 볼 때 피고인 A가 피고인 B를 비롯한 보육교사들에게 <u>아동학대예방교육을 실시하였다는 사정만으로는 어린이집 원장으로서 취하여야 할 충분한 주의의무를 다하였다고 인정할 수 없는 점</u>, … 등을 종합하여 보면, 피고인 A가 어린이집을 운영하는 원장으로서 보육교사의 아동학대

---

11 이 책 제3장 '36. 양벌규정' 참조.

> 행위를 방지하기 위하여 그 업무에 관하여 기울였어야 할 상당한 주의와 감독을 다하지 않은 사실이 인정된다. (수원지방법원 2017.6.8. 선고 2017노932 판결)

따라서 당장 과태료만을 면하기 위해 형식적으로 교육을 "때우기"보다는, 실질적으로 사업장 내 종사자들에 의한 아동학대범죄를 예방하는 효과를 거둘 수 있도록 전문성 있는 강사를 섭외하여 내실 있게 교육을 진행하는 것이 필요하다.

공공기관 아동학대 예방교육

국가기관과 지방자치단체의 장, 「공공기관의 운영에 관한 법률」에 따른 공공기관과 대통령령으로 정하는 공공단체의 장은 아동학대의 예방과 방지를 위하여 필요한 교육을 연 1회 이상 실시하고, 그 결과를 보건복지부장관에게 제출하여야 한다(아동복지법 제26조의2). 이는 신고의무 교육과는 별개로서, 관련 조문만 짚고 넘어가기로 한다.

> **아동복지법**
>
> **제26조의2(아동학대 예방교육의 실시)** ① 국가기관과 지방자치단체의 장, 「공공기관의 운영에 관한 법률」에 따른 공공기관과 대통령령으로 정하는 공공단체의 장은 아동학대의 예방과 방지를 위하여 필요한 교육을 연 1회 이상 실시하고, 그 결과를 보건복지부장관에게 제출하여야 한다.

② 제1항에 따른 교육 대상이 아닌 사람은 아동보호전문기관 또는 대통령령으로 정하는 교육기관에서 아동학대의 예방과 방지에 필요한 교육을 받을 수 있다.
③ 보건복지부장관은 제1항 및 제2항에 따른 교육을 위하여 전문인력을 양성하고, 교육 프로그램을 개발·보급하여야 한다.
④ 제1항 및 제2항에 따른 교육 내용·시간 및 방법, 그 밖에 필요한 사항은 대통령령으로 정한다.

아동복지법 시행령

제26조의2(아동학대 예방교육의 실시) ① 법 제26조의2제1항에서 "대통령령으로 정하는 공공단체"란 다음 각 호의 기관 또는 단체를 말한다.
1. 「고등교육법」 제2조 각 호의 학교
2. 「공직자윤리법 시행령」 제3조의2제2항에 따라 인사혁신처장이 관보에 고시한 공직유관단체(같은 조 제3항에 따라 공직유관단체에서 제외된 것으로 보는 기관 및 단체는 제외한다)
② 법 제26조의2제1항에 따라 아동학대 예방교육을 실시하여야 하는 기관 또는 단체의 장은 교육 내용에 다음 각 호의 사항을 포함하여 매년 1시간 이상 아동학대 예방교육을 실시하여야 한다. 이 경우 교육은 집합 교육 또는 인터넷 강의 등의 방법으로 실시할 수 있다.
1. 아동학대 예방에 관한 법령
2. 아동학대의 주요 사례
3. 아동학대 발견 시의 신고방법
③ 법 제26조의2제2항에서 "대통령령으로 정하는 교육기관"이란 다음 각 호의 기관을 말한다.
1. 「한국보건복지인력개발원법」에 따른 한국보건복지인력개발원
2. 국가나 지방자치단체가 설치·운영하는 아동복지 관련 기관

3. 「사회복지사업법」 제2조제3호에 따른 사회복지법인으로서 정관이나 규약 등에서 아동학대 예방·방지 및 피해자 보호를 사업 내용으로 하고 있는 비영리법인 중 보건복지부장관이 아동학대 예방교육을 실시할 수 있다고 인정하여 고시하는 기관

④ 보건복지부장관은 필요한 경우 보장원, 아동복지에 관한 인적·물적 자원을 갖춘 연구기관·법인 또는 단체에 법 제26조의2제3항에 따른 교육 프로그램 개발을 의뢰할 수 있다.

제3장

법원 판결로
아동학대 알아보기

이 장에서는 실제로 지난 몇 년 사이에 아동복지법 제17조(금지행위)를 위반한 혐의로 법원의 판결을 받은 사례들과 그 판결문들을 검토함으로써, 법원은 무엇을 아동학대로 보고 있는지 알아보기로 한다.

앞 장에서 아동학대, 아동학대범죄, 금지행위, 아동학대관련범죄의 개념이 서로 다르다는 것을 자세히 설명했는데, 이 장에서 말하는 아동학대란 무엇을 가리키는 것인지 의문이 들 수 있다. 그런 의미에서 정확히 말하면 이 장에서 고찰하고자 하는 바는 "아동복지법 제17조 제2호, 제3호, 제5호, 제6호로 처벌받은 행위에는 어떠한 것들이 있는지"가 될 것이며, 행위 주체가 보호자인 사례를 주로 다루겠지만 그렇지 않은 사례들도 포함할 것이다.

"일선 현장에서 아동학대로 인지하고 개입할 만한 사례"들을 다룬다고 이해하면 혼동이 없을 것으로 생각된다.

사례를 읽기 전에

법원에서 어떠한 판결이 있었을 때 흔히 "이러저러한 판례가 있었다"고들 이야기한다. 이번에 이러저러한 판례가 있었다고 하면 다음번에도 판례와 똑같은 판결이 나와야 하는 것으로 알고 있는 사람도 있다.

판례란 단순히 판결의 선례를 의미하는 경우도 있지만, 법률가가 말할 때에는 의미가 조금 다르다. 성문법주의를 채택하고 있는 대한민국에서는 판결의 선례가 법적 구속력을 갖지 않는다. 다만 대법원은 종전에 대법원에서 판시한 헌법·법률·명령 또는 규칙의 해석 적용에 관한 의견을 변경할 필요가 있다고 인정하는 경우에는 대법관 전원의 3분의 2 이상의 합의체에서 이를 심판하여야 한다(법원조직법 제7조 제1항 제3호 참조). 여기서 "종전에 대법원에서 판시한 헌법·법률·명령 또는 규칙의 해석 적용에 관한 의견"이 바로 법률가가 말하는 판례라고 할 수 있다.

유의할 점은 판결의 결과, 예컨대 "아동을 때린 행위에 대하여 징역 1년을 선고하였다"는 사실 자체를 판례라고 하지는 않는다는 것이다. 똑같이 아동을 때린 행위에 대하여 이후의 판결에서 징역 1년이 아닌 벌금 500만 원을 선고했다고 해서 판례에 위반되었다거나 판례가 변경된 것이 아니다. 그보다 중요한 것은 앞선 판결에서 법률을 어떻게 해석했는가, 예컨대 "아동복지법 제17조 제3호의 신체적 학대행위란 어떠한 행위를 가리킨다고 해석했는가"와 같은 것이며, 그것이 판례의 의미에 가깝다.

대법원 판례를 변경하려면 대법관 전원의 3분의 2 이상의 합의체에서 심판해야 한다는 것은 그만큼 신중을 기해야 한다는 뜻이다. 이 때문에 대법원 판례는 사실상의 구속력을 갖는다고도 이야기된다.

대법원이 아닌 하급 법원의 판결은 위와 같은 사실상의 구속력을 갖는 것은 아니지만, 실무상 다른 재판에서 인용되거나 참고가 될 수 있다. 하급심 판결에서 나온 법해석이더라도 중요한 의의가 있다고 인정되면 대법원 판례만큼이나 널리 인용되기도 한다.

이 책에서는 여러 판결의 선례들을 인용했지만, 그것들을 지칭함에 있어 "판례" 대신 "판결"이라는 용어를 사용했다. "판례"라고 했을 때에는 의미가 부적절하게 전달될 수 있기 때문이다. 우선 이 책에서 인용한 판결들은 주로 대법원 판결이 아닌 하급심 판결들이다. 또한 이 책의 판결들은 일부를 제외하고는 아직 중요한 의의가 있다고 널리 인정된 판결이라고 말하기 어렵다. 오히려 그동안 별로 주목을 받지 못했던 판결들을 필자가 새로이 발굴해 낸 것에 가깝다.

길게 설명했지만 결국 하고 싶은 말은, 이 책을 읽고 "이런 행위를 아동복지법위반으로 판결한 사례가 있으니까 다음번에도 이런 행위는 아동복지법위반이라는 판결이 나오겠구나" 하고 단정적으로 받아들여서는 안 된다는 것이다. 이 책의 사례들은 이후의 재판에 어디까지나 참고가 될 수 있을 따름이다.

다만 하급심 판결이라고 해도 1심 판결만으로 확정된 사건은 배제하고, 최소 2심 이상 재판이 진행된 사건만을 검토하여 이 책에 실었음을 밝혀 둔다.

한 가지 더 덧붙여 둘 것은, 모든 아동학대사건이 형사사건으로 기소되어 형사법원의 판결을 받는 것은 아니라는 사실이다. 조건부 기소유예가 될 수도 있고, 아동보호사건으로 송치되어 보호처분의 대상이 될 수도 있다.[12] 형사사건 판결문과 달리 아동보호사건 결정문은 열람이 불가능하기 때문에[13] 이 책에서도 검토의 대상으로 삼지 못했다. 즉 이 책에서 다루고 있는 사례들은 아동학대사건의 전부가 아니라 일부에 불과하다는 것이다.

---

12 2019년 아동학대사건에 대한 법원의 처벌 건수는 361건인 데 비해 보호처분 건수는 1,410건으로서, 처벌보다 보호처분을 받는 사례가 월등히 많음을 알 수 있다. 『2019 아동학대 주요통계』, 보건복지부, 2020 참조.

13 형사사건 판결문의 열람이 용이하게 된 것도 비교적 최근의 일로, 「형사 판결서 등의 열람 및 복사에 관한 규칙」이 2019.1.1. 시행되어 온라인에서 키워드를 통한 검색이 가능해졌기 때문이다. 이전에는 법원도서관에 직접 방문해서 열람해야 했으며 외부 반출도 불가능했기에 판결문을 대량으로 수집·연구하기가 극히 힘들었다.

1. 아동학대치사인가, 살인인가

아동학대사건 중에서도 가장 심각한 사건은 아동학대로 인하여 아동이 사망하는 사건일 것이다. 아동학대에 대한 국민적 공분도 대부분 여기에 집중되어 있다.

아동학대범죄를 범한 사람이 아동을 살해하면 아동학대살해죄가 성립한다(아동학대처벌법 제4조 제1항 참조). 반면 아동을 학대할 고의는 있었지만 살해할 고의는 없었던 경우에 아동의 사망이라는 결과가 발생했다면 아동학대치사죄가 성립한다(동조 제2항 참조).

그런데 아동학대살해죄는 2021.3.16. 신설되었기 때문에 그 이전에는 처벌사례가 없다. 그 이전에는 아동의 보호자가 아동을 살해한 경우에도 다른 특별한 사정이 없다면 살인죄(형법 제250조 제1항)의 적용을 받았다. 살인죄와 아동학대치사죄의 적용 여부를 결정하는 것도 위와 마찬가지로 고의의 유무다.

하지만 개별 사례에서 행위자의 내심의 의사인 고의를 언제나 객관적으로 명확하게 판단할 수 있는 것은 아니다. 그 때문에 아동학대 사망 사건이 발생하면 행위자에게 살인의 미필적 고의를 인정하여 살인죄로 더 무겁게 처벌할 것을 요청하는 여론이 형성되기도 한다.

이하에서는 학대행위로 인하여 아동이 사망한 사건에 대하여 살인죄를 인정한 사례와 그렇지 않은 사례를 검토해 보기로 한다.

🔍 살인죄를 인정한 사례

사례 4
울산 입양아 살인사건

행위자는 2013.12.9. 피해아동 C(당시 생후 14개월)를 사회복지단체로부터 위탁받아 보호하다가 2014.6.12. 입양한 양모로서, 행위자에게는 C 이외에도 친자녀인 ○○(당시 13세), △△(당시 11세)가 있었으며, 남편과는 별거 중이었다.

행위자는 2014.3.경 울산 소재 자신의 주거지에서 C가 말을 듣지 않는다는 이유로 C의 머리를 손바닥으로 수회 때렸고(때리는 행위자의 손바닥에 멍이 들 정도였다), C의 온몸을 쇠파이프(행거용 지지대)로 수회 때렸으며, 매운 고추를 잘라서 물과 함께 숟가락으로 강제로 먹이고, 찬물을 C의 전신에 뿌렸다.

행위자는 2014.10.24. C가 소란을 피웠다는 이유로 C의 등 부위를 손바닥으로 세게 2회 가량 때리고, 집안 현관문 주변 신발장 앞에 서 있게 하다가, C를 포함한 자녀들과 함께 닭을 먹으면서 C에게 닭 껍질을 매운 소스에 찍어서 먹이고, 닭 뼈(7~8cm, 다리 부위)를 강제로 먹였다.

행위자는 2014.10.25. 오후 보쌈을 먹으면서 알 수 없는 이유로 C에게 생마늘을 5개 가량 강제로 먹였고, 같은 날 저녁 친자녀들과 함께 식사를 하면서 C에게만 식사를 제공하지 않았다.

같은 날 22:30경, C가 거실에서 놀다가 쇠젓가락을 전기콘센트 구멍에 집어넣는 장난을 치자 이를 본 ○○가 행위자를 불렀다. 장난을 목격한 행위자는 양손으로 C의 양 볼을 잡고서 훈계하다가 C의 머리 부위를 손바닥으로 3~4회 때려 바닥에 넘어뜨리고, 쇠파이프로 때리려는 시늉을 하면서 "다시 한번 더 해 봐"라고 말하였다. C가 그 말을 제대로 알아듣지 못하고 같은 행동을 반복하자, 행위자는 격분하여 쇠파이프로 C의 머리, 허벅지, 종아리, 엉덩이, 팔 등을 포함한 전신을 약 30분 동안 수십회 가량 때렸다.

그 과정에서 C가 무릎을 꿇고 양손을 비비며 "잘못했어요"라고 수차례 용서를 빌기도 하고, 행위자를 피해 도망가려고도 했음에도 행위자는 C의 손목을 강하게 잡아당기거나 멱살을 잡아 흔들며 계속하여 쇠파이프로 C의 전신을 가격하였다.

그런 후 행위자는 매운 고추 3개 가량을 C에게 강제로 먹이는가 하면, 화장실로 C를 데려가 옷을 모두 벗기고 추위로 몸을 웅크리고 있던 C의 얼굴을 향하여 샤워기로 찬물을 뿌렸다.

견디지 못한 C가 의식을 잃자, 행위자는 119에 신고하거나 응급실을 찾는 등의 상식적이고 일반적인 구조 방법을 미룬 채, 다음날인 2014.10.26. 오전까지 인터넷으로 "저체온증", "아기 열 내리는 법, 아기 해열제", "곤장 맞고 어혈 풀어주는 것" 등을 검색하면서 스스로 구호조치를 취했을 뿐이었다. 이후 C는 응급실로 옮겨졌으나 같은 날 외상성 뇌경막하 출혈, 다발성 타박성 등으로 사망하였다(사망당시 생후 25개월).

1심 법원은 행위자가 미필적 고의로 C를 살해하였다고 보아 살인죄를 인정하였고, C에 대한 행위자 자신의 잔혹한 학대행위를 ○○, △△에게 그대로 목격하게 한 점 등에 대하여 아동복지법위반죄를 인정하였으며, 그 밖에 행위자가 범한 다른 범죄들을 인정하여 징역 20년을 선고하였다. 2심 법원은 항소를 기각하였으며 대법원도 상고를 기각하였다.

[사건번호]
울산지방법원 2015.2.3. 선고 2014고합356 판결
부산고등법원 2015.9.16. 선고 2015노146 판결
대법원 2015.12.10. 선고 2015도15561 판결

미필적 고의란 자기의 행위로 인하여 범죄의 결과를 발생시킬 만한 가능성 또는 위험이 있음을 인식하거나 예견하면서도 이를 용인하는 심리상태를 말한다. 위 〈사례 4〉에서 1심 법원은 미필적 고의의 법리에 관하여 다른 판결을 참조하여 아래와 같이 설시하였다.

> ### 📜 판결문 읽기
>
> 살인의 범의는 반드시 살해의 목적이나 계획적인 살해의 의도가 있어야 인정되는 것은 아니고, 자기의 행위로 인하여 타인의 사망의 결과를 발생시킬 만한 가능성 또는 위험이 있음을 인식하거나 예견하면 족한 것이고 그 인식이나 예견은 확정적인 것은 물론 불확정적인 것이라도 이른바 미필적 고의로 인정되는 것인바, 피고인이 범행 당시 살인의 범의는 없었고 단지 상해 또는 폭행의 범의만 있었을 뿐이라고 다투는 경우에 피고인에게 범행 당시 살인의 범의가 있었는지 여부는 피고인이 범행에 이르게 된 경위, 범행의 동기, 준비된 흉기의 유무·종류·용법, 공격의 부위와 반복성, 사망의 결과발생 가능성 정도 등 범행 전후의 객관적인 사정을 종합하여 판단할 수밖에 없는 것이다. (울산지방법원 2015.2.3. 선고 2014고합356 판결)

위와 같이 설시한 다음, 1심 법원은 아래와 같은 이유로 위 행위자의 미필적 고의를 인정하였다.

판결문 읽기

일반적으로 25개월의 영유아는 뼈와 근육 등 신체가 온전히 발달하지 못한 상태이므로 아무런 도구나 흉기 없이 폭행을 당하더라도 쉽게 위험한 상태에 빠진다고 할 것인데, 피고인은 쇠파이프(행거용 지지대, 전체길이 75cm, 두께 2.7cm)로 피해자 C을 강한 힘으로 무차별 구타하였고 그로 인해 근육하층까지 출혈이 발생한 점, 피해자 C과 같은 영유아의 경우 전체 혈액량의 4~5% 정도만 소실되더라도 충분히 위험한 상태에 빠지는데 피고인의 전신 구타로 인한 내부출혈만으로도 전체 혈액량의 20~25% 가량이 소실된 점 등에 비추어 보면, 피고인은 피해자 C이 자신의 강도 높은 무차별적 폭행으로 인하여 외상성 쇼크 또는 저혈량성 쇼크 등으로 사망할 가능성 또는 위험을 충분히 인식하거나 예견하면서도 이성을 잃은 채 피해자를 지속적으로 폭행하였고, 그에 덧붙여 폭행을 피해 도망가려는 피해자 C의 손목을 잡고 강하게 잡아당기거나 또는 멱살을 잡고 강하게 흔드는 행위로 말미암아 외상성 경막하출혈이 발생하였다 할 것이므로, 피고인에게 살인의 확정적 고의까지는 아니더라도 적어도 미필적 고의는 있었다고 인정된다. (울산지방법원 2015.2.3. 선고 2014고합356 판결)

판결문을 전체적으로 살펴보면, 살인의 미필적 고의 유무를 판단하기 위하여 구체적으로 어떠한 사정들을 고려하고 있는지 확인할 수 있다.

다음 사례도 아동학대 사망 사건에서 살인의 미필적 고의를 인정한 예다.

> **사례 5**
>
> **동거녀의 33개월 자녀 살해 사건**
>
> 　행위자 A와 B는 2016.5.17.경부터 동거해 온 사이로, B는 피해아동 E의 친모이다. B는 휴대폰 모바일 게임을 통하여 A와 서로 알게 되어 E를 데리고 A의 주거지에 들어가서 동거하기에 이르렀다.
> 　A는 2016.5.25. E가 대소변을 가리지 못한다는 이유로 화가 나 E의 다리를 좌식 밥상 위에 올리게 한 상태에서 엎드려뻗쳐를 시키고, 플라스틱 빗자루로 E의 발바닥과 엉덩이 부위를 수회 때렸다. A는 2016.5.27.와 2016.6.1.에도 E가 방바닥에 소변을 보았다는 이유로 화가 나 손바닥으로 E의 눈 및 얼굴 부위를 수회 때렸으며, 2016.6.12.에는 별다른 이유 없이 E의 성기를 손으로 세게 꼬집었다.
> 　B는 위와 같은 학대행위를 목격했음에도, E를 때리지 말라고 말리면 A가 B 자신까지 때린다는 이유로 말리지 않고 방치하였으며, E가 타박상 및 찰과상 등을 입었음에도 A가 반대한다는 이유로 한 번도 E를 병원에 데려가거나 달리 적절한 치료를 하지 않았다.
> 　2016.6.23. 야간에 B가 노래방 도우미로 일하러 간 동안 A는 E를 돌보다가, E를 혼자 내버려 둔 채 밖에 나가 친구와 술을 마셨다. 2016.6.24. 01:00경 귀가한 A는 E의 기저귀에서 대변이 흘러넘쳐 방바닥 여기저기에 떨어져 있는 것을 보고 화가 나 소리를 지르면서 E를 거칠게 화장실로 끌고 가 대변을 씻어 낸 다음 다시 방으로 데려와 눕혔으나, E가 울고 보채자 E의 발목과 몸통을 양손으로 붙잡고 들어 올려 옷장에 집어던졌다.
> 　E의 머리 부위 등이 옷장에 '쾅' 소리가 나도록 부딪히고, E가 방바닥에 떨어져 더 크게 울자 A는 다시 한번 E를 들어 올려 옷장에 집어

던졌다. E는 그 자리에서 머리부위 손상(머리뼈 골절, 뇌부종, 교뇌 파열, 지주막하출혈 및 뇌좌상 등)으로 사망하였다(사망당시 생후 33개월).
법정에서 A는 E를 살해하려는 고의가 없었다고 주장하였으나, 법원은 A에게 미필적으로나마 살인의 고의가 있었다고 보아 살인죄 등을 인정하였다. 한편 법원은 B에 대해서도 아동복지법위반(아동방임)죄를 인정하였다. 1심 법원은 A에게 징역 20년을, B에게 징역 6월을 선고하였다. 2심 법원은 항소를 기각하였으며 대법원도 상고를 기각하였다.

[사건번호]
춘천지방법원 2016.12.20. 선고 2016고합52 판결
서울고등법원 2017.4.19. 선고 (춘천)2016노208 판결
대법원 2017.7.11. 선고 2017도6508 판결

위 〈사례 5〉의 2심 법원도 살인의 미필적 고의에 관하여 〈사례 4〉와 동일한 법리를 설시한 다음 아래와 같이 판단하였다.

판결문 읽기

... ① 피해자는 나이와 체격으로 보아 외부적 충격에 취약하고 강한 외력이 가해질 경우 사망할 수도 있는 유아(幼兒)였고, 피고인 A는 피해자와 한 달 남짓 함께 생활하면서 이를 충분히 알고 있었던 점, ② 그럼에도 불구하고 피고인 A는 피해지를 옷장으로 두 차례나 집어 던져 그 자리에서 머리부위 손상으로 사망하게 하였고, 피해자 머리덮개뼈의 왼쪽 뒷부분(왼마루뼈 및 뒤통수뼈)에서 분쇄

골절이 나타날 정도로 피고인 A가 피해자를 집어 던진 강도가 극심하였던 점, ③ 피해자가 머리부위 등을 옷장에 세게 부딪친 후 방바닥에 떨어져 고통에 울부짖는데도 피고인 A는 재차 피해자를 옷장으로 강하게 집어 던진 점을 종합하면, 피고인 A는 위 두 차례의 집어 던지는 행위로 인해 피해자가 사망할 수 있음을 인식하고도 그와 같은 결과발생의 위험을 용인하였거나 감수하였다고 봄이 타당하므로, 살인의 미필적 고의가 인정된다. {서울고등법원 2017.4.19. 선고 (춘천)2016노208 판결}

위 〈사례 4〉와 〈사례 5〉는 모두 피해아동을 직접적으로 때리거나 집어 던지는 등의 행위를 한 행위자에 대하여 살인죄를 인정한 사건이다. 반면 아래에서 볼 〈사례 6〉은 피해아동을 직접적으로 때리고 락스를 들이붓고 찬물을 뿌리는 등의 행위를 한 계모 외에도, 이를 방치한 친부에 대해서까지 살인죄를 인정했다는 점에서 주목할 만하다.

사례 6
평택 아동 살해 암매장 사건[14]

행위자 B는 피해아동 E와 G의 친부이며, 행위자 A는 B와 부부관계로서 E와 G의 계모이다.

---

14 언론에서 위와 같은 명칭으로 보도되었으며, 피해아동의 이름을 딴 명칭으로 보도되기도 하였다. 〈사례 1〉 은비 사건과는 달리 피해아동의 실명이라 여기서는 굳이 언급하지 않는다.

B는 전처와의 혼인관계가 해소되기 전인 2013.5.말경부터 A와 동거하기 시작하였고, 전처와의 이혼소송 과정에서 자녀의 양육권을 갖고 있는 것이 재산분할에 유리하다는 판단하에 E와 G를 자신이 데려와 2013.8.경부터 함께 생활하게 되었다. 이후 B는 전처와 이혼하면서 E와 G의 친권자 및 양육자로 지정되었으며 A와의 혼인신고를 마쳤다.

계모 A는 E가 전처를 떠올리게 한다는 이유로, 또 G가 말을 듣지 않고 소변을 가리지 못한다는 이유로 E와 G를 상습적으로 때리는 등 학대하였다. 2013.12.경부터 A와 B는 E와 G를 주거지와 같은 건물의 다른 층에 있는 원룸에서 따로 생활하게 하면서 의복과 식사를 제대로 제공하지 않았으며, E를 초등학교에 보내지 않았다. 이는 E가 2015.4.14.경 집에서 나가 조모의 집으로 갈 때까지 계속되었다.

A는 B에게 G도 다른 곳에 맡기자고 요구했으나 B가 들어 주지 않자, 자신이 G를 지금보다 더 학대하면 B가 G를 다른 곳에 맡길 것이라는 생각을 갖게 되었다. A가 B에게 "저 새끼 갖다 버려. 그러지 않으면 계속 이렇게 살 거니까"와 같은 내용의 문자메시지를 수차례 보낸 사실이 확인된다. A는 2015.11.경부터 G를 난방이 되지 않는 화장실에 속옷만 입혀서 감금한 뒤 하루 1~2끼만 제공하였고, 주먹과 청소솔 등으로 상습적으로 폭행하여 갈비뼈와 쇄골 등에 골절상과 전신에 타박상, 이마에 열상 등을 입게 하였다.

B는 위 사실을 잘 알면서도 A의 학대행위를 묵인하였고 G를 화장실에서 나오게 하거나 병원에 데려가는 등의 조치를 전혀 취하지 않았으며, G가 다른 사람에게 양육될 수 있도록 하기 위한 적극적인 노력도 하지 않았다. 학대사실이 발각될 것을 우려해 2016.1.14. G가 취학할 예정이던 학교에 취학유예신청을 했을 뿐이었다.

2016.1.29.경 A는 G의 양육에 관하여 B와 부부싸움을 한 뒤 화풀이로 화장실에 감금되어 있는 G의 몸에 청소용 락스 원액 2리터를 들이부었다. 당시 영양실조 상태였고 골절에 의한 내부 출혈과 외상에 의한

출혈이 있었던 G는 락스 원액에 의하여 외상이 악화되고 전신에 화학적 화상을 입었으며, 락스 기체 흡입으로 호흡곤란을 일으켜 탈진 상태에 빠졌다.

A와 B는 G가 탈진 상태에 빠진 것을 보고도 2016.1.31.까지 G를 방치하였다. 2016.1.31. 13:00경 A는 G가 설사를 했다는 이유로 속옷마저 벗기고 전신에 찬물을 뿌린 뒤 물기도 닦아주지 않은 채 방치하였다. 당일 저녁 A와 B는 G가 "엄마"라고 구조를 요청하며 가쁜 호흡을 내쉬는 것을 듣고 화장실에 갔을 때 G의 건강 상태가 극도로 위험한 상황에 처했다는 것을 알면서도 학대사실이 발각될 것을 우려하여 계속 방치하였다. 결국 G는 2016.1.31.과 2016.2.1. 사이에 사망하였다(사망당시 6세).

G가 사망하자 A와 B는 사체를 야산에 암매장하고 사건을 은폐하려 시도하였다. 1심 법원은 A와 B에게 살인죄와 사체은닉죄 등을 적용하여 A에게 징역 20년을, B에게 징역 15년을 선고하였다. 2심 법원은 1심 법원이 무죄로 판단한, 부부싸움 노출에 의한 정서학대에 대해서도 아동복지법위반(아동학대)죄를 인정하고 A에게 징역 27년, B에게 징역 17년으로 더 가중된 형량을 선고하였으며, 대법원은 이를 확정하였다.

[사건번호]
수원지방법원 평택지원 2016.8.10. 선고 2016고합26 판결
서울고등법원 2017.1.20. 선고 2016노2568 판결
대법원 2017.4.13. 선고 2017도2176 판결

위 〈사례 6〉에서 법원은 아래와 같이 부작위에 의한 살인의 법리를 설시하였다.

판결문 읽기

 범죄는 보통 적극적인 행위에 의하여 실행되지만 때로는 결과의 발생을 방지하지 아니한 부작위에 의하여도 실행될 수 있다. 형법 제18조는 "위험의 발생을 방지할 의무가 있거나 자기의 행위로 인하여 위험발생의 원인을 야기한 자가 그 위험발생을 방지하지 아니한 때에는 그 발생된 결과에 의하여 처벌한다"라고 하여 부작위범의 성립요건을 별도로 규정하고 있다.

...

 나아가 살인죄와 같이 일반적으로 작위를 내용으로 하는 범죄를 부작위에 의하여 범하는 이른바 부진정 부작위범의 경우에는 보호법익의 주체가 법익에 대한 침해위협에 대처할 보호능력이 없고, 부작위행위자에게 침해위협으로부터 법익을 보호해 주어야 할 법적 작위의무가 있을 뿐 아니라, 부작위행위자가 그러한 보호적 지위에서 법익 침해를 일으키는 사태를 지배하고 있어 작위의무의 이행으로 결과발생을 쉽게 방지할 수 있어야 부작위로 인한 법익침해가 작위에 의한 법익침해와 동등한 형법적 가치가 있는 것으로서 범죄의 실행행위로 평가될 수 있다. 다만 여기서의 작위의무는 법령, 법률행위, 선행행위로 인한 경우는 물론, 신의성실의 원칙이나 사회상규 혹은 조리상 작위의무가 기대되는 경우에도 인정된다. (수원지방법원 평택지원 2016.8.10. 선고 2016고합26 판결)

법원은 위 법리에 따라, ① B와 A는 피해아동의 친부와 계모로서 피해아동을 보호해야 할 법률상·조리상 작위의무가 있고, ② 피해아동은 당시 스스로를 보호할 능력이 없었으며, ③ 피해아동을 화장실에서 나오게 하여 난방이 되는 방 안으로 데려와 병원 치료를 받게 하는 등 비교적 간단하고 쉬운 조치만 취했어도 사망에 이르지는 않았을 것이라 판단하여, B와 A의 부작위가 살인의 실행행위로 평가될 수 있다고 판단하였다(수원지방법원 평택지원 2016.8.10. 선고 2016고합26 판결 참조).

이를 좀 더 쉬운 말로 풀이하자면, 피해아동의 생명이 위험한 상태에서 피해아동의 친부와 계모라면 마땅히 피해아동을 구호하여야 할 의무가 있고, 비교적 쉽게 구호할 수 있었음에도 그렇게 하지 않았으므로 피해아동을 살해한 것과 동일하게 평가될 수 있다는 의미다.

물론 이 경우에도 살인의 고의는 인정되어야 하는데, 법원은 의사들의 의료자문 등을 종합하여 신중하게 판단한 끝에 살인의 미필적 고의를 인정하였다. 미필적 고의의 법리에 대해서는 위 〈사례 4〉와 〈사례 5〉에서 충분히 알아보았다. 〈사례 6〉에서 살인의 고의를 인정한 데 대해서도 별다른 이견은 없을 것이다.

🔎 아동학대치사죄를 인정한 사례

지금까지 아동학대 사망 사건에서 살인죄를 인정한 사례들을 살펴보았다. 그러나 모든 경우에 살인의 고의가 인정되는 것은 아니다. 위 사례들과 사실관계가 유사하면서도 살인죄가 인정되지 않은 사례들도 있다.

제1장의 〈사례 1〉 은비 사건을 다시 보자. 〈사례 1〉은 〈사례 4〉와 유사한 점이 많은 사건이다. 행위자와 피해아동의 관계나, 훈육을 빙자한 학대

끝에 피해아동이 사망한 점 등이 그러하다. 〈사례 1〉에서 행위자가 피해아동을 뇌사 상태에 빠뜨린 동기가 "가위를 갖고 놀아서"였다면, 〈사례 4〉에서 피해아동을 사망에 이르게 할 때까지 학대한 동기는 "젓가락을 콘센트 구멍에 집어넣어서"였다. 그러나 〈사례 4〉와는 달리 〈사례 1〉에서는 살인죄가 아닌 아동학대치사죄가 인정되었다.

다음 사례 역시 살인죄가 아닌 아동학대치사죄가 인정된 사건이다.

사례 7
강서구 위탁모 아동학대 사망사건

행위자는 인터넷 사이트에 '아이를 싸게 돌봐 줄 수 있다'는 글을 게재하여, 연락이 온 부모들로부터 월 40~50만 원씩 받고 주중에는 24시간 어린이집에 보내고, 주말에만 서울 강서구 소재 행위자의 주거지에서 양육하는 조건으로 F, H, I 등을 포함한 다수의 영유아들을 동시에 위탁해 온 위탁모이다.

행위자는 F의 보호자로부터 보육료를 제때 지급받지 못하고, 수차례 독촉하면 보육료 일부만 지급받는 상황이 반복되자 이에 앙심을 품고 있던 중, 2016.3.16. F(당시 생후 18개월)가 목욕 도중 큰 소리로 운다는 이유로 화가 나 뜨거운 물을 F에게 쏟아지게 하여 얼굴, 목, 가슴에 2도 화상을 입게 하였다.

행위자는 H의 보호자가 보육료를 제때 지급하지 않고 연락도 받지 않자, 2018.10.초순경 분풀이로 H(당시 생후 5~6개월)의 코와 입을 손으로 약 10초간 틀어막아 숨을 쉬지 못하게 하고, 얼굴을 물이 가득 찬 욕조에 빠뜨려 약 5초간 숨을 쉬지 못하게 하는 등의 방법으로 학대하였다.

행위자는 2018.10.12.경부터 I(당시 생후 15개월)가 설사를 하는 등 장염 의심 증상이 있어 주중에도 I를 어린이집에 보내지 못하고 집에서 돌보며 설사로 인해 기저귀를 자주 교체하고 이불 빨래까지 해야 하는 상황이 되자 화가 나, 설사 후 탈수 증세로 충분한 수분 공급이 필요한 피해자에게 분유를 1일 1회(200cc)만 주는 등으로 음식물을 제대로 제공하지 않고, 아무런 잘못도 없는 I를 주먹으로 때리고 발로 차는 등 수시로 폭행하였다.

2018.10.21.경 탈수와 영양결핍으로 극도로 쇠약해진 I는 행위자가 먹이는 짜장밥을 먹다가 눈이 풀어지고 손발이 뻣뻣하게 굳는 등 경련 증상을 보였으며 체온도 39도까지 올라갔다. 그럼에도 행위자는 학대 사실이 발각될 것이 우려되어 I를 즉시 병원에 데려가지 않고 방치하여 뇌사에 빠뜨렸다. 다음날이 되어서야 I는 행위자에 의하여 병원으로 옮겨졌으나 11.10. 사망하였다.

1심 법원은 행위자에 대하여 아동학대범죄의처벌등에관한특례법위반(아동학대치사)죄 등을 인정하여 징역 17년과 200시간의 아동학대 치료프로그램 이수명령을 선고하였다. 그러나 2심 법원은 1심 판결의 선고 형량이 지나치게 무겁다고 보아 징역 15년으로 감경하였다. 대법원은 2심 판결을 확정하였다.

[사건번호]
서울남부지방법원 2019.4.26. 선고 2018고합580 판결
서울고등법원 2019.11.22. 선고 2019노1112 판결
대법원 2020.2.27. 선고 2019도17688 판결

위 〈사례 7〉 역시 탈수와 영양결핍으로 위험한 상태에 빠진 아동을 즉시 병원에 데려가지 않고 방치하여 사망케 한 사건이라는 점에서 〈사례 6〉과

유사한 점이 있으나, 법원은 살인죄가 아닌 아동학대치사죄를 인정하였다.

〈사례 1〉과 〈사례 7〉 모두 검사가 처음부터 살인죄로 기소하지 않았기 때문에 법원도 살인죄 해당 여부에 대해서는 판단하지 않았다. 따라서 왜 살인죄가 아닌지, 〈사례 4〉나 〈사례 6〉과는 어떤 점에서 다른지에 관한 법리적인 이유를 판결문에서는 확인할 수 없다.

다만 〈사례 4〉에서 법원이 살인의 고의를 판단하기 위한 기준으로 "피고인이 범행에 이르게 된 경위, 범행의 동기, 준비된 흉기의 유무·종류·용법, 공격의 부위와 반복성, 사망의 결과발생 가능성 정도 등 범행 전후의 객관적인 사정"을 제시한 점에 비추어 보면, 〈사례 1〉과 〈사례 7〉은 위 기준들을 적용했을 때 살인의 미필적 고의가 있었다고 단정하기 어려웠기 때문에 살인죄로는 기소되지 않았던 것으로 짐작해 볼 수 있다.

🔍 고의에 대한 판단이 왜 중요할까

살인죄의 법정형은 사형, 무기 또는 5년 이상의 징역이다(형법 제250조 제1항 참조). 아동학대치사죄의 법정형은 무기 또는 5년 이상의 징역이다(아동학대처벌법 제4조 참조).

법정형의 하한이 서로 동일하며, 사형을 제외하고는 살인죄에 대하여 내릴 수 있는 처벌을 아동학대치사죄에 대하여도 똑같이 내릴 수 있도록 법정형이 규정되어 있다.

그러나 양형기준을 비교해 보면 이야기가 달라지는데, 살인죄의 경우 "보통 동기 살인"의 권고영역이 기본 10~16년, 감경 7~12년, 가중 15년 이상 또는 무기 이상인 데 비해 아동학대치사죄의 권고영역은 기본 4~7년,

감경 2년6월~5년, 가중 6~10년에 불과하다.[15]

아동학대치사죄의 권고영역이 살인죄보다 현저히 낮게 설정되어 있을 뿐 아니라, 아동학대치사죄의 법정형이 무기징역까지 가능함에도 불구하고 양형기준대로라면 무기징역을 선고할 수 없다.[16]

즉 법정형보다는 양형기준 때문에 아동학대치사죄의 선고 형량이 살인죄의 그것보다 낮아질 여지가 큰 것이며, 그래서 아동학대 사망 사건이 발생했을 때 살인죄를 적용하라는 목소리가 나오는 것이다. 살인의 고의 유무에 대한 판단이 중요한 의미를 갖는 것은 이 때문이다.

2021.3.16. 신설된 아동학대살해죄의 법정형은 사형, 무기 또는 7년 이상의 징역이다(아동학대처벌법 제4조 제1항 참조). 살인죄나 아동학대치사죄보다 법정형의 하한이 더 올라갔다. 이에 따라 개별 사건에서 아동학대살해의 고의 유무에 대한 판단의 중요성이 한층 커졌다. 고의에 대한 법원의 판단 여부에 따라 형량이 법정형에서부터 달라지기 때문이다.

생각건대, 아동학대로 아동이 사망한 사건에서 아동학대살해의 고의는 기존의 선례보다 좀 더 넓게 인정될 필요가 있을 것이다. 아동학대 사망 사건의 피해자는 주로 영유아인데, 영유아의 경우 상대적으로 강도가 낮은 외력에 의해서도 쉽게 생명이 위험해질 수 있음은 보편적인 상식에 해당하기 때문이다.

아동학대 사망 사건을 강력하게 처벌하기 위하여 아동학대살해죄를 신설한 취지를 살리기 위해서도 아동학대살해의 고의는 넓게 인정되어야 할 것이다. 한편으로, 신설된 아동학대살해죄에 대한 양형기준도 조속히 마련될 필요가 있다.

---

15 『2020 양형기준』, 양형위원회, 2020 참조.
16 법정형과 양형기준의 이와 같은 괴리는 비단 아동학대범죄에 국한된 것만은 아니며, 사법 불신의 한 원인이 되기도 한다는 점에서 시정이 고려될 필요가 있을 것이다.

2. 15개월 아기를 위한 조문(弔文)

학대로 인하여 사망한 아이들에 관하여 이야기하는 것은 언제나 마음을 무겁게 만든다. 이것으로 아동학대 사망 사건에 관한 논의를 일단 마무리하면서, 위에서 살펴본 〈사례 7〉 강서구 위탁모 아동학대 사망사건의 1심 법원 판결문 일부를 소개하고자 한다. 통상 판결문은 간략하고 건조한 문장으로 기재하는 것이 보통이지만, 1심 법원은 이례적으로 긴 글을 통해 사건과 피해아동에 대한 깊은 슬픔과 안타까움을 표현하였다.

사례의 핵심적인 사실관계를 다시 한번 요약하고 있을 뿐 아니라 아동학대에 대한 사법적 개입의 필요성, 아동학대처벌법의 취지, 맞벌이 가정과 한부모가정이 늘어나고 있는 현실, 현행 양형기준의 문제점 등 사건과 관련한 논점들을 다각도로 짚어 보고 있으며, 세상을 떠난 15개월 아기를 위한 조문(弔文)으로서도 손색이 없을 만큼 가슴을 울리는 글이기도 하다.

판결문 읽기

아동은 우리 사회를 이끌어 갈 미래의 소중한 존재로, 아동의 양육은 가족구성원 차원의 과제일 뿐만 아니라 사회구성원 모두의 관심이 필요한 사안이다. 아동에 대한 학대행위는 성장 단계에 있는 아동의 정서 및 건강에 영구적인 상처를 남길 수 있으므로 그 대상이 성인인 경우보다 엄격한 처벌과 교화가 필요하나, 또 아동학대는 피해아동의 신체적, 정서적 발달 및 자존감 형성에 부정적 영향을 미친다. 어려서부터 폭력에 노출된 사람은 청소년기를 거치면서 비행으로 드러나 또 다른 범죄를 야기하기도 하고 자신의 자녀에 대한 학대의 대물림이 발생하기도 한다. 이처럼 아동학대는 단순히 피해아동에 대한 학대행위로 끝나는 것이 아니고 새로운 개인적, 사회적 문제를 야기하는 원인이 되기도 하므로 개인의 존엄성 보호, 사회의 건전성 확보 차원에서도 아동학대의 문제에 대하여는 적극적인 사법적 개입을 고려해야 할 필요가 인정된다. 이와 같은 사법적 개입의 필요성 증대에 따라 2014.1.28. 아동학대범죄의 처벌 등에 관한 특례법이 제정되었다.

아동학대범죄의 처벌 등에 관한 특례법에 따른 아동학대 문제에 대한 사법적 개입의 우선 원칙은 아동학대행위자에 대하여 형사처벌보다 재발 방지를 위해 필요한 보호처분을 부과하고, 피해아동에 대한 보호절차를 강구함으로써 아동학대의 재발을 방지하고 아동이 건강한 사회 구성원으로 성장할 수 있도록 지원하는 것이다. 그러나 아동학대의 정도가 아동학대행위자에 대한 보호처분 정도로 해소되기 어려운 상황이라면 형사처벌을 고려하지 않을 수 없다.

우리나라 가족의 형태는 과거와 달리 맞벌이 부부나 한부모가정이 늘어나고 있지만, 일과 육아를 양립할 수 없는 현실적인 제약(생계유지, 육아휴직에 따른 인사상 불이익 등)은 그들에게 족쇄로 작용하고 있다. 열악한 여건에서도 아이를 낳아 키우려는 일하는 엄마, 아빠인 소위 '워킹맘(워킹대디)'은 육아도우미, 위탁모, 어린이집 등을 통해 자녀의 양육을 맡기고 있다. 이러한 상황과 맞물려 최근 사회적으로 이목을 집중시킨 심각한 학대 문제는 비단 훈육을 빙자한 가정 내 학대뿐만 아니라 피고인과 같이 업무·고용 등의 관계로 사실상 아동을 보호·감독하는 자의 보호영역 내에서도 이루어지고 있다.

먼저, 2016.3.경에 발생한 아동학대 사건에 관하여 본다. <u>피고인은 F의 보호자가 보육료를 제대로 주지 않자 분풀이로 F가 앉은 대야를 뜨거운 물이 쏟아지는 수도꼭지 밑으로 밀어 넣었다. F는 비명과 함께 극심한 고통을 호소하였지만, 피고인은 즉시 병원치료를 받으라는 119 직원의 권유를 마다하고 거즈만 붙였다.</u> 3일이 지나 F의 피부가 벗겨지고 물집이 생기는 등 상처가 점점 심해지자 뒤늦게 병원으로 데려갔다. 피고인은 F의 보호자에게 모든 상황이 끝났을 무렵 마치 불행한 사고인 것처럼 말하며 자신의 잘못을 애써 감추었다.

다음으로, 2018.10.경 발생한 아동학대 사건에 관하여 본다. 피고인은 H의 보호자와 평소 연락조차 안 되고 보육료도 거의 받지 못하자 더는 H를 양육할 의사가 없었다. 그런데 H의 평일 양육을 책임지던 어린이집 원장마저 H를 보내지 말라고 선언하였다. 피고인은 자기가 H의 양육을 모두 떠맡게 되자 보호자에 대한 분노와 스트레스가 극에 달했다. <u>피고인은 자신의 큰 손으로 아무런 잘못도 없는 H의 얼굴이 파랗게 질릴 때까지 코와 입을 틀어막았을 뿐만 아니라 물이 가득 담긴 욕조에 얼굴을 담그는 방법으로 학대하였다. 피고인은 고통스러워하는 H를 보면서도 그것만으로는 부족했는지 자신의 학대행위를 휴대전화로 촬영하기까지 하였다.</u>

끝으로, 이 사건 중 가장 비극적인 2018.10.경 발생한 아동학대치사 사건에 관하여 본다. I의 이야기이다. 20대의 젊은 부부는 아이를 임신하게 되자 책임감을 갖고 낳아 함께 키우기로 하였다. 하지만 경제적으로 어려운 현실의 벽은 아이와 함께할 시간마저 빼앗았다. 아이를 키울 형편이 안 되었던 부모는 2018.7.경 위탁모로 활동하는 피고인을 알게 되었고, 평일에는 어린이집에 보내고 월 50만 원에 주말 동안 피고인이 I의 양육을 맡기로 하였다. I은 자주 안아달라고 떼를 쓰고, 항상 다른 사람을 빤하게 쳐다보는 아이였다. 하지만 피고인은 그런 I을 싫어했고, 고개를 돌리라고 야단치기 일쑤였다. 피고인이 I에게 '돌아, 돌아' 소리를 치면 이 당시 만 15개월에 불과하였던 I은 그 말뜻을 알아차리고 스스로 몸을 반대편으로 돌렸다.

피고인은 2018.10.초경 I이 다니는 어린이집을 옮기기로 결정하면서 새로운 어린이집에 갈 때까지 계속 데리고 있었다. 그 무렵 I은 영문도 모른 채 피고인으로부터 매일같이 주먹과 발로 배나 머리를 맞았고, 새로운 어린이집 입소를 며칠 앞두고 뜻하지 않게 장염을 앓게 되었으며, 평소보다 부족한 식사로 인해 늘 굶주릴 수밖에 없었다. 피고인의 학대행위로 인한 피해가 누적되면서 I은 점차 죽음에 가까워져 갔고, 결국 2018.10.21.경 피고인이 양팔을 잡아 올려 세게 앉히는 순간, I은 의식이 끊어진 후로 영원히 깨어나지 못하였다.

I의 사인은 미만성 축삭손상, 저산소성 뇌손상, 외상성 지주막하

출혈 및 경막하출혈 등으로 추정된다. I의 뇌는 교통사고에서나 있을 법한 충격으로 인해 이미 망가질 대로 망가졌다. I의 진료를 담당한 의사들은 하나같이 뇌가 심각하게 손상된 사실을 알고는 경악을 금치 못하였다. 하지만 피고인은 I의 굳어가는 몸을 보면서도 자신의 학대행위가 발각될까 봐 두려워 즉시 119나 경찰에 신고하지 않았다. 피고인은 그 다음 날까지도 다른 사람과 카카오톡 메시지를 주고받는 등 태연하게 평소처럼 생활하였다. 결국 I은 의식불명 상태로 병원에서 2주 가까이 연명치료를 받다가 1년4개월 남짓한 짧은 생을 마감했다.

피고인에게 유리한 정상은 다음과 같다. F는 다행스럽게도 별다른 흉터 없이 건강을 회복하였고, H도 학대행위로 인한 충격을 잘 극복하고 건강하게 지내고 있는 것으로 보인다. 피고인은 경제적으로 어려운 상황에서도 국가가 I의 부모에게 지급한 범죄피해자 유족구조금 중 일부(400만 원)를 상환하였다. 피고인은 벌금형 1회 외에 범죄전력이 없고, 고령의 어머니와 딸을 홀로 키우며 생계를 책임지고 있다. 또 피고인의 가족과 지인들이 피고인의 선처를 탄원하고 있고, 피고인은 일부 범행에 대한 잘못을 인정하고 있다.

그러나 피해자들은 영유아로서 신체적, 정신적 방어능력이 현저히 떨어질 뿐만 아니라 자신의 의사를 표현할 수 없기 때문에 더욱 보호받아야 한다.

피고인이 피해자들에게 한 신체적 학대행위는 피해자들의 부모가 보육료를 제대로 주지 않았다거나 피고인이 양육 과정에서 스트레스를 받는다는 이유 등 어떠한 명분으로도 정당화될 수 없다. 피고인은 자신을 믿고 아이를 맡긴 피해자들 부모의 신뢰를 무참하게 짓밟았고, 자신의 학대행위를 휴대전화로 촬영하는 엽기적인 행각을 보이기도 하였으며, 고문에 더 가까운 학대행위와 방치 속에 소중한 한 아이의 생명이 사라지게 하였다. 그러면서도 피고인은 선뜻 납득하기 힘든 변명을 이 법정에서 계속하고 있어 과연 스스로의 잘못을 진심으로 반성하고 있는지도 의심스럽다. 이처럼 피고인의 죄질과 범정은 극히 불량하다.

피고인은 아직까지 피해자들의 보호자로부터 용서받지 못하였고, 이 사건 범행으로 인해 피해자들 및 그 가족은 평생 아물 수 없는 커다란 마음의 상처를 입게 되었다. 특히 I은 자신의 꿈과 희망을 제대로 펼쳐보지도 못한 채 유명을 달리하였고, 그 피해는 영원히 돌이킬 수 없게 되었으며, I의 부모가 겪은 심적 고통과 앞으로 감내해야 할 슬픔은 감히 헤아릴 수 없을 것이다.

이 사건이 세간에 알려지면서 이 사건과 직접 관계가 없는 일반 시민들, 특히 직장에서 일하는 엄마들이 공분을 느끼고 향후 유사한 아동학대범죄가 발생하면 안 된다는 메시지와 함께 피고인에 대한 엄벌을 탄원하는 탄원서를 제출하고 있다. 이 정도로 이 사건은 우리 사회에 큰 충격과 아픔을 남겼다. 특히 피해자들 부모와 같이 여러 사정상 아이를 타인에게 맡길 수밖에 없는 워킹맘(워킹대디)들은 깊은 좌절과 함께 두려움과 불안감을 느끼고 있다. 이와 같이 일하는 엄마들의 꿈과 희망을 지키기 위해서라도 피고인과 같이 아이를 위탁받아 양육하는 사람들의 아동학대행위에 대한 처벌의 필요성은 매우 크다.

우리 사회에서 아동학대에 대한 관심과 사회적 논의가 점차 늘어남에 따라 아동학대범죄에 대한 강력한 처벌의 필요성과 당위성이 증가하고 있다. 대법원 양형위원회는 2014.3.31. 아동학대범죄에 대한 양형기준을 일반적인 유기·학대로 인한 범죄의 양형기준보다 가중하는 양형기준을 의결하였고, 2018.7.23. 위 양형기준을 재차 가중하는 것으로 수정하였다. 법원의 실무 역시 이와 같은 사회적 요구와 상향된 양형기준을 반영하여 아동학대범죄에 대하여 이전보다 처벌의 수위를 높여가고 있다. 그러나 앞서 본 바와 같이 아동학대치사의 양형기준은 학대의 정도가 중한 가중영역의 경우에도 징역 6년에서 10년에 해당한다. 아동학대치사죄의 법정형에 무기징역형이 선택형으로 규정되어 있는 점을 고려하면, 대법원 양형기준은 국민의 법 감정에 미치지 못하고 있다. 법관에게 부여된 양형의 권한은 국민으로부터 온 것이고, 국민의 법 감정과 유리될 수 없다. 다시는 이 사건과 같은 참혹한 비극이 벌어져서는 안 된다는 사법부의 의지를 표명함으로써 우리 사회가 안심하고 아이를 키울 수 있는 더 발전된 모습으로 나아가기를, 우리들의 일하는 엄마들이 더 이상 죄책감을 갖지 않는 세상이 되기를 기대한다.

이러한 여러 정상들과 그 밖에 피고인의 연령과 성행, 범행의 수단 및 결과, 피해자들에 대한 관계, 범행 후의 정황 등 이 사건 기록과 변론에 나타난 제반 사정들을 고려하여 피고인에 대하여 주문과 같이 형을 정한다.

끝으로 I이 이곳에서의 아픈 기억을 잊고 부디 하늘에서 편히 쉴 수 있기를 조심스럽게 희망한다. (서울남부지방법원 2019.4.26. 선고 2018고합580 판결)

3. 뺨 한 대만 때려도 신체학대일 수 있다

　신체학대란 보호자를 포함한 성인이 아동의 신체에 손상을 주거나 신체의 건강 및 발달을 해치는 행위를 하는 것을 말한다(아동복지법 제3조 제7호, 제17조 제3호 참조). 그런데 여기서 "신체에 손상을 주거나 신체의 건강 및 발달을 해치는 행위"란 어떤 의미일까?
　구 아동복지법(2014.1.28. 법률 제12361호로 개정되기 전의 것) 제17조 제3호는 "아동의 신체에 손상을 주는 학대행위"를 금지행위로 규정하였다. 그래서 아래와 같은 대법원 판결이 나오기도 하였다.

판결문 읽기

　구 아동복지법 제17조 제3호는 "아동의 신체에 손상을 주는 학대행위"를 금지행위의 하나로 규정하고 있는데, 여기에서 '신체에 손상을 준다'라 함은 아동의 신체에 대한 유형력의 행사로 신체의 완전성을 훼손하거나 생리적 기능에 장애를 초래하는 '상해'의 정도에까지는 이르지 않더라도 그에 준하는 정도로 신체에 부정적인 변화를 가져오는 것을 의미한다고 할 것이다.
　원심은 그 판시와 같은 이유로 피고인 2가 피해자에게 유형력을 행사하였으나 신체의 손상에까지는 이르지 않았다고 보고, 이 사건 공소사실 중 피고인 2에 대한 피해자의 신체에 손상을 주는 학대행위로 인한 아동복지법 위반의 점에 대하여 범죄의 증명이 없다고 하여, 이유무죄로 판단하였다.

> 위 법리와 적법하게 채택된 증거들에 비추어 살펴보면, 원심의 위와 같은 판단은 정당하고, 거기에 상고이유 주장과 같이 아동복지법상 '신체의 손상'에 관한 법리를 오해한 잘못이 없다. (대법원 2016.5.12. 선고 2015도6781 판결)

"상해"의 의미는 "신체의 완전성을 훼손하거나 생리적 기능에 장애를 초래하는 것"으로 풀이된다. 이는 아동학대사건뿐 아니라 모든 형사사건에 있어서 일관된 판례로서, 동전 크기의 멍으로서 굳이 치료를 받지 않더라도 일상생활을 하는 데 아무런 지장이 없고 시일이 경과함에 따라 자연적으로 치유될 수 있는 정도의 상처라면 상해에 해당하지 않는다고 본다(대법원 1994.11.4. 선고 94도1311 판결 참조).

위 2015도6781 판결에 따르면 아동의 신체에 유형력을 행사했더라도 (가령 아동을 때렸더라도) 위에서 설명한 상해에 준하는 정도로 신체에 부정적인 변화를 가져오지 않았다면 신체학대로 볼 수 없게 된다.[17]

그러나 현행 아동복지법 제17조 제3호는 "아동의 신체에 손상을 주거나 신체의 건강 및 발달을 해치는 신체적 학대행위"를 금지행위로 규정하고 있으므로, 위 2015도6781 판결의 태도는 더 이상 따를 수 없게 되었다고 보아야 할 것이다.

---

17 다만 위 2015도6781 판결의 하급심은 피고인 2의 유형력 행사가 신체학대에는 해당하지 않지만 정서학대에 해당한다고 보았고(대구지방법원 2015.4.23. 선고 2014노2526 판결 참조), 이 부분은 위 2015도6781 판결에서도 다투어지지 않았다. 따라서 위 2015도6781 판결은 상해에 준하는 정도로 신체에 부정적인 변화를 가져오지 않았다면 신체학대에 해당하지 않음을 확인한 것일 뿐, 정서학대로도 처벌할 수 없다고 본 것은 아니다. 관련하여 이 책 제3장 '9. 스펀지로도 때려서는 안 될까' 참조.

현행 아동복지법 제17조 제3호의 문언을 해석하면, 아동의 신체의 손상을 주지 않았더라도 "아동의 신체의 건강 및 발달을 해치는 행위"에 해당하는 경우 신체학대로 판단할 수 있다는 의미가 된다. 신체학대로 판단할 수 있는 여지가 더 넓어진 셈이다.

아동인권의 관점에서 보자면 신체학대로 판단할 수 있는 여지가 더 넓어진 것은 바람직하지만, 신체학대 여부를 판단하기 위한 기준은 이전보다도 더 모호해졌다. 아동을 때렸다면 어느 정도로 때려야 "신체의 건강 및 발달을 해친" 것으로서 신체학대에 해당하는가?

사례 8

뺨 한 대 사건

행위자는 딸인 피해아동(사건당시 2세)이 말을 듣지 않는다는 이유로 피해아동의 뺨을 1회 때렸다. 행위자의 누나가 이를 신고하였다.

1심 법원은 행위자가 신체학대를 하였다고 판단하고 벌금 6백만 원과 40시간의 아동학대 치료프로그램 이수명령을 선고하였다. 검사는 1심 판결의 선고 형량이 지나치게 가볍다는 이유로 항소했지만 2심 법원은 항소를 기각하였다.

[사건번호]
대구지방법원 안동지원 2017.11.2. 선고 2016고단873 판결
대구지방법원 2018.5.30. 선고 2017노5138 판결

피해아동의 뺨을 한 대 때린 행위가 전부임에도 형사사건으로 기소되어 법원에서 유죄판결을 받은 사례다. 피해아동이 2세인 영유아라는 점도 참작이 되었겠지만, 비교적 경미한 수준의 폭행으로서 피해아동이 상해를 입지 않았음에도[18] 신체학대로 판단하여 벌금형을 내렸다는 점에서 주목할 만하다.

위 〈사례 8〉의 행위자는 범행을 자백하고 반성하였을 뿐, 위 행위가 신체학대에 해당하는지 여부에 관하여는 다투지 않았다. 이에 따라 판결문에도 신체학대에 관한 법리가 따로 설시되지는 않았다.

신체학대에 관한 법리는 아래에 살펴볼 〈사례 9〉의 판결에서 자세하게 설시하고 있다.

사례 9
보육교사 색연필 사건

　행위자는 어린이집 보육교사이고, 피해아동은 행위자가 근무하는 어린이집에 다니던 아동이다(사건당시 1세).
　행위자는 2016.8.10. 피해아동이 수업에 집중하지 않고 책상 밑을 본다는 이유로 피해아동의 왼쪽 팔을 강하게 움켜쥐고 흔들어, 이에 피해아동이 아파하며 팔을 만지고 있음에도 계속해서 나무라고 팔을 다시 잡아, 피해아동으로 하여금 스스로의 머리를 때리는 등의 이상행동을 하도록 하였다.
　2016.8.29.에는 수업에 집중하지 않는다는 이유로 구석에 서 있는 피해아동의 팔을 잡아끌어 넘어뜨리듯이 앉히고, 여전히 집중하지 못하는

18　판결문에는 상해에 관한 언급이 아예 없다.

피해아동의 양팔을 손으로 잡아 3회 몸을 흔들었다.

2016.9.2.에는 피해아동에게 책을 읽자고 하면서 피해아동이 갖고 놀던 장난감을 빼앗고, 팔을 잡아 흔들어 피해아동이 아파하며 팔을 만지도록 하였으며, 간식시간에도 피해아동의 팔을 잡아서 3회 흔들고, 손가락으로 이마 부위를 튕기듯이 때리고(일명 딱밤) 귀를 1회 잡아당겼다.

2016.9.9.에는 피해아동이 교재에 흥미를 보이지 않고 색연필을 바닥에 떨어뜨리자 색연필로 피해아동의 볼을 찌르고 팔을 3회 잡아당겨 흔들고, 손으로 볼을 꼬집었다. 같은 날 피해아동이 놀던 중 다른 아동(피해아동의 쌍둥이 여동생)에게 책을 떨어뜨리자 행위자는 피해아동을 던지듯이 바닥에 눕히고 낮잠을 자게 했으며, 잠을 자지 않으려고 일어나는 피해아동의 이마를 밀어 넘어뜨린 후, 다시 피해아동의 팔을 잡아당겨 억지로 일으키고, 기저귀를 갈아 준 후 엉덩이를 강하게 4회 때리고 다시 재우기 위해서 다리를 피해아동의 몸 위에 올려놓았다.

행위자는 아동학대의 고의가 없었으며 자신의 행위가 적정한 징계권의 행사로서 정당행위에 해당하여 신체학대로 볼 수 없다는 취지로 주장하였으나, 법원은 위 주장을 받아들이지 않았다. 1심 법원은 아동학대범죄의처벌등에관한특례법위반(아동복지시설종사자등의아동학대)죄를 인정하고 다만 벌금 100만 원의 선고를 유예하는 선고유예 판결을 내렸다. 2심 법원도 동일하게 판단하였다.

[사건번호]
울산지방법원 2017.4.20. 선고 2016고단4566 판결
울산지방법원 2017.8.4. 선고 2017노542 판결

위 〈사례 9〉의 2심 법원은 신체학대 여부의 판단에 관하여 아래와 같이 설시하였다.

판결문 읽기

위와 같은 아동복지법의 입법목적, 일반적인 아동의 지적수준과 신체발달 정도, 신체적 학대행위가 있었던 경우 그로 인하여 <u>신체의 건강 및 발달이 저해되었는지 여부를 정확히 확인하는 것은 현실적으로 쉽지 않은 점</u> 등에 비추어 보면, 위 아동복지법 제17조 제3호에서 규정한 '아동의 신체에 손상을 주거나 신체의 건강 및 발달을 해치는 신체적 학대행위'에는 <u>현실적으로 아동의 신체건강과 그 정상적인 발달을 저해한 경우뿐만 아니라 그러한 결과를 초래할 위험 또는 가능성이 발생한 경우도 포함</u>된다고 봄이 상당하고, 위 죄의 범의는 반드시 아동학대의 목적이나 의도가 있어야 인정되는 것이 아니고, 아동의 신체건강 및 발달의 저해라는 결과를 발생시킬 가능성 또는 위험이 있는 행위 자체를 인식하거나 예견하고 이를 용인하면 족하다고 할 것이다. (울산지방법원 2017.8.4. 선고 2017노542 판결)

다시 한번 옮기면, "현실적으로 아동의 신체건강과 그 정상적인 발달을 저해한 경우뿐만 아니라 그러한 결과를 초래할 위험 또는 가능성이 발생한 경우"도 신체학대에 포함된다는 것이다.

위 〈사례 9〉에서 행위자의 행위들은 반복되었다는 점에서 심각성이 있기는 하지만, 하나하나 놓고 보면 아동에게 외상을 입게 한 것은 아니며, 아동의 신체의 건강 및 발달을 해치는 행위에 해당하는지 여부가 다소 애매한 행위들이다. 특히 딱밤을 때린 행위나 색연필로 볼을 찌른 행위-비록 어느 정도로 세게 때리고 볼을 찔렀는지는 판결문만으로는 확인할 수 없으나-가 그러하다. 그럼에도 불구하고 법원은 아동의 신체의 건강 및 발달을 해치는 결과를 초래할 "위험 또는 가능성"이 있다고 보았다.

위와 같은 법원의 태도는 앞서 살펴보았던, 구 아동복지법(2014.1.28. 법률 제12361호로 개정되기 전의 것)을 적용한 사례에서 법원의 태도와는 크게 달라진 것이다. 즉 아동복지법 제17조 제3호가 현행과 같이 개정되어 "아동의 신체의 건강 및 발달을 해치는 행위"도 신체학대로 볼 수 있게 되면서, 신체학대로 판단할 수 있는 행위의 범위가 크게 넓어졌다는 결론을 내릴 수 있다.

유사한 사례를 하나 더 찾아보면 다음과 같다.

사례 10

장애 전문 보육교사 볼펜 사건

행위자는 어린이집에 근무하던 장애 전문 보육교사이며, 피해아동은 위 어린이집에 다니던 아동으로 발달장애 2급이다(사건당시 9세).

행위자는 피해아동이 다른 아동을 꼬집는 등 괴롭히는 모습을 보고, 다가가서 피해아동의 몸을 양손으로 잡고 흔들었다. 피해아동이 몸을 수그리면서 엎드리자, 행위자는 볼펜으로 피해아동의 엉덩이 부위를 옷 위로 여러 번 쿡쿡 찔렀다. 피해아동이 다시 다른 아동의 손을 잡으려 하자 피고인은 피해아동의 손을 잡아 제지하였다.

행위자는 피해아동이 엉덩이 부위를 볼펜으로 찌른 행위로 인하여 아동복지법위반(아동학대) 혐의로 기소되었다. 1심 법원은 유죄를 인정하고 벌금 200만 원의 선고를 유예하는 선고유예 판결을 내렸다. 검사는 1심 판결의 선고 형량이 지나치게 가볍다는 이유로 항소하였으나 2심 법원은 항소를 기각하였다.

[사건번호]
대전지방법원 천안지원 2018.11.30. 선고 2018고단2097 판결
대전지방법원 2019.8.8. 선고 2018노3714 판결

위 〈사례 10〉의 1심 법원은 아래와 같은 이유로 행위자의 위 행위가 신체학대에 해당한다고 판단하였다.

판결문 읽기

… 발달장애가 있는 아동은 자신의 신체에 가해지는 고통에 더 민감하게 반응하거나 예상하지 못한 파급효과가 발생할 가능성이 있고, 부정적인 변화를 가져올 가능성도 그만큼 커진다고 볼 수 있는 점을 보태어 보면, 비록 피고인이 피해아동의 공격적인 행동을 제지하고 피해아동의 행동을 교정하려는 의도가 일부 있었으며 피해아동에게 아무런 상처가 나지 아니하였다 하더라도, 피고인의 행위는 피해아동의 신체적 건강 및 발달을 해치는 신체적 학대행위에 해당하고, 피고인에게 그 행위에 대한 고의도 있었다고 보는 것이 타당하다. 나아가, 위와 같은 사정에 비추어 보면, 피고인의 행위가

> 사회상규에 위배되지 아니하는 행위라고 보기 어렵다. (대전지방법원 천안지원 2018.11.30. 선고 2018고단2097 판결)

즉 여기서도 "위험 또는 가능성"을 기준으로 하였음을 확인할 수 있다. 위험 또는 가능성을 판단함에 있어 발달장애아동의 특성을 고려한 점도 의의가 있다.

4. 훈육을 위한 체벌은 허용되는가

"훈육"이라는 말은 아동학대 여부를 판단함에 있어 가장 중요한 키워드라고 해도 과언이 아니다. 아동학대를 한 행위자들이 가장 흔하게 주장하는 바가 "훈육을 위하여 체벌한 것뿐이므로 아동학대가 아니다"는 것이기 때문이다. 심지어 〈사례 1〉 은비 사건이나 〈사례 4〉 울산 입양아 살인사건처럼 아동이 사망하는 결과가 발생한 사건의 행위자조차도 그러하다.

"훈육"과 "체벌"의 사전적 의미부터 살펴보면, "훈육(訓育)"이란 "품성이나 도덕 따위를 가르쳐 기름"을 의미하며, "체벌"이란 "몸에 직접 고통을 주어 벌함. 또는 그런 벌"을 의미한다.[19]

훈육을 위한 체벌, 이른바 "사랑의 매"는 현행법상 허용되는가? 어려운 질문처럼 들리고 또 실제로도 중요한 질문이기는 하다. 하지만 학교 교사나 유치원 교사, 어린이집 보육교사의 경우 위 질문에 대한 답은 관계 법령에 아주 명확하게 나와 있다.

> **초·중등교육법**
>
> **제18조(학생의 징계)** ① 학교의 장은 교육을 위하여 필요한 경우에는 법령과 학칙으로 정하는 바에 따라 학생을 징계하거나 그 밖의 방법으로 지도할 수 있다. 다만, 의무교육을 받고 있는 학생은 퇴학시킬 수 없다.
> ② 학교의 장은 학생을 징계하려면 그 학생이나 보호자에게 의견을 진술할 기회를 주는 등 적정한 절차를 거쳐야 한다.

---

[19] 표준국어대사전, https://stdict.korean.go.kr 참조. (2021.5.21. 확인)

초·중등교육법 시행령

제31조(학생의 징계 등) ① 법 제18조제1항 본문의 규정에 의하여 학교의 장은 교육상 필요하다고 인정할 때에는 학생에 대하여 다음 각 호의 어느 하나에 해당하는 징계를 할 수 있다.

1. 학교내의 봉사
2. 사회봉사
3. 특별교육이수
4. 1회 10일 이내, 연간 30일 이내의 출석정지
5. 퇴학처분

② 학교의 장은 제1항의 규정에 의한 징계를 할 때에는 학생의 인격이 존중되는 교육적인 방법으로 하여야 하며, 그 사유의 경중에 따라 징계의 종류를 단계별로 적용하여 학생에게 개전의 기회를 주어야 한다.

③ 학교의 장은 제1항에 따른 징계를 할 때에는 학생의 보호자와 학생의 지도에 관하여 상담을 할 수 있다.

④ 교육감은 제1항제3호 및 제4호의 특별교육이수 및 출석정지의 징계를 받은 학생을 교육하는데 필요한 교육방법을 마련·운영하고, 이에 따른 교원 및 시설·설비의 확보 등 필요한 조치를 하여야 한다.

⑤ 제1항제5호의 퇴학처분은 의무교육과정에 있는 학생외의 자로서 다음 각 호의 어느 하나에 해당하는 자에 한하여 행하여야 한다.

1. 품행이 불량하여 개전의 가망이 없다고 인정된 자
2. 정당한 이유없이 결석이 잦은 자
3. 기타 학칙에 위반한 자

⑥ 학교의 장은 퇴학처분을 하기 전에 일정기간동안 가정학습을 하게 할 수 있다.

> ⑦ 학교의 장은 퇴학처분을 한 때에는 당해 학생 및 보호자와 진로상담을 하여야 하며, 지역사회와 협력하여 다른 학교 또는 직업교육훈련 기관 등을 알선하는데 노력하여야 한다.
> ⑧ 학교의 장은 법 제18조제1항 본문에 따라 지도를 할 때에는 학칙으로 정하는 바에 따라 훈육·훈계 등의 방법으로 하되, 도구, 신체 등을 이용하여 학생의 신체에 고통을 가하는 방법을 사용해서는 아니 된다.

「초·중등교육법」(이하 "초·중등교육법")이라는 명칭만 보고 오해할 수 있는데, 초·중등교육법은 초등학교와 중학교만 규율하는 법률이 아니라 초등학교, 중학교·고등공민학교, 고등학교·고등기술학교, 특수학교, 각종학교에 관한 사항을 정하는 법률이다(초·중등교육법 제1조, 제2조 참조).

조문을 전체적으로 살펴볼 필요가 있어 길게 인용했지만, 요점은 두 가지다. 첫째는 학교의 장이 학생에게 내릴 수 있는 징계에 체벌은 포함되어 있지 않다는 점이다(초·중등교육법 시행령 제31조 제1항 참조). 둘째는 학교의 장이 학생을 지도할 때에는 학칙으로 정하는 바에 따라 훈육·훈계 등의 방법으로 하되, 도구나 신체 등을 이용하여 학생의 신체에 고통을 가하는 방법을 사용해서는 아니 된다는 점이다(동조 제8항 참조).

즉 초·중·고교 등 학교에서 교사가 학생을 체벌하는 것은 절대로 관련 법령상 허용된 행위가 아니며, 오히려 명시적으로 금지된 행위임을 확인할 수 있다.

> **유아교육법**
>
> **제21조의2(유아의 인권 보장)** ① 유치원의 설립자·경영자와 원장은 헌법과 국제인권조약에 명시된 유아의 인권을 보장하여야 한다.
> ② 교직원은 제21조에 따라 유아를 교육하거나 사무를 담당할 때에는 도구, 신체 등을 이용하여 유아의 신체에 고통을 가하거나 고성, 폭언 등으로 유아에게 정신적 고통을 가해서는 아니 된다.

유치원 교사의 경우도 다르지 않다. 유아를 교육하거나 사무를 담당할 때에 도구, 신체 등을 이용하여 유아의 신체에 고통을 가하거나 고성, 폭언 등으로 정신적 고통을 가하는 행위를 명시적으로 금지하고 있다(유아교육법 제21조의2 제2항 참조).

> **영유아보육법**
>
> **제18조의2(보육교직원의 책무)** ① 보육교직원은 영유아를 보육함에 있어 영유아에게 신체적 고통이나 고성·폭언 등의 정신적 고통을 가하여서는 아니 된다.
> ② 보육교직원은 업무를 수행함에 있어 영유아의 생명·안전보호 및 위험방지를 위하여 주의의무를 다하여야 한다.

어린이집 보육교사의 경우도 마찬가지로, 영유아를 보육함에 있어 영유아에게 신체적 고통이나 고성·폭언 등의 정신적 고통을 가하는 행위를 명시적으로 금지하고 있다(영유아보육법 제18조의2 제1항 참조).

이상에서 살펴본 바와 같이 학교 교사나 유치원 교사, 어린이집 보육교사의 체벌은 관계 법령에 따라 금지되어 있다. 따라서 위에 해당하는 사람들이 아동복지법 제17조(금지행위)에 해당하는 행위를 했다면 비록 훈육을 목적으로 한 체벌이라고 하더라도 그것만으로 면책이 될 수는 없을 것이다.

이상에서 살펴본 관계 법령들을 직접적으로 언급하고 있는 판결이 있는데, 바로 앞서 본 〈사례 9〉 보육교사 색연필 사건의 2심 법원 판결문이다.

판결문 읽기

한편, 영유아보육법 관련 법령에 의하면, 보육은 영유아의 이익을 최우선적으로 고려하여 제공되어야 하고, 영유아가 안전하고 쾌적한 환경에서 건강하게 성장할 수 있도록 하는 것을 그 이념으로 삼고 있는 점(영유아보육법 제3조), <u>보육교직원은 영유아를 보육함에 있어 영유아에게 신체적 고통이나 고성·폭언 등의 정신적 고통을 가하여서는 아니되고(영유아보육법 제18조의2), 교직원은 유아를 교육하거나 사무를 담당할 때에는 도구, 신체 등을 이용하여 유아의 신체에 고통을 가하여서는 아니된다(유아교육법 제21조의2)</u>고 규정하고 있는 점, 초·중등교육법에서 정한 아동청소년에 대한 교육과 달리 영유아의 경우 그 보육방법으로 징계 관련 규정을 전혀 두고 있지 않은 점 등에 비추어 보면, <u>보육교사는 원칙적으로 영유아에게 신체적·정신적 고통을 가하는 징계가 허용된다고 볼 수 없을 뿐만 아니라, 설령 경우에 따라 부득이하게 신체적 제재를 통한 보육이 필요한 경우가 있다고 하더라도</u>, 영유아의 경우 초중등학생에 비하여 신체적·정신적으로 미숙한 반면에 완전하고 조화로운 신체 및 인격 발달을 위하여 사회적으로 보호받을 필요성이 더욱 크므로,

> 위와 같은 보육방법의 허용범위는 매우 엄격하게 제한되어야 할 것이다. (울산지방법원 2017.8.4. 선고 2017노542 판결)

어린이집 보육교사가 아이에게 손도 대지 말아야 한다고 하면 당장 큰 반발에 부딪힐 것이다. 아이를 돌보다 보면 신체적 제재를 하지 않을 수 없는 경우들이 매우 많기 때문이다. 그러나 그러한 경우, 즉 "부득이하게 신체적 제재를 통한 보육이 필요한 경우"가 있다고 하더라도 그 허용범위는 "매우 엄격하게 제한되어야" 함을 위 2017노542 판결은 명시하고 있다.

그런데 비록 아동에게 체벌을 하였더라도, 훈육의 의도만 있었을 뿐 학대의 고의가 없었다면 아동학대로 볼 수 없는 것이 아닌가 하는 반론도 있을 수 있다. 실제로 "아동학대의 고의가 없었다"는 주장은 〈사례 9〉를 포함한 대다수 사건에서 행위자들이 내세우는 것이다. 그러나 위 2017노542 판결은 다음과 같은 법리로 행위자의 주장을 배척하고 있다.

판결문 읽기

... 위 아동복지법 제17조 제3호에서 규정한 '아동의 신체에 손상을 주거나 신체의 건강 및 발달을 해치는 신체적 학대행위'에는 현실적으로 아동의 신체건강과 그 정상적인 발달을 저해한 경우뿐만 아니라 그러한 결과를 초래할 위험 또는 가능성이 발생한 경우도 포함된다고 봄이 상당하고, 위 죄의 범의는 반드시 아동학대의 목적이나 의도가 있어야 인정되는 것이 아니고, 아동의 신체건강 및

> 발달의 저해라는 결과를 발생시킬 가능성 또는 위험이 있는 행위 자체를 인식하거나 예견하고 이를 용인하면 족하다고 할 것이다.
> (울산지방법원 2017.8.4. 선고 2017노542 판결)

"결과를 발생시킬 가능성 또는 위험이 있는 행위 자체를 인식하거나 예견하고 이를 용인"한 경우 고의가 인정된다는 것은 앞에서 살인의 고의에 관하여 논할 때 살펴본 미필적 고의의 법리다. 법원은 아동학대의 고의를 판단함에 있어서도 미필적 고의의 법리를 적용하고 있다.

풀어서 다시 설명하면, 행위자가 아동을 때릴 때 "나는 이 아이를 학대할 거야"라는 마음을 먹고 때렸다면 당연히 아동학대의 고의가 인정되겠지만, 만약 그렇지 않고 "나는 이 아이를 훈육하기 위하여 때리는 거야"라는 마음을 먹고 있었더라도 "내가 때림으로 인해서 이 아이의 신체건강 및 발달의 저해될 가능성 또는 위험이 있다"는 사실을 알면서 때렸다면 아동학대의 미필적 고의가 인정된다는 의미로 볼 수 있다.

위와 같은 법리에 따라, 아동의 팔을 강하게 잡아서 흔들거나 아동에게 딱밤을 때리거나 색연필로 아동의 볼을 찌르는 등의 행위에 대하여 법원이 신체학대로 판단하였음은 앞서 본 바와 같다.

🔍 친권자의 체벌은 허용되는가?

구 민법(2021.1.26. 법률 제17905호로 개정되기 전의 것) 제915조는 "친권자는 그 자를 보호 또는 교양하기 위하여 필요한 징계를 할 수 있고 법원의 허가를 얻어 감화 또는 교정기관에 위탁할 수 있다"고 규정하고 있었다.

위 제915조는 이른바 "친권자의 징계권"이라 불리며, 친권자의 체벌을 정당행위로 볼 수 있는 근거로 일각에서 해석되어 왔다. 학교 교사, 유치원 교사, 어린이집 보육교사의 경우와 달리 부모(친권자)의 체벌에 대해서는 법률상 허용 여부가 다소 애매했던 것이 이 때문이다.

그런데 위 제915조에서 말하는 징계에 체벌도 포함되는 것인지는 의문이 있다. 징계라는 문언만으로 당연히 거기에 체벌도 포함된다고 해석하기는 어렵기 때문이다. 위에서 살펴본 초·중등교육법 및 시행령에서 학교의 장이 학생에게 내릴 수 있는 징계에도 체벌은 포함되어 있지 않다.

실제로 일각의 해석과는 달리, 법원 판결 중 친권자의 징계권을 근거로 행위자의 체벌을 무죄로 본 사례는 찾아보기 어렵다. 친권자의 징계권과 관련하여서는 다음의 판결이 자주 인용된다.

판결문 읽기

그리고 친권자는 자를 보호하고 교양할 권리의무가 있고(민법 제913조) 그 자를 보호 또는 교양하기 위하여 필요한 징계를 할 수 있기는 하지만(민법 제915조) 인격의 건전한 육성을 위하여 필요한 범위 안에서 상당한 방법으로 행사되어야만 할 것인데, 원심이 확정한 사실관계에 의하면 스스로의 감정을 이기지 못하고 야구방망이로 때릴 듯이 피해자에게 "죽여 버린다."고 말하여 협박하는 것은 그 자체로 피해자의 인격 성장에 장해를 가져올 우려가 커서 이를 교양권의 행사라고 보기도 어렵다 할 것이다. (대법원 2002.2.8. 선고 2001도6468 판결)

친권자의 징계권을 근거로 행위자를 무죄로 본 판결이 아니라, 친권자의 징계권에도 불구하고 행위자를 유죄로 본 판결이다. 아동에게 야구방망이로 때릴 듯이 하면서 "죽여 버린다"고 협박하는 것은 징계권의 정당한 행사로 볼 수 없다는 것이다. 징계권은 "인격의 건전한 육성을 위하여 필요한 범위 안에서 상당한 방법으로 행사되어야" 한다고 하는데, 여기서 말하는 "상당한 방법"에 체벌은 전면적으로 제외된다는 의미인지 혹은 일정한 정도까지는 포함될 수 있다는 의미인지는 여전히 해석상 논란이 있을 수 있지만, 적어도 정도가 심한 체벌에 대해서 친권자의 징계권이 면죄부를 줄 수 있다는 의미가 아님은 분명하다.

2021.1.26. 법률 제17905호가 공포된 날부터 시행되어 민법 제915조가 삭제됨에 따라, 친권자의 징계권에 관한 위 논의는 더 이상 의미가 없게 되었으며, 친권자의 체벌이 허용되는지에 대한 법률해석도 논란의 여지가 없게 되었다. 이제는 친권자라는 사실만으로 아동에 대한 체벌이 허용된다고 볼 근거가 없다. 따라서 친권자가 아동복지법 제17조(금지행위)에 해당하는 행위를 했다면 훈육을 목적으로 한 체벌이라는 사실만으로 면책이 될 수는 없다고 보아야 할 것이다.

🔍 체벌은 사회상규에 위배되지 않는 행위인가?

이상의 논의를 종합하면 부모든, 학교 교사든, 유치원 교사든, 어린이집 보육교사든 체벌은 관계 법령에 따라 금지되는 것으로 보인다.

그러나 아직 쉽게 결론을 내리기에는 이르다. 체벌과 관련하여서는 좀 더 살펴보아야 할 법적 쟁점이 남아 있는데, 형법 제20조의 정당행위에 관한 쟁점이 그것이다.

> **형법**
>
> **제20조(정당행위)** 법령에 의한 행위 또는 업무로 인한 행위 기타 사회상규에 위배되지 아니하는 행위는 벌하지 아니한다.

범죄의 구성요건을 충족하는 행위라도 위 형법 제20조에 따른 정당행위라면 위법성이 조각(阻却)되어 범죄로 되지 않게 된다. 정당행위에 해당하려면 법령에 의한 행위이거나, 업무로 인한 행위이거나, 기타 사회상규에 위배되지 않는 행위여야 한다.

체벌은 관계 법령에 따라 금지되므로 법령에 의한 행위 또는 업무로 인한 행위에 해당할 수 없다는 것은 이미 살펴본 바와 같다.[20] 그렇다면 사회상규에 위배되지 않는 행위에도 마찬가지로 해당할 수 없다고 보아야 할 것인가? 그런데 여기서 "사회상규"라는 것이 무엇인지부터 짚고 넘어가자.

---

[20] 대법원 판결 중에는 "학생에 대한 폭행, 욕설에 해당되는 지도행위는 학생의 잘못된 언행을 교정하려는 목적에서 나온 것이었으며 다른 교육적 수단으로는 교정이 불가능하였던 경우로서 그 방법과 정도에서 사회통념상 용인될 수 있을 만한 객관적 타당성을 갖추었던 경우에만 법령에 의한 정당행위로 볼 수 있을 것(대법원 2004.6.10. 선고 2001도5380 판결)"이라고 판시한 예가 있다.
그러나 위 2001도5380 판결이 나올 당시의 구 초·중등교육법 시행령(2011.3.18. 대통령령 제22712호로 개정되기 전의 것) 제31조 제7항은 "학교의 장은 법 제18조 제1항 본문의 규정에 의한 지도를 하는 때에는 교육상 불가피한 경우를 제외하고는 학생에게 신체적 고통을 가하지 아니하는 훈육·훈계등의 방법으로 행하여야 한다"고 되어 있었다. 즉 "교육상 불가피한 경우"에는 체벌이 예외적으로 허용될 수 있도록 여지를 남겨 놓고 있었다. 현행 초·중등교육법 시행령은 "교육상 불가피한 경우"라는 문구를 삭제함으로써 체벌을 전면적으로 금지하였으므로, 위 2001도5380 판결은 더 이상 따를 수 없는 것으로 판단된다.

판결문 읽기

형법 제20조 소정의 '사회상규에 위배되지 아니하는 행위'라 함은 법질서 전체의 정신이나 그 배후에 놓여 있는 사회윤리 내지 사회통념에 비추어 용인될 수 있는 행위를 말하고 ... 어떠한 행위가 사회상규에 위배되지 아니하는 정당한 행위로서 위법성이 조각되는 것인지는 구체적인 사정 아래서 합목적적, 합리적으로 고찰하여 개별적으로 판단되어야 할 것인바, 이와 같은 정당행위를 인정하려면 첫째 그 행위의 동기나 목적의 정당성, 둘째 행위의 수단이나 방법의 상당성, 셋째 보호이익과 침해이익과의 법익균형성, 넷째 긴급성, 다섯째 그 행위 외에 다른 수단이나 방법이 없다는 보충성 등의 요건을 갖추어야 한다 ... (대법원 2000.4.25. 선고 98도2389 판결)

"법질서 전체의 정신이나 그 배후에 놓여 있는 사회윤리 내지 사회통념에 비추어 용인될 수 있는 행위"가 바로 "사회상규에 위배되지 않는 행위"라는 것이 법원의 확립된 입장이지만, 여전히 애매하게 느껴진다. 훈육을 목적으로 아동을 체벌하는 것은 사회윤리 내지 사회통념에 비추어 용인될 수 있는 행위인가? 만약 이를 긍정한다면, 어느 정도까지 체벌하는 것이 사회윤리 내지 사회통념에 비추어 용인될 수 있을까?

아동학대사건에서 사회상규에 위배되지 않는 행위 여부가 쟁점이 된 사례를 살펴보면 다음과 같다.

사례 11
장애아동 특수교사 신체학대 사건

행위자는 중학교에서 특수학급인 개별반의 담임교사를 맡아 장애아동을 가르치는 특수교사이고, 피해아동은 위 개별반의 학생이다.

행위자는 2017.5.18. 피해아동이 통합반 수업시간에 떠들었다는 이유로 피해아동을 개별반 교실로 데려가 다리를 걸어 볼풀장에 넘어뜨린 후 발로 목을 밟았다.

2017.6.22. 행위자는 피해아동이 다른 학생에게 맞은 사실을 말하지 않았다는 이유로 피해아동을 책상 위에 앉혀 다리를 뻗게 한 후 나무 몽둥이로 발바닥 부위를 수회 때렸다.

2017.7.5. 행위자는 피해아동이 다른 학생과 다툰 것에 대해 훈계하던 중 피해아동이 욕설하였다는 이유로 피해아동에게 "입 닥쳐"라고 말하며 뺨을 4회 때리고 발로 다리를 차서 넘어뜨려 약 2주간의 치료가 필요한 우측주관절좌상 등을 가하였다.

행위자는 자신의 행위가 사회상규에 위배되지 않는 행위로서 정당행위에 해당한다고 주장했으나, 1심 법원은 이를 받아들이지 않고 행위자에게 징역 8월과 40시간의 아동학대 치료프로그램 이수명령을 선고하였다. 2심 법원 역시 행위자의 정당행위 주장은 받아들이지 않으나, 1심 판결의 선고 형량이 지나치게 무겁다고 보고 징역 8월에 집행유예 2년과 40시간의 아동학대 치료프로그램 이수명령을 선고하였다. 대법원은 2심 판결을 확정하였다.

[사건번호]
부산지방법원 2018.12.19. 선고 2017고단6061 판결
부산시방법원 2019.4.11. 선고 2019노104 판결
대법원 2019.7.10. 선고 2019도4989 판결

위 〈사례 11〉에서 행위자는 자신의 행위가 사회상규에 위배되지 않는 행위라는 주장을 반복하였으나, 법원은 1심 법원에서 대법원에 이르기까지 위 주장을 일관되게 배척하였다. 위 주장을 배척한 이유에 대하여 자세히 설시하지는 않았다.

사례 12
초등학교 1학년 담임교사 체벌 사건

행위자는 초등학교 1학년 담임교사였고, 피해아동은 같은 반 학생이었다.

행위자는 2017.5.경부터 2017.7. 사이에 피해아동이 다른 학생에게 피해를 주거나 교내 규칙을 어겼다는 이유로 약 30cm 길이의 나무로 된 지휘봉으로 피해아동의 손바닥을 때리기도 했으며, 피해아동이 수업시간에 뒤를 돌아본다는 이유로 A4용지 크기의 프린트물 25장을 둥글게 말아 피해아동의 머리를 때리기도 했고, 피해아동이 수학익힘책 교재로 같은 반 여학생의 머리를 때렸다는 이유로 행위자도 똑같은 방법으로 피해아동의 머리를 때리기도 했다. 또한 피해아동이 식판에 밥을 남겼다는 이유로 행위자가 주먹을 쥔 상태에서 "보약"이라고 말하면 피해아동이 직접 행위자의 주먹에 머리를 부딪치게 하기도 했다.

2017.7.10.경에는 피해아동이 교실 앞 복도에서 같은 반 친구와 장난을 친다는 이유로 피해아동의 귀를 잡아당겨 교실로 끌고 들어와 손바닥으로 피해아동의 등을 1회 때리기도 했다.

행위자는 피해아동을 교육하기 위한 목적에서 한 행위이므로 사회상규에 위배되지 않는 행위라고 주장했으나, 1심 법원은 유죄를 인정하고 벌금 500만 원의 선고를 유예하는 선고유예 판결을 내렸다. 2심 법원은 항소를 기각하였다.

[사건번호]
의정부지방법원 고양지원 2018.6.1. 선고 2017고단3358 판결
의정부지방법원 2018.11.20. 선고 2018노1717 판결

위 〈사례 12〉의 1심 법원은 사회상규에 위배되지 않는 행위라는 행위자의 주장에 대하여 다음과 같이 판단하였다.

판결문 읽기

피고인 및 변호인은, 피고인이 피해자에게 가한 신체적 물리력의 행사는 매우 경미한 것으로 가혹행위가 되지 않거나 사회상규에 반하지 않는 행위라고 주장한다. 살피건대, 피고인의 행위로 인하여 피해자가 상해를 입거나 신체 외관이 불량하게 변경된 것은 아니라고 하더라도, ① 피해자가 피고인으로부터 판시 범죄사실 제1항 기재 학대행위를 당한 당일 피해자가 하교한 이후까지도 피해자의 귀와 등에 학대를 당한 흔적이 남아 있었던 점, ② 피해자는 8세 아동으로 자신의 신체에 가해지는 고통에 더 민감하게 반응하거나 예상하지 못한 파급효과나 부정적인 변화를 가져올 가능성이 매우 높은 점, ③ 피고인이 피해자에게 가혹행위를 할 당시 신체적인 물리력의 행사가 필요한 긴급한 상황이었다고 보기도 어려워 피고인이 가한 신체적 물리력이 훈육이나 교육의 목적으로 이루어졌다고 보기 어려운 점 등 당시의 상황, 피고인의 전후 태도, 피해자의 제반

> 상황, 폭행의 경위나 정도 및 부위 등을 종합하면, 피고인의 행위가 신체적 학대행위가 아니라거나 사회상규에 반하지 않는 행위로 보기 어려우므로, 피고인 및 변호인의 위 주장은 받아들이지 않는다. (의정부지방법원 고양지원 2018.6.1. 선고 2017고단3358 판결)

반면 위 〈사례 11〉이나 〈사례 12〉와는 달리, 사회상규에 위배되지 않는 행위임을 인정하여 무죄로 판결한 사례도 존재한다.

> **사례 13**
> **생활지도원 드럼채 사건**
>
> 행위자는 아동양육시설의 생활지도원이고, 피해아동은 위 아동양육시설에서 양육되던 아동이다.
> 피해아동(사건당시 8세)이 다른 아동들과 함께 과제를 하던 중 갑자기 행위자에게 문제의 정답을 알려달라고 요구하면서 고집을 피우자, 행위자는 스스로 문제의 정답을 찾아보라고 피해아동을 지도하였다. 그러자 피해아동은 책상을 발로 차는 등 공격적인 행동을 하며 함께 과제를 하던 다른 아동들을 방해하였다.
> 이에 행위자는 여러 차례에 걸쳐 피해아동에게 고집을 그만 피우라고 구두 지도를 하였으나, 피해아동은 소리를 더 크게 지르는 등 구두 지도를 따르지 않았고, 급기야 행위자와 다른 아동들의 팔과 옷을 잡아당기는 등 더 과격한 행동을 하였다.
> 행위자는 드럼채를 가져와 더 이상 고집을 피우고 주변 사람들에게 피해를 주면 물리력을 행사할 수도 있다는 것을 사전 경고하였고, 그럼에도 피해아동이 행위자의 지도를 따르지 않자, 행위자는 드럼채로

피해아동의 팔 부위를 2회 때렸다.
　행위자는 아동학대범죄의처벌등에관한특례법위반(아동복지시설종사자등의아동학대) 혐의로 기소되었다. 1심 법원은 유죄를 인정하되 정상을 참작하여 벌금 30만 원의 선고를 유예하는 선고유예 판결을 내렸다. 그러나 2심 법원은 행위자의 행위가 정당행위에 해당한다고 보아 무죄로 판결하였다.

[사건번호]
창원지방법원 진주지원 2018.4.27. 선고 2015고정737 판결
창원지방법원 2018.11.29. 선고 2018노1165 판결

위 〈사례 13〉의 2심 법원은 무죄로 판결한 이유에 관하여 다음과 같이 설시하였다.

판결문 읽기

1) 원심 및 당심이 적법하게 채택하여 조사한 증거들을 종합하면, 피고인이 드럼채로 피해자의 팔을 2회 때리는 행위(이하 '이 사건 행위'라고 한다)를 한 사실은 인정되고, 이는 '아동의 신체에 손상을 주거나 신체의 건강 및 발달을 해치는 신체적 학대행위'에는 해당한다고 봄이 타당하다.

2) 다만 이 법원이 적법하게 채택하여 조사한 증거들을 종합하여 알 수 있는 피고인과 피해자 사이 관계, 이 사건 행위가 이루어질 당시 상황, 장소, 동기, 수단 및 정도 등 다음의 사정들을 종합하여

> 보면, 이 사건 행위는 훈육의 의사로 이루어진 사회통념에 비추어 용인될 수 있는 행위로서 형법 제20조에 따른 '사회상규에 위배되지 아니하는 행위'에 해당한다고 봄이 타당하다. 따라서 이 사건 행위는 형법 제20조에 따른 정당행위로서 위법성이 조각된다고 봄이 타당하므로, 이 부분 공소사실은 범죄로 되지 아니하는 때에 해당한다. (창원지방법원 2018.11.29. 선고 2018노1165 판결)

즉 신체적 학대행위의 구성요건에는 해당하나, 사회상규에 위배되지 않는 행위로서 형법 제20조에 따라 위법성이 조각된다고 판단한 것이다.

〈사례 11〉, 〈사례 12〉와 〈사례 13〉을 비교했을 때, 행위 당시의 상황이나 행위자가 행사한 물리력의 정도 등에 있어서 큰 차이가 있었던 것으로 보이므로, 〈사례 11〉과 〈사례 12〉는 유죄로 판결되었지만 〈사례 13〉은 무죄로 판결된 점에 대해서는 충분히 납득할 수 있을 것이다. 다만 위 세 가지 사례만으로 사회상규에 위배되지 않는 행위의 기준을 섣불리 세우기는 어렵고, 앞으로 유사한 판결들에 대한 더 많은 고찰이 필요할 것이다.

훈육을 목적으로 한 체벌이 어느 정도까지 사회윤리 내지 사회통념에 비추어 용인될 수 있을 것인가 하는 물음은 이미 이 책의 제1장에서 이야기했던 바와 일맥상통한다. 우리 사회는 아직까지 여기에 대한 합의에 도달하지 못한 것으로 보인다. 아동학대 여부를 일관된 기준으로 판단하기 위해서는 훈육과 체벌에 관하여 각계각층의 논의와 소통을 거친 사회적 합의가 조속히 이루어져야 할 것이다.

5. 손으로 때리면 유죄, 회초리로 때리면 무죄?

훈육을 목적으로 한 체벌은 현행법상 허용될 수 없음을 앞서 살펴보았다. 다만 신체적 학대행위에 해당하는 체벌을 한 경우에도 구체적인 사정에 따라서 사회상규에 위배되지 않는 행위로 인정될 경우에는 형법 제20조에 의하여 무죄로 될 수 있다는 것도 함께 살펴보았다.

법원 판결 중에는 정당행위나 그 밖의 법리에 관한 자세한 설시 없이 그저 "훈육을 목적으로 했으므로 학대가 아니다"라는 식의 단순한 논리로 무죄를 선고한 판결들도 많이 발견된다. 훈육을 목적으로 했으면 왜 학대가 아니라고 보았는지 그 근거가 명확하지 않으나, 이런 판결들도 직접적으로 설시하지만 않았을 뿐 형법 제20조 정당행위의 법리에 따라 판단한 것으로 해석해야 할 것이다.

문제는 사회윤리 내지 사회통념에 비추어 용인되는 체벌이란 어떤 것인지에 대해 우리 사회가 아직 합의에 도달하지 못했고, 법원의 태도도 분명하지 않다는 점이다. 그런 의미에서 다음 사례를 보면서 사회상규에 관한 법원의 태도에 대해 한 번쯤 생각해 볼 필요가 있다.

> **사례 14**
> **회초리 무죄 사건**
>
> 행위자는 피해아동 E, F의 친모와 2012.6.경부터 사실혼 관계에 있으면서 피해아동들과 동거하기 시작했다.

행위자는 2013.봄부터 가을까지 사이에 F(사건당시 8세)를 상대로 금요일마다 숙제 검사를 하여 결과가 만족스럽지 않을 경우 회초리로 F의 손바닥이나 발바닥을 1~2회 때리고, 토요일마다 한자 시험을 실시하여 답을 틀린 개수만큼 회초리로 F의 손바닥이나 발바닥을 때렸다. 2013.11.경에는 F의 손바닥을 회초리로 때리려고 하던 중 F가 매를 피하려고 손바닥을 자꾸 움직인다는 이유로 "남자답게 맞아 인마"라고 말하면서 오른손으로 F의 머리를 밀쳐 F로 하여금 책상 모서리에 오른쪽 눈 아래 부위를 찧어 멍이 들게 하였다.

행위자는 2013.7.경 F가 차량 내부에 구토했다는 이유로 F의 하체를 발로 걷어차 넘어지게 했으며, 2013.가을경 F가 늦게 귀가하였다는 이유로 회초리로 F의 발바닥을 때리려고 하던 중 F가 매를 피하려고 손으로 발바닥을 감싸자 회초리로 F의 허벅지 부위를 3~4회 때려 멍이 들게 하였다.

행위자는 2013.8.경 E(사건당시 14세)가 집안일을 돕지 않고 말대꾸를 한다는 이유로 화가 나 E의 머리를 주먹으로 1회 때리기도 했다.

1심 법원은 위에 열거된 행위들 중 F의 손바닥이나 발바닥을 회초리로 때린 부분에 대해서는 F를 교육시키기 위한 목적이었다는 점 등을 이유로 들어 무죄로 판결하고, 나머지 행위들에 대해서만 유죄로 판결하였다. 행위자는 E를 강제추행하였다는 혐의로도 기소되었으나 그 부분은 증거가 불충분하여 무죄로 판결되었다. 1심 법원은 징역 6월에 집행유예 2년, 40시간의 아동학대 재범예방강의 수강명령을 선고하였다. 검사는 무죄 부분에 대하여 항소하였으나 2심 법원은 항소를 기각하였다.

[사건번호]
대전지방법원 서산지원 2017.8.30. 선고 2016고합70 판결
대전고등법원 2018.1.19. 선고 2017노365 판결

손으로 밀쳐 책상 모서리에 눈 부위를 찢게 만든 행위나 회초리로 허벅지를 때린 행위, 주먹으로 때린 행위는 유죄지만, 회초리로 손바닥이나 발바닥을 때린 행위는 무죄라고 본 사례다.

손으로 때리는 것과 회초리로 때리는 것 중 어느 쪽이 더 위험한 행위일까? 도구인 회초리를 사용하는 쪽이 아동의 신체에 손상을 주거나 신체의 건강 및 발달을 해칠 위험성이 더 크지 않을까? 그런데 왜 법원은 손으로 때린 행위는 유죄로 보면서 회초리로 때린 행위는 무죄로 보았을까?

위 〈사례 14〉의 1심 법원은 회초리로 때린 행위를 무죄로 본 이유를 다음과 같이 설시하고 있다.

판결문 읽기

이 법원이 적법하게 채택하여 조사한 증거들에 의하여 인정되는 다음과 같은 사정들, 즉 ① 피고인은 피해자의 숙제를 검사하거나 한자를 가르쳐주는 과정에서 훈육 목적에서 체벌을 가한 것이라고 주장하였고, 피해자의 진술에 의하더라도 공부와 관련된 것이 아닌 이유로는 회초리로 손바닥이나 발바닥을 때린 사실은 없는 점에 비추어보면 <u>피고인의 행위는 피해자를 교육시키기 위한 목적에서 이루어진 것으로 보이는 점</u>, ② 피고인은 회초리로 피해자의 손바닥이나 발바닥을 때렸을 뿐 <u>손이나 다른 도구를 사용하여 피해자에게 유형력을 행사하거나 피해자의 다른 신체부위를 때린 사실은 없는 점</u>, ③ 이 부분 공소사실 기재와 같은 피고인의 행위로 인하여

> <u>피해자가 신체의 건강 및 발달을 해치게 될 정도로 손상을 입은 것으로는 보이지 않는 점</u> 등에 비추어 보면, 검사가 제출한 증거들만으로는 피고인의 행위가 피해자의 '<u>신체에 손상을 주는 학대행위</u>'에 해당한다고 인정하기에 부족하고 달리 이를 인정할 증거가 없다.
> (대전지방법원 서산지원 2017.8.30. 선고 2016고합70 판결)

위 〈사례 14〉는 구 아동복지법(2014.1.28. 법률 제12361호로 개정되기 전의 것)이 적용된 사건이다. 따라서 행위자가 회초리로 피해아동의 손바닥이나 발바닥을 때린 행위가 피해아동의 신체에 손상을 주는 정도에 이르지 않았다면, 이 부분 공소사실을 무죄로 본 판결도 납득하지 못할 것은 아니다.

그런데 "피고인의 행위는 피해자를 교육시키기 위한 목적에서 이루어진 것으로 보이는 점"이라고 언급한 대목을 보면, 위 2016고합70 판결은 회초리로 손바닥이나 발바닥을 때린 행위가 신체에 손상을 주는 정도에 이르지 않았을 뿐 아니라, 사회상규에도 위배되지 않는다고 판단하는 것처럼 보인다. 과연 위 행위는 사회상규에 위배되지 않는 행위인가? 그렇게 판단하기에는 몇 가지 의문점이 있다.

첫째로, 행위자는 피해아동의 친모와 사실혼 관계에 있는 자일 뿐 피해아동의 친권자가 아니었다. (물론 친권자라고 해서 체벌이 허용되는 것은 아님을 앞서 살펴보았지만) 행위자와 피해아동의 관계가 위와 같음에도 행위자가 피해아동을 훈육할 목적으로 체벌하는 것이 과연 사회상규에 위배되지 않는 행위일까?

둘째로, 행위자가 피해아동의 손바닥이나 발바닥을 때린 이유는 가령 피해아동이 문제행동을 해서 신체적 제재가 필요했다거나 하는 등의 이유가 아니라 숙제 검사 결과가 만족스럽지 않았거나 한자 시험에서 답을 틀렸기 때문이었는데, 고작 그런 이유로 아동을 때리는 행위가 오늘날의 사회윤리 내지 사회통념에 비추어 용인되는 행위일까?

셋째로, 위 2016고합70 판결은 "손이나 다른 도구를 사용하여 피해자에게 유형력을 행사하거나", "(회초리로) 다른 신체부위를 때린 사실"이 있다면 유죄로 될 수 있다는 것처럼 언급하고 있는데, 그것은 어째서인가? 왜 손이나 다른 도구를 사용해서는 안 되지만 회초리는 괜찮고, 다른 신체 부위는 안 되지만 손바닥이나 발바닥은 괜찮은가?

위와 같은 의문점들을 생각해 보면, 특히 세 번째 의문과 관련해서 위 2016고합70 판결이 염두에 두고 있는 사회상규란 전근대적인 관습에 따른 고정관념에 가까운 것이 아닌가 하는 의심이 든다. 한국인이 관습적으로 생각하는 훈육의 전형을 확인할 수 있는 한 장의 그림이 있는데, 바로 조선 후기 화가 김홍도(金弘道, 1745~?)의 풍속화로 흔히 〈서당〉이라는 제목으로 알려진 작품이다.

위 그림에는 한국인이 관습적으로 생각해 온 "올바른 훈육" 내지는 "사랑의 매"의 전형이 상징적으로 담겨 있다. 훈장님이

그림 1. 김홍도 〈서당〉

제자를 옳게 가르치기 위하여 종아리를 걷게 하고 점잖게 회초리로 때리는 것이야말로 올바른 훈육의 전형이라는 것이다.

오늘날 체벌을 옹호하는 사람들의 머릿속에 있는 "올바른 훈육"의 이미지도 위와 크게 다르지 않을 것이다. 부모 또는 교사가 회초리로 종아리나 손바닥, 발바닥을 때린다면 이는 올바른 훈육의 이미지에 가까울 것이다. 반면 주먹으로 머리를 때리거나 발로 걷어차거나 손으로 밀쳐 넘어지게 한다면 올바른 훈육의 이미지에서 점점 멀어질 것이다.

위 2016고합70 판결 역시 위와 같은 이미지에 따른 고정관념으로 사회상규를 판단한 것이 아닌지 의심된다. 피해아동이 한자 시험에서 답을 틀린 개수만큼 행위자가 회초리로 손바닥이나 발바닥을 때려서 체벌한 것은 올바른 훈육에 가까우므로 사회상규에 위배되지 않는 행위지만, 그렇게 체벌하던 도중 손으로 밀친 것이나, 회초리로 허벅지를 때린 것은 올바른 훈육의 이미지에서 벗어났으므로 사회상규에 위배된다고 보았을 수도 있다는 것이다.

하지만 위와 같은 "올바른 훈육"의 이미지가 과연 오늘날의 사회윤리 내지 사회통념에 비추어도 바람직한 것인지에 대해서는 고개를 저을 수밖에 없다. 위와 같은 이미지는 아직 아동의 인권이라는 개념이 나타나기 이전에 고착된 전근대적 관습에 따른 고정관념으로서, 철저하게 훈육자(행위자) 중심으로 형성된 이미지일 뿐이다.

피해아동 중심적인 시각에서 바라본다면 중요한 것은 손이냐 회초리냐가 아니라, 행위자의 행위로 인하여 피해아동이 얼마나 신체적 또는 정신적으로 피해를 입었는가 하는 점일 것이다. 다시 말해 피해아동의 신체에 손상을 주거나 신체의 건강 및 발달을 해쳤는지(혹은 그러한 결과를 초래할 위험 또는 가능성을 발생시켰는지) 여부가 중요하게 고려되어야 할 것이다.

전근대에 형성된 이미지가 아닌 오늘날의 사회상규에 따라 용인될 수 있는 체벌의 모습이 과연 어떠한 것인지(혹은 "용인될 수 있는 체벌"이 과연 존재하기는 하는지)에 대해서는 더 많은 고민이 필요하다.

6. 부모의 허락을 받았으면 때려도 될까

교사가 아동을 체벌하기 전에, 체벌해도 되는지 미리 부모에게 허락을 받았다면 그 교사는 무죄일까?

실제 위와 같은 사례가 판결에서도 확인되는 것을 보면, 이미 현장에서는 드물지 않게 볼 수 있는 광경일지도 모르겠다.

> **사례 15**
> **과외교사 체벌 허락 사건**
>
> 　행위자는 개인사무실에서 피해아동(사건당시 8세)을 상대로 과외수업을 하던 자이다.
> 　행위자는 2017.1.30.경 피해아동이 거짓말을 하였다는 이유로 나무 몽둥이로 엉덩이를 때렸으며, 2017.2.초순경에도 피해아동이 거짓말을 하였다는 이유로 나무 몽둥이로 손바닥을 때렸다. 2017.7.경에는 피해아동이 사무실 여직원에게 무례한 말을 했다는 이유로 피해아동의 무릎을 손바닥으로 수회 때렸으며, 같은 달 중순경에는 피해아동에게 살을 빼야 한다면서 가슴 부위를 손가락으로 수회 꼬집어 멍이 들게 하기도 했다.
> 　행위자는 법정에서 자신의 행위가 사회상규에 위배되지 않는 행위이며, 피해아동의 교육을 맡을 당시 피해아동의 모친으로부터 체벌에 대한 승낙을 받았으므로 이는 피해자의 승낙에 해당하여 위법성이 조각된다고 주장하였으나, 법원은 행위자의 주장을 받아들이지 않았다. 1심 법원은 행위자에게 징역 8월에 집행유예 2년, 40시간의 아동학대 치료프로그램 수강명령을 선고하였다. 2심 법원도 동일하게 판단하였다.

[사건번호]
서울동부지방법원 2018.7.12. 선고 2018고단79 판결
서울동부지방법원 2018.12.7. 선고 2018노999 판결

위 〈사례 15〉에서 행위자의 주장 중 "사회상규에 위배되지 않는 행위"라는 주장의 관련 법리에 관해서는 이미 앞에서 살펴보았다. 한편 "피해자의 승낙"을 받았다는 주장과 관련해서는 형법 제24조를 확인해야 한다.

형법

제24조(피해자의 승낙) 처분할 수 있는 자의 승낙에 의하여 그 법익을 훼손한 행위는 법률에 특별한 규정이 없는 한 벌하지 아니한다.

범죄의 구성요건을 충족하는 행위라도 위 형법 제24조에 해당하는 피해자의 승낙이 있는 경우에는 위법성이 조각될 수 있다.

하지만 위와 같은 행위자의 주장에 대하여 1심 법원은 다음과 같이 판시하였다.

판결문 읽기

피고인과 변호인은, 피고인이 피해자의 교육을 맡을 당시 법정대리인인 피해자의 모친으로부터 체벌에 대한 승낙을 받았으므로, 이 사건 각 범행은 피해자의 승낙을 받은 것으로서 위법성이 조각된다고 주장한다.

> 살피건대, 형법 제24조는 처분할 수 있는 자의 승낙에 의하여 그 법익을 훼손한 행위는 법률에 특별한 규정이 없는 한 벌하지 아니한다고 규정하고 있는바, 아동이 건강하게 출생하여 행복하고 안전하게 자랄 수 있도록 아동의 복지를 보장하는 것을 목적으로 하는 아동복지법의 취지 및 위 법 제17조에서 아동에 대한 신체적, 정서적 학대행위 등을 금지하면서 그 금지대상을 '누구든지'라고 규정하고 있는 점 등에 비추어 보면, <u>아동에 대한 학대행위에 의하여 훼손되는 아동의 복지권은 아동 본인 내지 법정대리인이 처분할 수 있는 승낙의 대상이 아니라 할 것이다.</u> 따라서 피고인과 변호인의 위 주장은 이유 없다. (서울동부지방법원 2018.7.12. 선고 2018고단79 판결)

아동 본인 또는 그 법정대리인(친권자)이라 하더라도 학대행위를 승낙할 수는 없음을 위 2018고단79 판결은 명시하고 있다. 즉 아동학대와 관련하여서는 형법 제24조가 적용될 여지가 없다는 의미로 해석할 수 있다.

따라서 체벌해도 좋다는 허락을 부모에게 받았더라도 무죄로 되는 것은 아니다. 그 체벌이 아동학대로 판단될 수 있는 행위라면 행위자는 허락 여부에 관계없이 처벌될 것이다.

나아가 아동 본인에게 허락을 받았더라도 마찬가지로 허락 여부에 관계없이 처벌될 수 있음을 명시했다는 점에서 위 판결의 의의는 크다고 할 수 있다.

다음 사례 역시 피해자의 승낙과 관련한 동일한 쟁점을 담고 있는 사례이다.

사례 16

강사 체벌 허락 사건

　행위자는 초등부 강사로,[21] 자신이 지도하고 있는 피해아동(사건당시 8세)이 한자 시험을 못 쳤다는 이유로, 평소 체벌용으로 보관하고 있던 길이 약 40cm 가량의 나무 막대기로 피해아동의 발바닥을 수회 때리고, 피해아동이 문제를 잘 풀지 못한다는 이유로 피해아동의 등 부위를 손으로 수회 때렸다. 또한 피해아동이 칠판 앞에 나와 수학 문제를 풀던 중, 다른 친구들은 다 풀고 제자리로 돌아갔는데 피해아동 혼자 풀지 못하고 있다는 이유로 피해아동의 바지를 잡아당겨 팬티가 보이게 하기도 했다.

　행위자는 피해아동과 그 보호자가 체벌에 의한 훈육에 동의하였기 때문에 이는 피해자의 승낙에 해당하여 위법성이 조각된다고 주장하였으나, 법원은 행위자의 주장을 받아들이지 않았다. 1심 법원은 벌금 5백만 원의 선고를 유예하는 선고유예와 보호관찰명령을 하였으나, 2심 법원은 이를 파기하고 벌금 3백만 원과 취업제한명령 1년을 선고하였다.

[사건번호]
울산지방법원 2019.2.19. 선고 2018고단852 판결
울산지방법원 2019.6.14. 선고 2019노255 판결

　위 〈사례 16〉의 1심 법원은 다음과 같이 판시하였다. 그 요지는 〈사례 15〉의 2018고단79 판결과 거의 같다고 할 수 있다.

21　행위자가 일하던 곳이 학원인지, 혹은 다른 시설인지는 해당 판결문만으로 확인되지 않는다.

판결문 읽기

　변호인은, 피해 아동과 그 보호자가 체벌에 의한 훈육에 대해 동의하였기 때문에 이는 피해자의 승낙에 의한 행위로서 위법성이 조각된다고 주장하지만, '아동의 건강이나 복지, 정상적 발달'은 형법 제24조에서 규정한 '처분할 수 있는 법익'이라고 보기 어렵고, 설령 처분할 수 있는 법익으로 일견 평가할 수 있을지라도 아동복지법의 취지에 비추어 보면 승낙에 의한 그러한 법익 침해행위는 사회상규에 반하는 결과를 초래하므로, 위법성이 조각되지 않는다. (울산지방법원 2019.2.19. 선고 2018고단852 판결)

7. 때리는 것 이외의 신체학대

신체학대는 지금까지 살펴본 바와 같이 아동을 때리거나 걷어차거나 밀치는 등 아동의 신체에 직접적인 유형력을 행사한 경우에 성립하지만, 반드시 그런 것만은 아니다. 예외적으로 아동의 신체에 직접적인 유형력을 행사하지 않은 경우에도 신체학대로 본 사례가 드물게 있다.

〈사례 2〉 고등학생 아동복지법위반 사건으로 돌아가 보자. 행위자는 피해아동에게 직접적인 유형력을 행사한 사실은 없었지만, 법원은 행위자가 피해아동에게 스스로를 때리거나 항문에 손을 집어넣는 동영상 등을 요구한 행위를 신체학대에 해당한다고 보았다.

그 밖에도 아래와 같은 사례들이 있다.

사례 17

전자부품 조립 사건

행위자는 피해아동 D(사건당시 10세), E(사건당시 9세), F(사건당시 7세), G(사건당시 3세)의 친부이다.

행위자는 주거지 청소를 전혀 하지 않은 채 쓰레기와 물건을 쌓아두는 등 불결한 위생상태에서 피해아동들을 양육하고, 피해아동들에게 계절에 맞지 않는 똑같은 옷을 수일씩 입고 씻지 않은 채 지내게 하였다. 피해아동 D, E가 서로 싸운다는 이유로 책을 든 채로 수 시간 동안 손을 들고 서 있게 한 다음 파리채로 손바닥과 종아리를 수회 때리기도 했으며, D가 학교 준비물을 챙기지 않았다는 이유로 큰 소리로 욕을 하기도 했다.

또한 행위자는 피해아동 D, E, F로 하여금 행위자가 업으로 삼고 있는 전자부품 조립을 하루에 3박스씩 하도록 하였다.

행위자는 피해아동들에게 "학교 교사나 아동보호전문기관 상담원에게 쓸데없는 이야기하지 말라"고 말하는 등 겁을 주기도 했으며, 아동보호전문기관 상담원과 면담을 하던 중 피해아동 D, E에게 휴대전화로 당장 오라고 소리를 지르기도 했다.

행위자는 아동복지법위반(아동학대) 및 아동복지법위반(유기·방임) 혐의로 기소되었다. 법원은 행위자의 행위들 중 전자부품 조립을 시킨 행위는 신체적 학대행위로 판단하였다. 1심 법원은 징역 8월과 80시간의 아동학대 치료프로그램 이수명령을 선고하였으며, 2심 법원은 행위자의 항소를 기각하였다.

[사건번호]
서울서부지방법원 2017.11.8. 선고 2017고단2252 판결
서울서부지방법원 2018.1.25. 선고 2017노1566 판결

피해아동들에게 전자부품 조립을 하루에 3박스씩 시킨 행위를 신체학대로 본 사례다. 위 사례를 좀 더 일반화하면, 피해아동에게 감당하기 어려운 육체노동을 강제하여 신체의 건강 및 발달을 해치는 행위는 신체학대에 해당한다고 볼 수 있을 것이다.[22]

---

[22] 반면 344쪽에 나오는 〈사례 63〉 농사일 사건의 경우는 농사일을 시킨 행위와 관련하여 신체학대가 아닌 정서학대로 판단한 예인데, 이는 농사일 자체가 육체적으로 감당하기 어려웠다기보다는 일을 시키는 과정에서 욕설을 하고 때리는 등의 행위가 있었기 때문으로 보인다. 해당 사례 참조.

사례 18

기마 자세 사건

행위자는 피해아동 C, F의 친부이다.

행위자는 2012.6.경부터 2015.3.경까지 C(사건당시 12~15세)를 상습적으로 강간 및 강제추행하였다.

또한 행위자는 2013.여름경 F(사건당시 12세)에게 옷을 다 벗고 '주먹 쥐고 엎드려' 자세를 취하게 한 다음 막대기로 F의 엉덩이를 수회 때린 것을 비롯하여, 2015.3.경까지 상습적으로 F에게 '주먹 쥐고 엎드려' 자세를 취하게 하고 엉덩이를 때리거나, '기마 자세'에서 손을 앞으로 나란히 뻗게 하거나, 무릎을 꿇고 손을 들게 하거나, '원산폭격' 자세를 취하게 하고 피해아동이 쓰러지면 막대기로 때리는 등의 행위를 하였다.

법원은 행위자가 F에 대하여 한 행위들을 신체학대로 판단하였고, 다만 옷을 다 벗고 엎드리게 한 다음 때린 행위는 성학대로 판단하였다. 1심 법원은 징역 13년과 80시간의 성폭력 치료프로그램 이수명령을 선고하였으며, 2심 법원도 동일한 형량을 선고하였다.

[사건번호]
의정부지방법원 고양지원 2017.2.3. 선고 2016고합231, 2017고합13(병합), 2016전고9(병합) 판결
서울고등법원 2017.5.19. 선고 2017노652, 2017전노32(병합) 판결

피해아동에게 '주먹 쥐고 엎드려' 자세를 취하게 하고 엉덩이를 때리거나, '기마 자세'에서 손을 앞으로 나란히 뻗게 하거나, 무릎을 꿇고 손을 들게 하거나, '원산폭격' 자세를 취하게 하고 피해아동이 쓰러지면 막대기로

때리는 등의 행위에 대하여 신체학대로 본 사례다.

특히 '기마 자세'에서 손을 앞으로 나란히 뻗게 하거나 무릎을 꿇고 손을 들게 한 행위의 경우, 피해아동의 신체에 직접적인 유형력을 행사하지 않았음에도 신체학대로 판단한 점을 참고할 만하다.

그런데 '주먹 쥐고 엎드려' 자세를 취하게 하고 엉덩이를 때렸더라도 옷을 다 벗고 나체 상태로 위와 같은 자세를 취하게 한 경우는 신체학대가 아닌 성학대로 보았다. 행위자는 남성이고 피해아동은 여성인 점, 행위자가 피해아동의 언니를 상습적으로 강간 및 강제추행해 온 점 등의 구체적인 사정을 고려했을 것으로 짐작된다.

낙태 강요, 루프 시술 강요도 신체학대다

사례 19

낙태 강요 사건

피해아동은 12세이던 2014.8.7.경 양팔이 불편한 지체장애인인 B와 성관계를 하여(성관계에 이르게 된 구체적인 경위는 판결문만으로 확인되지 않는다) 2015.6.18.경 딸을 출산하였다.

행위자는 B의 친모로, B와 합의하여 피해아동과 그 딸을 행위자와 B의 집에서 함께 양육, 보호하기로 하였다. B는 피해아동과 동거하는 동안 일주일에 2~3회씩 피해아동에게 성관계를 요구하였다.

B가 피해아동에 대한 미성년자의제강간 혐의로 경찰의 수사 대상이 되자, 행위자는 피해아동을 협박해서 피해아동으로 하여금 2015.7.13.경 경찰 조사에서 "B가 성관계를 거부하였으나 손이 불편해서 어떻게 하지 못하는 점을 이용하여 내가 B의 옷을 벗기고 그 위로 올라가 성관계했다"는 취지로 허위진술을 하게 하였다.

2015.11.28. 피해아동이 다시 B의 아이를 임신한 사실이 확인되자, 행위자는 "아이를 지우라"고 피해아동에게 강요한 다음, 피해아동을 산부인과로 데려가 낙태 수술을 받게 하였다.

행위자와 B는 임신 걱정 없이 B가 피해아동과 성관계를 계속할 수 있도록 피해아동에게 루프 시술을 시키기로 마음먹고, 2015.11.경 피해아동에게 "루프를 끼자"고 말했으며, 2015.12.1. 행위자가 피해아동을 산부인과로 데려가 루프 시술을 받게 하였다.

2017.경 B가 지나치게 자주 성관계를 요구하는 것을 견디다 못한 피해아동이 반복적으로 가출을 하자, 행위자는 2017.6.30.경 피해아동에게 "남자들은 욕구를 채우려면 정액이 배출되어야 한다. 네가 씨받이 역할을 해 줘야 하는데 제대로 못 해 주니 내 아들만 불쌍하다. 네가 아직 어려서 잘 모른다. 17시까지 집으로 돌아와라"고 폭언하였다.

법원은 행위자가 B에게 허위진술을 하게 한 행위에 대하여는 강요죄(형법 제324조 제1항)를 인정하고, 낙태 수술과 루프 시술을 받게 한 행위는 신체학대에 해당한다고 보았으며, 피해아동에게 폭언한 행위는 정서학대에 해당한다고 보았다. 1심 법원은 징역 10월과 40시간의 아동학대 치료프로그램 이수명령을 선고하였으며 2심 법원은 행위자의 항소를 기각하였다.

[사건번호]
전주지방법원 2019.1.18. 선고 2017고단2525 판결
전주지방법원 2019.4.3. 선고 2019노153 판결

신체학대 사례 중에서도 보기 드문 예로서, 피해아동에게 직접적으로 유형력을 행사한 것이 아니라, 피해아동의 의사에 반하여 병원에 데려가서 낙태 수술 및 루프 시술을 받게 한 행위를 신체학대로 본 사례다.

위 〈사례 19〉의 1심 법원은 신체학대로 판단한 이유에 관하여 다음과 같이 설시하였다.

> ### 판결문 읽기
>
> 피고인은 낙태 수술이 피해자의 의사에 반한 것이 아니고, 피고인의 낙태 수술을 권유하였다고 하더라도 이는 어쩔 수 없는 선택이므로 신체적 학대행위가 아니라고 주장한다. 그러나 아래와 같은 사정에 비추어 보면 피고인이 피해자의 의사를 전혀 고려하지 않고 낙태 수술의 진행을 주도한 사실이 인정되고, 이와 같이 <u>피해자의 의사를 고려하지 않은 채 태아의 생명을 빼앗고 산모의 신체적·정신적 고통을 수반할 수 있는 낙태 수술을 진행한 것은, 아동의 신체에 손상을 주고 신체의 건강을 해치는 신체적 학대행위</u>라고 봄이 상당하다.
>
> …
>
> 피고인은 피해자가 재차 임신을 한 상황에서 피임의 방법으로 루프 시술을 하도록 한 것이므로 신체적 학대행위가 아니라고 주장한다. 그러나 아동에게 필요한 의료 목적의 시술이라고 하더라도 <u>해당 의료행위의 목적, 성격, 방법 등 제반 사정을 고려할 때, 그 시술을 받을 것인지 여부는 아동의 의사에 맡겨야 하고 그 의사에 반하여 시술을 진행하는 것은 부당하다고 볼 수 있는 경우가 있다.</u> 그와 같은 경우 그럼에도 <u>아동의 의사에 반하여 그 시술을 받도록 하</u>였다면, 비록 그 시술이 아동에게 필요하고, 그로 인하여 아동의

의료적인 상태가 더 나아졌다거나 그에 별다른 문제가 발생하지 않았다고 하더라도, 이는 아동의 신체에 손상을 주거나 신체의 건강 및 발달을 해치는 행위로서 신체적 학대행위에 해당한다고 봄이 상당하다.

그런데 루프 시술이 피임의 목적이 있고, 피해자도 추가 임신을 원하지 않았던 것으로 보이기는 한다. 그러나 피임의 방법에는 여러 가지가 존재하고 각각의 피임법마다 피임이 확실한 정도, 피임의 주체, 신체 침해적인 방법인지 여부, 부작용의 존재 등에 관하여 다양한 차이가 있고, 특히 루프 시술은 여성의 성기에 특수한 기구를 삽입하는 것으로서 그 시술 방법이나 결과 자체만으로 어린 소녀에게는 상당한 거부감을 줄 수 있는 피임법이다. 따라서 아동에 대한 루프 시술은 아동이 그 시술의 의미와 내용을 이해할 수 있는 상태에서 충분한 정보를 제공받고 진지하게 고민한 이후에 그 의사에 따라서만 시행될 수 있다고 봄이 상당하다. (전주지방법원 2019.1.18. 선고 2017고단2525 판결)

특히 루프 시술과 관련하여 설시한 부분을 주목할 만하다.

낙태 수술의 경우 사건 당시 그 자체로 불법이었으며[23] 태아의 생명을 빼앗고 산모에게 신체적·정신적 고통을 수반하게 하는 행위이므로, 이를 강요하는 것이 신체학대에 해당한다는 판단에 대해서는 비교적 쉽게 이해

---

23 낙태죄를 규정한 형법 제269조 제1항은 헌법재판소 2019.4.11. 선고 2017헌바127 결정에 의하여 헌법불합치 결정이 내려졌다.

할 수 있을 것이다.

반면 루프 시술은 합법적인 시술이며, 피임 목적의 시술로서 신체에 별다른 문제를 발생시키는 것이라고도 하기 어렵지만, 그럼에도 법원은 이를 강요하는 것이 신체학대에 해당한다고 보았다. 법원의 논리를 다시 정리해 보면 다음과 같다.

ⓐ 의료 목적의 시술 중에는 그 시술을 받을 것인지 여부를 아동의 의사에 따라야 하는 시술이 있다.
ⓑ 아동의 의사에 따라야 하는 시술을 아동의 의사에 반하여 받도록 하였다면 (비록 아동에게 필요하고, 그로 인하여 아동의 의료적인 상태가 나아졌다거나 별다른 문제가 발생하지 않았다고 하더라도) 신체학대에 해당한다.
ⓒ 루프 시술은 아동의 의사에 따라야 하는 시술이다.
ⓓ 따라서 루프 시술을 아동의 의사에 반하여 받도록 하였다면 신체학대에 해당한다.

위와 같은 논리구조는 루프 시술 이외의 의료행위에 대하여도 적용될 수 있을 것으로 생각된다. 만약 루프 시술 이외의 의료행위를 아동에게 강요하는 사건이 향후 발생한다면, 아동학대(신체학대) 여부를 판단함에 있어 위 논리구조를 활용할 수 있을 것이다.

8. 정서학대란 무엇인가? 헌법재판소가 답하다

아동학대의 네 가지 유형 중에서도 정서학대는 가장 그 의미가 추상적인 학대유형이라고 할 수 있다. "아동의 정신건강 및 발달에 해를 끼치는 정서적 학대행위"란 과연 구체적으로 무엇을 가리키는가?

정서학대를 규정한 아동복지법 제17조 제5호는 지나치게 추상적이라는 점 때문에 형벌법규의 명확성 원칙에 위반된다는 이유로 다음 사례에서와 같이 헌법소원의 대상이 되기도 했다.

사례 20

정서학대 헌법소원 사건

행위자 B는 어린이집 보육교사로, 2013.9.25. 11:12경 수업을 하던 중 바닥에 앉아 있던 피해아동(사건당시 3세)이 수업 내용을 잘 이해하지 못하여 행위자에게 가까이 다가가 앉으려고 했다는 이유로 피해아동을 발로 밀치고, 같은 날 12:39경 피해아동이 밥을 잘 먹지 않고 딴짓을 하였다는 이유로 피해아동의 팔을 손으로 1회 때렸다.

다음날인 2013.9.26. 9:28경 B는 피해아동의 모가 적어서 보낸 원아수첩에 "어제 이마가 멍이 심하게 들었던데 많이 울었을 것 같이 심하던데 어쩌다 그런 건가요? 메모도 없고 약도 안 발랐고 5시에 귀가 했는데 선생님이 모를 리가 없을 것 같던데 한번 보세요 상처까지 났던데"라는 메모가 있는 것을 보고, 화가 나서 피해아동의 이마 부위를 확인한 후 머리채를 잡아 뒤로 세게 밀치고, 같은 날 9:33경 피해아동이 출입문 쪽에 앉아 있었다는 이유로 피해아동을 발로 밀쳤다.

같은 날 B는 피해아동의 모가 까다롭게 군다는 이유로 화가 나, 다른 원생들은 행위자 곁에 모여 앉게 하면서 피해아동만 따로 떨어져 앉게 하여 다른 원생들과 어울리지 못하게 하고, 피해자로 하여금 혼자 복도에서 쭈그린 상태로 밥을 먹게 하였다.

B는 피해아동에 대하여 신체학대 및 정서학대를 하여 아동복지법을 위반한 혐의로 기소되었으며, B를 고용한 어린이집의 원장 A도 양벌규정에 따라 기소되었다. B와 A는 정서학대에 관하여 규정한 아동복지법 제17조 제5호 및 제71조 제1항 제2호에 대하여 위헌법률심판제청신청을 하였으나 기각되자 헌법소원심판을 청구하였다. 이에 대하여 헌법재판소는 아동복지법 제17조 제5호 및 제71조 제1항 제2호가 헌법에 위반되지 아니한다고 판단하였다.

1심 법원은 B와 A에게 각각 벌금 2백만 원을 선고하였으나, 2심 법원은 A를 무죄로 판결하고[24] B에 대해서만 벌금 2백만 원을 선고하였다. 대법원은 2심 법원의 판결을 확정하였다.

[사건번호]
대구지방법원 김천지원 2014.7.2. 선고 2014고단149 판결
대구지방법원 2015.4.23. 선고 2014노2526 판결
헌법재판소 2015.10.21. 선고 2014헌바266 결정
대법원 2016.5.12. 선고 2015도6781 판결

법률이 헌법에 위반되는지 여부가 재판의 전제가 된 경우에는 당해 사건을 담당하는 법원은 직권 또는 당사자의 신청에 의한 결정으로 헌법재판소에 위헌 여부 심판을 제청한다(헌법재판소법 제41조 제1항 참조). 당사자

---

[24] A를 무죄로 판결한 이유에 대해서는 이 책 제3장 '36. 양벌규정' 참조.

는 법률의 위헌 여부 심판의 제청 신청이 기각된 때에는 헌법재판소에 헌법소원심판을 청구할 수 있다(동법 제68조 제2항 참조).

이해를 돕기 위하여 위 〈사례 20〉의 경우를 예로 들어 쉽게 풀어서 설명하면, 행위자 A와 B는 정서학대에 관한 법률조항의 적용을 받아 처벌될 상황에 놓이게 되었으나, 해당 법률조항 자체가 헌법에 위반된 것이므로 무효라고 주장하는 것이다. 이 경우 행위자들은 먼저 자신들이 재판을 받고 있는 형사법원에 위헌법률심판제청을 신청할 수 있다.

신청을 받은 법원은 만약 그 신청이 이유 있다고 판단되면 헌법재판소에 위헌법률심판제청을 해서 위헌 여부의 심판을 구해야 하는데, 위 〈사례 20〉에서 법원은 행위자들의 신청이 이유 없다고 보고 기각하였다. 이 경우 행위자들은 헌법재판소에 직접 위헌 여부를 심판해 달라고 할 수 있는데, 그것이 바로 헌법소원심판 청구이다.

정서학대에 관한 법률조항이 헌법에 위반된다고 행위자들이 주장한 근거는 두 가지로서, 하나는 죄형법정주의의 명확성 원칙에 위반된다는 것이고 다른 하나는 행위와 책임 간의 비례성 원칙에 위반된다는 것이다. 비례성 원칙에 위반된다는 주장은 아주 단순하게 풀이하자면 "형벌까지 내릴 문제도 아닌데 형벌을 내리는 것은 과하고, 법정형도 지나치게 무겁다"는 뜻과 같다. 그보다 좀 더 주의 깊게 살펴보아야 할 부분은 죄형법정주의의 명확성 원칙에 위반된다는 주장이다.

형벌법규는 "법률이 처벌하고자 하는 행위가 무엇이며 그에 대한 형벌이 어떠한 것인지를 누구나 예견할 수 있고, 그에 따라 자신의 행위를 결정할 수 있도록" 구성요건이 명확하게 규정되어야 한다(헌법재판소 2010.5.27. 선고 2007헌바100 결정 등 참조). 만약 그렇지 못하다면 해당 형벌법규는 명확성 원칙에 위반된 것으로서 무효가 된다.

"아동의 정신건강 및 발달에 해를 끼치는 정서적 학대행위"라는 문언은 명확성 원칙에 위반되지 않는 것일까? 과연 위 문언만 보고 국민들이 "법률이 처벌하고자 하는 행위가 무엇인지"를 "누구나 예견"할 수 있을까? 〈사례 20〉의 행위자들은 이에 대하여 "매우 광범위하고 포괄적·추상적 표현으로서, 법에 구체적 개념 정의나 판단 기준이 제시되어 있지 않아 어떠한 행위가 이에 해당하는지 전혀 예측할 수 없다"고 주장하였다(헌법재판소 2015.10.21. 선고 2014헌바266 결정 참조).

위와 같은 헌법소원심판 청구에 대하여 헌법재판소는 결정문을 내놓았는데, 결과적으로는 정서학대의 정의와 예시, 심각성과 처벌 필요성 등에 관하여 가장 잘 정리한 글이 되었다. 덕분에 이전까지 추상적인 상태에 놓여 있던 정서학대의 의미가 비로소 구체성을 띠게 되었다고까지 평가할 수 있을 정도다.

매우 의미가 큰 결정문이므로 중요한 대목들을 발췌해서 함께 읽어 보도록 하자.

판결문 읽기

아동복지법 제3조 제7호와 이 사건 법률조항의 내용을 결합해 보면, 아동에 대한 정서적 학대란 '성인이 아동의 정신건강이나 그 발달을 저해하는 정신적 폭력행위나 가혹행위를 하는 것'이라고 볼 수 있다.

'정서적 학대'의 의미를 사전적 의미를 통해 구체화해 보면, '정신이란 육체나 물질에 대립하는 영혼이나 마음으로서 사물을 느끼고 생각하여 판단하는 능력 또는 그런 작용, 마음의 자세나 태도이고, '정신건강'이란 이러한 정신이 아무 탈 없는 상태이며, 그 '발달'은 이러한 정신이 성장하거나 성숙함을 의미한다. '저해'란 이러한 정신 상태를 유지하거나 성장하는 것을 방해하는 것이고, '폭력행위'란 남을 거칠고 사납게 제압할 때 힘을 사용하는 것이며, '가혹행위'란 사람에게 심한 수치·모욕·고통을 주는 행위를 의미한다. 결국 사전적 의미에서의 정서적 학대란 <u>'사물을 느끼고 생각하여 판단하는 마음의 자세나 태도가 정상적으로 유지되고 성장하는 것을 방해하는 행위로서 마음에 상처를 주는 폭언 등을 하는 행위 또는 심한 수치·모욕·고통을 주는 행위'</u>라고 할 수 있다. (헌법재판소 2015.10.21. 선고 2014헌바266 결정)

먼저 정서학대가 무엇을 의미하는지 정의를 내리고 있는데, "사물을 느끼고 생각하여 판단하는 마음의 자세나 태도가 정상적으로 유지되고 성장하는 것을 방해하는 행위로서 마음에 상처를 주는 폭언 등을 하는 행위 또는 심한 수치·모욕·고통을 주는 행위"라는 것이다.

판결문 읽기

... 중앙아동보호전문기관은 <u>'아동에게 행하는 언어적 모욕, 정서적 위협, 감금이나 억제, 기타 가학적인 행위'</u>를 정서적 학대행위로

보고 있고, 그 밖에 '아동을 모멸하거나 무시하는 것과 같이 아동에게 심리적 위해를 주는 언동', '아동에 대한 무시나 거부 혹은 애정을 갖지 않거나 칭찬을 하지 않는 것 또는 끊임없이 고함을 치거나 공포를 조성하고 트집을 잡는 행위', '아동에 대해 극히 부정적인 태도를 가지며 언어적 또는 정서적으로 공격하거나 공격의 위협을 가하는 것' 등으로 정서적 학대행위를 정의하고 있는데, 이와 같이 정서적 학대행위가 무엇인지에 대해서는 다양한 해석이 있다.

정서적 학대가 무엇을 의미하는지에 대해 여러 가지 견해들이 있는 이유는 정서적 학대의 유형이 그만큼 다양하기 때문이다. 게다가 정서적 학대는 신체적 학대나 성적 학대처럼 피해자의 신체 등에 흔적을 남기지 않기 때문에, 정서적 학대로 어느 정도의 피해를 입었는지 외부에서 객관적으로 평가하여 정량화하기가 어렵다. 정서적 학대로 인한 피해는 오로지 학대를 당한 아동의 주관적인 경험에 의존할 수밖에 없고, 동일한 행위 유형이라 하더라도 당사자에게 미치는 영향은 서로 다르기 때문에 이를 범주화하여 유형화하는 것이 쉽지 않다. 그렇다고 이러한 행위에 대한 처벌을 포기할 수도 없는데, 정서적 학대는 성인이 된 이후에도 영향을 받을 만큼 그 피해가 일시적이지 않고 장기적으로 지속되기 때문이다. (헌법재판소 2015.10.21. 선고 2014헌바266 결정)

정서학대의 유형이 매우 다양하기 때문에 범주화하여 유형화하는 것이 쉽지 않다는 점, 그럼에도 불구하고 정서학대에 대한 처벌은 필요하다는 점을 명시하고 있다.

판결문 읽기

한편, 정당한 훈육에 해당하는 상당수의 행위가 정서적 학대행위와 경계를 이루고 있다고 보아 정서적 학대행위를 처벌하는 것에 대해 그 의미의 모호성을 지적하는 견해들이 있는데, 아동복지법에서 신체적 학대와 정서적 학대, 그리고 유기와 방임행위를 동일한 법정형으로 처벌하도록 한 것을 고려할 때(제17조 제3호 내지 제6호, 제71조 제1항 제2호), 이 사건 법률조항에서 금지하는 정서적 학대행위는 적어도 신체적 학대행위나 유기 또는 방임행위와 동일한 정도의 피해를 아동에게 주는 행위이어야 할 것이므로 교육적 목적으로 이루어지는 정상적인 훈육과는 구별된다. (헌법재판소 2015.10.21. 선고 2014헌바266 결정)

훈육에 관한 문제는 이 책에서 이미 신체학대와 관련하여 논의하였는데, 신체학대뿐 아니라 정서학대의 경우에도 학대와 훈육의 구별이 자주 문제가 된다. 이에 대하여 위 2014헌바266 결정문은 학대와 훈육이 구별될 수 있음을 밝히고 있다.

판결문 읽기

    그렇다면 아동복지법의 입법목적과 기본이념, 장기간 지속될 경우 아동의 인격 발달에 치명적인 영향을 미칠 수 있는 정서적 학대행위의 특수성, 학대의 유형을 구별하되 신체적·정서적 학대행위와 유기 및 방임행위를 동일한 법정형으로 처벌하도록 규정한 아동복지법의 입법체계, 관련 판례 및 학계의 논의 등을 종합할 때, 이 사건 법률조항이 규정하는 "아동의 정신건강 및 발달에 해를 끼치는 정서적 학대행위"란, '아동이 사물을 느끼고 생각하여 판단하는 마음의 자세나 태도가 정상적으로 유지되고 성장하는 것을 저해하거나 이에 대하여 현저한 위험을 초래할 수 있는 행위로서, 아동의 신체에 손상을 주거나 유기 또는 방임하는 것과 같은 정도의 행위'를 의미한다고 볼 수 있다. 이러한 행위에는, 아동에 대한 악의적·부정적 태도에서 비롯된 것으로서, <u>폭언과 위협, 잠을 재우지 않는 행위, 벌거벗겨 내쫓는 행위, 억지로 음식을 먹게 하는 행위, 특정 아동을 차별하는 행위, 방 안에 가두어 두는 행위, 아이를 오랜 시간 벌을 세우고 방치하는 행위, 찬물로 목욕시키고 밖에서 잠을 자게 하는 행위, 음란물이나 폭력물을 강제로 시청하게 하는 행위</u> 등이 있을 것이다. (헌법재판소 2015.10.21. 선고 2014헌바266 결정)

    가장 눈여겨보아야 할 대목으로서, 법률조항에는 직접 드러나 있지 않은 정서학대의 구체적인 예시를 헌법재판소가 직접 들고 있다. 개별 사건에서 정서학대 여부를 판단함에 있어서 매우 중요한 참고가 될 수 있는 대목이다.

판결문 읽기

위와 같은 해석은 <u>다소 추상적이고 광범위하게 보일 수 있으나</u>, 이는 다양한 형태의 정서적 학대행위로부터 아동을 보호함으로써 아동의 건강과 행복, 안전과 복지를 보장하고자 하는 아동복지법 전체의 입법취지를 실현하고자 하는 것으로서, <u>어떠한 행위가 정서적 학대행위에 해당하는지에 관하여는 아동에게 가해진 유형력의 정도, 행위에 이르게 된 동기와 경위, 피해아동의 연령 및 건강 상태, 가해자의 평소 성향이나 행위 당시의 태도, 행위의 반복성이나 기간 등에 비추어 법관의 해석과 조리에 의하여 구체화될 수 있다.</u>
(헌법재판소 2015.10.21. 선고 2014헌바266 결정)

정서학대에 대한 위와 같은 해석이 여전히 추상적이고 광범위하게 보일 수 있으나 법관의 해석과 조리에 의하여 구체화될 수 있으므로, 정서학대에 관한 법률조항은 죄형법정주의 명확성 원칙에 위반되지 않는다는 소결론을 내리고 있다.

판결문 읽기

아동복지법상 아동은 18세 미만인 사람으로서(제3조 제1호) 학대행위에 스스로 저항할 수 있는 능력이 부족하고, 자신에 대한 적대적 부정적인 태도에서 비롯된 말이나 행동에 쉽게 충격을 받는다. 특히 아동에 대한 정시적 학대는 낮은 자아존중감, 사회적 능력의 손상, 분노, 우울, 불안, 학업 능력 저하 및 학교 부적응 등 아동의 행동적·정서적 부적응 문제를 일으키는 주요 원인이 된다.

그럼에도 불구하고 아동학대의 현장에서 실제 처벌되거나 사회적 관심을 받는 부분은 주로 아동의 신체에 직접적으로 행하여지는 신체적·성적 학대행위이고, 정서적 학대의 심각성에 대해서는 주목하지 않는 경우가 많다.

그러나 신체적·성적 학대와 달리 정서적 학대는 눈에 두드러지게 보이는 것도 아니고 당장 그 결과가 심각하게 나타나지 않기 때문에 그냥 지나칠 수도 있다는 점에서 위험성이 있으며, 정서적 학대행위가 오랫동안 지속될 경우 그로 인한 피해는 신체 손상에 비하여 상대적으로 치유가 어렵고 원상회복이 어려운 경우가 적지 않아 사실상 아동에 대해서 미치는 부정적인 영향은 신체적·성적 학대행위 못지않게 심각할 수 있다. 중앙아동보호전문기관의 통계 결과에 의하면, 2001년부터 2013년까지 신고된 아동학대 유형 중 신체적 학대나 성적 학대보다 정서적 학대의 발생 건수가 더 많고 규모가 커져가고 있음을 알 수 있는바, 아동에 대한 정서적 학대행위를 근절하기 위해서는 국가가 적극적으로 나서서 개입할 수밖에 없고, 형사처벌은 그 유용한 수단이 될 수 있다. (헌법재판소 2015.10.21. 선고 2014헌바266 결정)

신체학대나 성학대에 비해 상대적으로 정서학대의 심각성에 대해서는 주목하지 않는 경우가 많지만, 정서학대가 아동에게 미치는 부정적인 영향은 신체학대나 성학대 못지않게 심각할 수 있으며, 정서학대를 근절하기 위하여 형사처벌은 유용한 수단이 될 수 있다고 하고 있다. 정서학대에 관한 법률조항이 행위와 책임 간의 비례성 원칙에 위반되지 않음을 설시하는 대목이다.

결론적으로 헌법재판소는 정서학대에 관하여 규정한 아동복지법 제17조 제5호 및 제71조 제1항 제2호가 헌법에 위반되지 않는다고 보았다. 이 사건 이후에도 정서학대에 관하여 동일한 쟁점의 헌법소원심판이 있었으나, 마찬가지로 헌법재판소는 위 조항이 헌법에 위반되지 않는다고 판단하였다(헌법재판소 2016.3.31. 선고 2015헌바264 결정, 헌법재판소 2020.4.23. 선고 2019헌바537 결정 참조).

위 2014헌바266 결정에서 예시로 든 정서학대의 행위태양들을 다시 정리하면 다음과 같다.

- 폭언과 위협
- 잠을 재우지 않는 행위
- 벌거벗겨 내쫓는 행위
- 억지로 음식을 먹게 하는 행위
- 특정 아동을 차별하는 행위
- 방 안에 가두어 두는 행위
- 아이를 오랜 시간 벌을 세우고 방치하는 행위
- 찬물로 목욕시키고 밖에서 잠을 자게 하는 행위
- 음란물이나 폭력물을 강제로 시청하게 하는 행위

물론 정서학대의 행위태양은 위에 예시한 것이 전부는 아니다. 그러나 적어도 위에 준하는 정도의 행위라면 정서학대로 판단될 것이라고 예측할 수 있는 기준으로서의 의미가 크다.

정서학대의 더 많은 행위태양은 다른 사례들을 좀 더 검토하면서 알아볼 것이다.

9. 스펀지로도 때려서는 안 될까

"꽃으로도 아이를 때리지 말라"는 말이 있다. 아동학대 반대와 아동인권 존중의 정신을 한 문장 속에 함축한 참으로 아름다운 명언이 아닐 수 없다.

그런데 꽃이 아니라 스펀지로 아동을 때렸다면 그것도 아동학대일까? 말꼬리를 잡는 것 같지만, 관련 사례가 있다.

사례 21

스펀지 블록 사건

행위자는 어린이집 원장으로, 2014.1.22.경 어린이집 재롱잔치 준비 과정에서 피해아동(사건당시 생후 28개월)이 말을 듣지 않는다는 이유로 빨간색 천으로 싼 스펀지 블록으로 피해아동의 머리를 1회 세게 때렸다.

1심 법원은 위 행위를 정서학대로 판단하고 행위자에게 벌금 300만 원을 선고하였다. 행위자는 자신의 행위가 정서학대에 해당하지 않는다고 주장하며 항소하였지만, 2심 법원은 항소를 기각하였다. 행위자는 다시 상고하였지만 대법원도 상고를 기각하였다.

[사건번호]
의정부지방법원 2015.1.30. 선고 2014고단2594 판결
의정부지방법원 2015.8.21. 선고 2015노492 판결
대법원 2015.12.23. 선고 2015도13488 판결

사실관계는 비교적 단순하지만 중요한 쟁점들이 담겨 있는 사례이므로 하나하나 짚어 보기로 한다.

🔍 신체학대인가, 정서학대인가

위 〈사례 21〉에서 가장 눈에 띄는 것은, 아동의 신체에 유형력을 행사한 사례임에도 신체학대가 아닌 정서학대로 판단했다는 점이다. 관련하여 위 〈사례 21〉의 대법원 판결문에는 다음과 같이 설시되어 있다.

판결문 읽기

구 아동복지법(2014.1.28. 법률 제12361호로 개정되기 전의 것, 이하 '아동복지법'이라 한다) 제17조는 아동에 대한 금지행위로 제3호에서 "아동의 신체에 손상을 주는 학대행위"를 규정하고 이와 별도로 제5호에서 "아동의 정신건강 및 발달에 해를 끼치는 정서적 학대행위"를 규정하고 있는바, 아동의 신체에 손상을 주는 행위 가운데 아동의 정신건강 및 발달에 해를 끼치지 않는 행위를 상정할 수 없는 점 및 위 각 규정의 문언 등에 비추어 보면 <u>제5호의 행위는 유형력 행사를 동반하지 아니한 정서적 학대행위나 유형력을 행사하였으나 신체의 손상에까지 이르지는 않고 정서적 학대에 해당하는 행위를 가리킨다고 보아야 한다</u>(대법원 2011.10.13. 선고 2011도6015 판결 참조). (대법원 2015.12.23. 선고 2015도13488 판결)

위 2015도13488 판결은 "유형력 행사를 동반하지 아니한 정서적 학대행위"뿐만 아니라 "유형력을 행사하였으나 신체의 손상에까지 이르지는 않고 정서적 학대에 해당하는 행위"까지 아동복지법 제17조 제5호에 해당한다고 보고 있다. 다시 말해, 아동의 신체에 유형력을 행사하였으나 신체의 손상에까지 이르지 않은 경우는 신체학대가 아닌 정서학대로 판단하여야 한다는 의미다.

일반적인 상식에 비추어 볼 때, 스펀지 블록으로 때렸다면 아무리 생후 28개월의 영아라도 신체의 손상에 이를 가능성은 거의 없을 것이다. 그러나 위 〈사례 21〉에서 법원은 비록 위와 같은 행위가 신체학대에는 해당하지 않더라도 아동의 정신건강 및 발달에 해를 끼치는 행위에는 해당할 수 있다고 보아 정서학대로 판단한 것이다.

앞서 살펴본 〈사례 20〉 정서학대 헌법소원 사건으로 잠시 돌아가 보자. 〈사례 20〉에서도 검사는 B가 피해아동을 손으로 때리고 발로 밀치는 등 유형력을 행사한 행위를 신체학대로 기소하였으나, 1심 법원은 신체학대가 아니라 정서학대에 해당한다고 판단하였다.

판결문 읽기

검사는 이상과 같은 피고인 B의 위 각 행위에 대하여 아동복지법 제17조 제5호 '아동의 정신건강 및 발달에 해를 끼치는 정서적 학대행위'가 아닌 같은 조 제3호 '아동의 신체에 손상을 주는 학대행위'로 기소하였으나, 아동의 신체에 손상을 주는 행위 가운데 아동의

> 정신건강 및 발달에 해를 끼치지 않는 행위를 상정할 수 없는 점 및 위 각 규정의 문언 등에 비추어 보면 제5호의 행위는 유형력 행사를 동반하지 아니한 정서적 학대행위나 유형력을 행사하였으나 신체의 손상에까지 이르지는 않고 정서적 학대에 해당하는 행위를 가리킨다고 보아야 하는바(대법원 2011.10.13. 선고 2011도6015 판결 참조), 피고인 B의 위 각 행위는 피해자에게 유형력을 행사하였으나, 신체의 손상에까지 이르지는 않는 정서적 학대행위에 해당한다고 봄이 상당하므로 판시와 같이 인정한다(피고인들은 이 사건 공소사실의 사실관계를 전부 인정하면서도 피고인 B의 각 행위가 학대행위에 해당하지 않는다고 주장하고 있을 뿐이므로, 피고인들의 방어권 행사에 실질적인 불이익을 초래할 염려가 없어 공소장변경 없이 인정한다). (대구지방법원 김천지원 2014.7.2. 선고 2014고단149 판결)

그러자 검사는 2심에서 공소장을 변경하여, B의 위 유형력 행사는 신체학대에 해당하면서 동시에 정서학대에도 해당한다고 주장하였다. 그러나 2심 법원은 B의 위 유형력 행사가 정서학대에는 해당하지만 신체학대에는 해당하지 않는다고 보았다. 검사는 다시 상고하였으나 대법원도 2심 법원과 동일한 취지에서 다음과 같이 판시하고 상고를 기각하였다.

판결문 읽기

구 아동복지법 제17조 제3호는 "아동의 신체에 손상을 주는 학대행위"를 금지행위의 하나로 규정하고 있는데, 여기에서 '신체에 손상을 준다'라 함은 아동의 신체에 대한 유형력의 행사로 신체의 완전성을 훼손하거나 생리적 기능에 장애를 초래하는 '상해'의 정도에까지는 이르지 않더라도 그에 준하는 정도로 신체에 부정적인 변화를 가져오는 것을 의미한다고 할 것이다.

원심은 그 판시와 같은 이유로 피고인 2가 피해자에게 유형력을 행사하였으나 신체의 손상에까지는 이르지 않았다고 보고, 이 사건 공소사실 중 피고인 2에 대한 피해자의 신체에 손상을 주는 학대행위로 인한 아동복지법 위반의 점에 대하여 범죄의 증명이 없다고 하여, 이유무죄로 판단하였다.

위 법리와 적법하게 채택된 증거들에 비추어 살펴보면, 원심의 위와 같은 판단은 정당하고, 거기에 상고이유 주장과 같이 아동복지법상 '신체의 손상'에 관한 법리를 오해한 잘못이 없다. (대법원 2016.5.12. 선고 2015도6781 판결)

〈사례 20〉과 〈사례 21〉에 나타난 법리에 따른 신체학대와 정서학대의 구별 기준을 눈에 쉽게 들어오도록 정리해 보자.

- 신체에 유형력을 행사하지 않은 학대행위
  → 정서학대
- 신체에 유형력을 행사하였으나, 신체의 손상에까지 이르지 않은 학대행위
  → 정서학대
- 신체에 유형력을 행사하여 신체의 손상에까지 이른 학대행위
  → 신체학대

그런데 위 기준이 과연 현행 아동복지법에서도 타당한 것인지는 의문이 있다. 〈사례 20〉과 〈사례 21〉은 모두 2014.1.28. 이전의 법률이 적용된 사례다. 앞서 살펴본 바와 같이 아동복지법이 2014.1.28. 법률 제12361호로 개정됨에 따라 아동의 신체에 손상을 주지 않았더라도 "아동의 신체의 건강 및 발달을 해치는 행위"에 해당하는 경우 신체학대로 판단할 수 있게 되었으므로, 구 아동복지법(2014.1.28. 법률 제12361호로 개정되기 전의 것)에 따른 위와 같은 기준이 현재도 유효하다고는 보기 어려울 것이다.[25]

2014.1.28. 이후 발생한 사건인 〈사례 9〉 보육교사 색연필 사건에서 법원은 딱밤을 때리거나 색연필로 볼을 찌르는 등 비교적 경미한 유형력 행사도 신체학대에 해당한다고 보았다. 반면 뒤에서 살펴볼 〈사례 22〉 장애아동 우산 사건 역시 2014.1.28. 이후 발생한 사건임에도, 법원은 아동을

---

25 필자의 견해와 같은 입장을 취한 판결로 대구지방법원 경주지원 2018.8.16. 선고 2018고단61 판결 참조. 해당 판결문은 아동복지법이 2014.1.28. 법률 제12361호로 개정되었음을 언급하면서 "아동의 신체에 손상을 주는 행위나 아동의 신체에 유형력을 행사하였으나 신체의 손상에까지 이르지는 않고 신체의 건강 및 발달을 해치는 행위를 신체적 학대행위로 규율하고, 아동의 신체에 유형력을 행사하지 않은 채 아동의 정신건강 및 발달에 해를 끼치는 행위 즉, 욕설, 폭언, 모욕적 언어 등을 정서적 학대행위로 규율함이 타당하다"고 설시하고 있다.

손으로 잡아 끌고 가거나 세게 잡아당겨 바닥에 주저앉히는 등의 행위를 정서학대에 해당한다고 보았다.

종합해 볼 때, 현행 아동복지법에서 어느 정도부터를 신체학대로 보고 어느 정도까지를 정서학대로 보아야 하는지에 관한 법원의 태도는 분명하지 않은 것으로 보인다. 다만 여기서는, 〈사례 21〉에서처럼 아주 경미한 유형력의 행사로서 신체학대로 판단되기 어려울 정도의 행위라도 정서학대로 판단될 여지가 있다는 것까지만 확인하고 넘어가기로 하자.

🔍 "위험 또는 가능성"과 "미필적 인식"

〈사례 21〉의 대법원 판결은 비록 신체학대와 정서학대의 구별 기준에 대해서는 현재도 유효한지 의문이 있지만, 다른 측면에서 현재도 의의가 있는 판결이다.

앞서 신체학대에는 현실적으로 아동의 신체건강과 그 정상적인 발달을 저해한 경우뿐만 아니라 그러한 결과를 초래할 위험 또는 가능성이 발생한 경우도 포함됨을 알아보았다(울산지방법원 2017.8.4. 선고 2017노542 판결 참조). 또한 신체학대의 고의는 반드시 아동학대의 목적이나 의도가 있어야 인정되는 것이 아니고, 아동의 신체건강 및 발달의 저해라는 결과를 발생시킬 가능성 또는 위험이 있는 행위 자체를 인식하거나 예견하고 이를 용인하면 족하다는 미필적 고의의 법리에 대해서도 알아보았다(울산지방법원 2017.8.4. 선고 2017노542 판결 참조).

〈사례 21〉의 대법원 판결은 위와 같은 법리가 정서학대에도 동일하게 적용됨을 다음과 같이 명시하고 있다.

판결문 읽기

여기에서 "아동의 정신건강 및 발달에 해를 끼치는 정서적 학대행위"라 함은 현실적으로 아동의 정신건강과 그 정상적인 발달을 저해한 경우뿐만 아니라 그러한 결과를 초래할 위험 또는 가능성이 발생한 경우도 포함되며, 반드시 아동에 대한 정서적 학대의 목적이나 의도가 있어야만 인정되는 것은 아니고 자기의 행위로 인하여 아동의 정신건강 및 발달을 저해하는 결과가 발생할 위험 또는 가능성이 있음을 미필적으로 인식하면 충분하다고 할 것이다. (대법원 2015.12.23. 선고 2015도13488 판결)

🔍 사회상규에 위배되지 않는 행위 여부의 판단

사회상규에 위배되지 않는 행위에 관한 법리 역시 앞서 신체학대와 훈육에 관한 논의에서 살펴보았다. 〈사례 21〉의 행위자도 자신의 행위가 훈육을 위한 것으로서 사회상규에 위배되지 않는 행위라고 주장하였으나, 법원은 행위자의 주장을 배척하였다.

〈사례 21〉의 2심 법원은 위 행위자의 주장에 대하여 다음과 같이 설시하고 있다.

판결문 읽기

… 그 당시 피고인은 어린이집 재롱잔치 준비를 직접 지도·감독

하였던 것은 아니고 원장 자격으로 참관하는 과정에서 위와 같은 유형력을 행사한 것인바, 피고인에게 <u>부수적으로 훈육의 목적이나 의도가 내포되었다 할지라도 건전한 사회통념상 훈육을 위한 적정한 방법이나 수단의 한계를 넘어선 것으로서 오히려 그 다음날 개최될 재롱잔치 당일 학부모들에게 좋은 모습을 보이기 위한 피고인의 사적인 감정이 앞섰던 것으로 볼 개연성이 상당한 점</u>(피고인으로서는 자신이 직접 또는 보육교사로 하여금 피해아동을 따로 불러 잘못된 행동을 지적·훈계하거나 잘못된 행동의 원인을 천천히 설명·납득시키는 등의 방법으로 피해아동에 대한 훈육의 목적을 충분히 달성할 수 있었음에도 자신의 순간적인 격한 감정에 사로잡혀 이와 같은 행동을 취한 것으로 볼 개연성이 상당하다), … 폭행에 이르게 된 경위나 폭행 부위와 정도, 구체적인 행위 태양, 현장 분위기, 피해아동의 나이, 지능수준, 행위자와 피해아동의 관계, 그 행위가 피해아동의 인격발달과 정신건강에 미칠 수 있는 영향 등을 고려하면, 피고인의 그러한 행위를 <u>사회윤리 내지 사회통념상 용인될 수 있는 정당행위라고 보기도 어려운 점</u>, … 등을 종합해 볼 때, 피고인의 공소사실 기재와 같은 행위는 아동복지법상 금지되는 '<u>아동의 정신건강·복지를 해치거나 정상적 발달을 저해할 수 있는 행위</u>'로서 '<u>정서적 학대행위</u>'에 해당한다고 할 것이다. (의정부지방법원 2015.8.21. 선고 2015노492 판결)

사회상규에 위배되지 않는 행위인지를 판단하면서 행위자의 사적인 감정이 앞섰던 것인지의 여부를 고려하고 있는 점이 눈에 띈다. 향후 유사한 사례의 판단에 있어서도 참고할 수 있을 것이다.

10. 우산을 휘두르는 아이, 보호자는 어떻게 해야 했을까

아동의 신체에 대한 유형력의 행사는 신체학대 또는 정서학대에 해당할 수 있음을 앞서 살펴보았다. 〈사례 9〉 보육교사 색연필 사건의 2심 판결은 경우에 따라 부득이하게 신체적 제재를 통한 보육이 필요한 경우가 있다고 하더라도, 그 허용범위는 매우 엄격하게 제한되어야 할 것이라고 하였다(울산지방법원 2017.8.4. 선고 2017노542 판결 참조).

그렇다면 과연 어느 정도로까지 엄격하게 제한되어야 하는 것일까? 바꾸어 말하면, 도대체 보호자는 아동의 몸에 손을 대는 것을 어디까지 할 수 있는가?

위 의문은 아동학대 판단에 있어서 핵심적인 문제로서 한두 사례만으로 답을 찾을 수 없지만, 여기 한 번쯤 고민해 볼 만한 사례를 소개한다.

사례 22

장애아동 우산 사건

행위자는 장애인 활동지원 기관에서 근무하면서 2016.10.24.경부터 자폐성장애 2급 판정을 받은 피해아동(사건당시 7세)의 활동보조인 업무를 담당하였다.

2016.11.중순경 행위자는 장애인복지관 1층 카페 앞에서 피해아동이 손에 우산을 들고 여기저기 휘두르는 것을 보고, 피해아동에게 우산을 달라고 하였으나 피해아동이 우산을 주지 않고 펼치려고 하자 우산을 빼앗은 다음, 손으로 피해아동의 목 부위를 잡고 피해아동을 약 2m 끌고

갔다(공소사실 제1항).
　2016.12.경에서 2017.1.경까지 사이에 행위자는 장애인복지관 3층 복도에서 피해아동이 다른 아동을 밀치며 꼬집으려고 하는 것을 보고, 손으로 피해아동을 세게 잡아당겨 바닥에 강제로 주저앉혔다(공소사실 제2항).
　행위자는 위 공소사실 제1항, 제2항으로 기소되었다. 1심 법원은 위 2건의 행위가 훈육을 위한 적정한 방법이나 수단을 벗어났다고 할 수 없다고 보고 무죄를 선고하였다. 그러나 2심 법원은 위 2건의 행위가 정서학대에 해당한다고 보고 벌금 500만 원과 40시간의 아동학대 치료프로그램 이수명령을 선고하였다. 대법원은 2심 판결을 확정하였다.

[사건번호]
서울북부지방법원 2018.6.14. 선고 2017고단3689 판결
서울북부지방법원 2018.12.21. 선고 2018노1060 판결
대법원 2019.4.25. 선고 2019도950 판결

　자폐성장애가 있는 7세 아동이 우산을 휘두르는 것을 제지하기 위하여 우산을 빼앗고 붙잡아서 끌고 간 행위나, 다른 아동을 괴롭히는 것을 제지하기 위하여 바닥에 주저앉힌 행위가 아동학대일까? 만약 위와 같은 행위가 훈육을 위한 적정한 방법이나 수단을 벗어난 것이라면, 아동의 보호자는 그러한 상황에서 어떻게 해야 했다는 것일까? 사건 당사자와 목격자들의 자세한 진술을 확인한 1심 법원과 2심 법원도 서로 다른 판결을 내렸으니, 판결문만으로 사건을 접하는 입장에서는 판단하기 어렵다.
　위 〈사례 22〉의 1심 판결은 흥미로운 점이 있는데, 훈육이 학대에 해당하는지 여부를 판단함에 있어 다음과 같은 기준을 제시하고 있다는 점이다.

판결문 읽기

... 아동의 의사에 반하는 훈육행위가 모두 정서적 학대행위에 해당한다고는 볼 수 없고, 아동의 정신건강과 그 정상적인 발달이 저해될 위험이 발생하였는지 여부는 ① 구체적인 사안에서 유형력 및 강제력의 행사 정도, ② 그 배경 및 목적, 건전한 사회통념상 훈육을 위한 적정한 방법이나 수단의 한계를 넘었는지 여부, ③ 훈육행위가 감정에 치우치거나 충동적으로 이루어진 것인지, ④ 행위의 반복성 및 비난가능성, ⑤ 피해아동의 나이, 지능수준, 행위자와 피해아동의 관계, 사건 발생 후 피해아동의 태도 등 제반사정을 고려하여 신중하게 판단하여야 할 것이다. (서울북부지방법원 2018.6.14. 선고 2017고단3689 판결)

위 2017고단3689 판결은 위와 같은 판단 기준과 관련하여 헌법재판소 2016.3.31. 선고 2015헌바264 결정(〈사례 20〉 정서학대 헌법소원사건 관련 헌법재판소 결정) 등 선례를 참조하였다고 밝혔다. 그런데 ②에서 "건전한 사회통념"을 언급하고 있는 점 등을 보면, 결국 형법 제20조에 따라 사회상규에 위배되지 않는 행위에 해당하는지 여부를 기준으로 판단하고 있다고 보아도 무리가 없을 것이다.

위 2017고단3689 판결은 위 기준에 따라 〈사례 22〉에서 행위자를 무죄로 보았는데, 그중에서 공소사실 제1항에 관하여 이유를 설시한 부분만 살펴보면 다음과 같다(공소사실 제2항에 관하여도 역시 똑같은 논리로 설시하였으므로 그 부분은 생략한다).

판결문 읽기

... 공소사실은 피해 아동이 손에 우산을 들고 여기저기 휘두르는 것을 피고인이 보고 달라고 하였으나 피해 아동이 주지 않고 우산을 펼치려고 하였다는 것인 점, 그 장소가 장애인복지관 내 1층 카페 앞으로 공개된 장소이었던 점, 피해 아동은 자폐성 장애 2급 판정을 받은 7세의 아이인 점, 피해 아동의 행위로 인해 타인에게 피해가 갈 수 있었던 상황인 점, 피고인이 한 행위는 단지 피해 아동을 잡고 2m 정도를 데리고 간 정도라는 것인 점, 그 이상의 행동으로 나아가지는 않은 점 등에 비추어 보면, 훈육을 위한 적정한 방법이나 수단의 한계를 지극히 벗어났다고 볼 수 없고, 이러한 행위가 반복된 것도 아니며, 피해아동의 나이, 지능수준 등 여러 가지 제반사정을 고려하여 볼 때 피고인의 행위로 인해 아동의 정신건강과 그 정상적인 발달이 저해될 위험이 현저하게 발생하였다고 보기 어렵다. (서울북부지방법원 2018.6.14. 선고 2017고단3689 판결)

위와 같이 상당히 자세하게 무죄의 이유를 설시하였으나, 2심 법원은 이를 뒤집었다. 2심 법원이 유죄로 판단한 이유는 다음과 같다.

판결문 읽기

　피고인이 피해 아동으로부터 우산을 빼앗고 피해 아동의 목 부위를 잡고 끌고 간 목적은 피해 아동이 휘두르던 우산에 사람이나 물건이 맞아 피해가 발생하는 것을 막기 위한 것으로 보이기는 한다. 그러나 ... ① 피해 아동은 자폐성 장애 2급 판정을 받기는 하였으나 체구가 작은 7세의 여자 아이에 불과한 점, ② 따라서 피고인으로서는 피해 아동으로부터 휘두르던 우산을 용이하게 빼앗을 수 있었을 것이고 굳이 그 후의 추가적인 행동은 필요하지 않았던 점, ③ 그럼에도 불구하고 피고인은 피해 아동으로부터 우산을 빼앗은 뒤 굳이 피해 아동을 잡고 거칠게 2m 이상 끌고 간 점, ④ 피고인이 피해 아동을 붙잡고 끌고 간 부위가 피해 아동의 목 부위인 점, ⑤ 제3자인 C이 보기에도 피고인의 이러한 행동이 너무 폭력적·강압적이라고 생각하여 우연히 만난 피해 아동의 어머니 F에게 자신이 목격한 것을 전달하기까지 한 점 등을 위 관련 법리에 비추어 보면, 피고인의 이 부분 범죄사실과 같은 행동은 피해 아동의 정신건강과 정상적인 발달을 저해하는 결과를 초래할 위험 또는 가능성을 발생시키는 정서적 학대행위이고, 피고인은 적어도 자기의 행위로 피해 아동의 정신건강 및 발달을 저해하는 결과가 발생할 위험 또는 가능성이 있음을 미필적으로나마 인식하였다고 봄이 상당하다. (서울북부지방법원 2018.12.21. 선고 2018노1060 판결)

2심 법원이 학대 여부를 판단한 기준도 1심 법원이 제시한 기준과 다르지 않은 것으로 보인다. 그럼에도 결론은 1심 법원과는 반대가 되었다. 2심 법원은 구체적인 사안에서 유형력 및 강제력의 행사 정도, 그 배경 및 목적, 건전한 사회통념상 훈육을 위한 적정한 방법이나 수단의 한계를 넘었는지 여부 등에 관하여 1심 법원과는 다른 결론을 내렸다고 볼 수 있다.

 1심 법원이 "피해아동은 자폐성장애 2급 판정을 받은 7세의 아이"라는 사실을 행위자에게 유리한 사정으로 본 데 반해 2심 법원은 "체구가 작은 7세의 여자아이에 불과"하다고 하면서 행위자에게 불리한 사정으로 보았다. 1심 법원이 "단지 피해아동을 잡고 2m를 데리고 간 정도"라고 본 행위를 2심 법원은 "굳이 피해아동을 잡고 거칠게 2m 이상을 끌고 간" 행위로 보았다. 1심 법원은 행위자가 "그 이상의 행동으로 나아가지는 않았다"고 보았으나, 2심 법원은 "우산을 용이하게 빼앗을 수 있었을 것이고 그 후의 추가적인 행동은 필요하지 않았음에도 불구하고" "굳이 피해아동을 잡고 거칠게 2m 이상을 끌고 간" 행위 자체를 "그 이상의 행동"으로 보았다.

 결국 대법원은 2심 법원의 손을 들어 주었지만, 위 〈사례 22〉는 개별 사건에서 아동학대 여부를 판단하는 작업이 얼마나 까다로운 일인지를 단적으로 보여 준다. "무엇이 아동학대인지"를 고찰하는 것이 중요한 이유는 이 때문이다.

11. 손톱을 너무 깊게 깎아도 학대일까

아동학대의 범위가 과거에 비해 넓어진 것은 아동인권의 관점에서 고무적인 현상이지만, 업무 또는 고용 등의 관계로 아동을 보호하는 사람들의 입장에서는 '이런 것도 아동학대일까?', '나도 아동학대로 신고되는 것은 아닐까?' 하는 불안감이 생긴 것도 사실이다. 특히 영유아를 돌보는 어린이집 보육교사들의 경우, 영유아의 부모들로부터 아동학대라는 항의를 받는 경우도 빈번해져 위와 같은 불안감이 더 커지고 있다.

이를테면, 보육교사가 아동의 손톱을 너무 깊게 깎아 준 것도 아동학대일까? 여기 그러한 사례가 있다. 쉬어 가는 의미에서 가볍게 읽고 넘어가도 좋은 사례다.

> **사례 23**
> **손톱깎이 사건**
>
> 행위자는 가정어린이집을 운영하는 원장으로, 위 어린이집에는 행위자의 아들과 피해아동을 포함하여 총 3명의 원생이 있었다.
> 피해아동(사건당시 3세)이 위 어린이집에 다니기 시작한 지 4일째 되던 날, 행위자는 피해아동의 손톱이 길고 지저분한 것을 보고 손톱깎이로 짧게 깎아 주었다.
> 행위자는 아동복지법위반(아동학대) 혐의로 기소되었다. 공소사실에 따르면, 행위자는 피해아동의 손가락에서 피가 나고 피해아동이 아파서 울면서 "아야!"라고 말했음에도 계속해서 손톱 5개를 깊게 깎아서 피해아동에게 손톱의 손상이 있는 손가락의 열린 상처를 가하였다는 것이었다.

> 그러나 1심 법원은 행위자에게 피해아동을 학대할 의사가 있었거나 피해아동에게 학대를 가한다는 인식이 있었다고 단정할 수 없으므로 아동학대의 고의를 인정할 수 없다고 보아 무죄를 선고하였다. 2심 법원도 동일하게 판단하였다.
>
> [사건번호]
> 인천지방법원 부천지원 2017.7.14. 선고 2017고정359 판결
> 인천지방법원 2017.10.27. 선고 2017노2786 판결

위 〈사례 23〉의 판결 결과에 대하여 의문을 가질 독자는 거의 없으리라고 생각된다.

사족을 덧붙이면, 법원은 아동학대의 고의가 없었다는 점에 주목하여 무죄의 이유를 설시했지만, 손톱깎이로 손톱을 깊게 깎다가 손가락에 상처를 낸 행위 자체는 과연 "아동의 신체에 손상을 주거나 신체의 건강 및 발달을 해치는" 행위에 해당할까? 상처를 직접 보지 않고 속단할 수는 없지만, 일반적으로 손톱을 깎다가 생길 수 있는 정도의 상처가 발생했다면 신체에 손상을 주었다고도, 신체의 건강 및 발달을 해쳤다고도 보기 어려울 것이다.

나아가 손톱을 깊게 깎는 행위가 "아동의 정신건강 및 발달에 해를 끼치는 행위"에 해당한다고도 볼 수 없으므로, 위 〈사례 23〉은 신체학대 또는 정서학대의 구성요건에 해당할 여지가 없다고 보아야 할 것이다.

12. 아이가 싫다고 하는 장난감을 억지로 주었다면

아이는 장난감이 싫다고 하는데, 억지로 가지고 놀라고 주었다면 그것도 아동학대일까? 사례와 함께 생각해 보자.

> **사례 24**
> **장난감 바구니 사건**
>
> 행위자는 어린이집 보육교사이다.
> 2017.5.11.경 행위자는 피해아동 U(사건당시 2세)를 거실에 데려와 장난감 바구니들이 정리된 수납장 앞에 앉혀 놓고 장난감 바구니 하나를 꺼내어 U의 앞에 두었다. 그러자 U는 그 바구니를 다시 수납장에 넣었다. 거실에서 나가려던 행위자는 이를 보고 돌아와 바구니를 꺼내어 다소 거칠게 U 앞에 내려놓았다가, 바구니를 다시 들어서 U의 다리를 벌려 그 사이에 두었다. 그러자 U는 울면서 바구니를 다시 수납장에 넣었다.
> 잠시 자리를 떠났다가 돌아온 행위자는 거친 동작으로 수납장에 있는 바구니들과 실로폰 장난감을 모두 꺼내어 U가 앉아 있는 주변을 감싸듯이 내려놓고, U의 다리를 벌려 그 사이에 실로폰 장난감을 두었다. U는 계속 울면서 행위자를 향해 두 팔을 뻗는 동작을 하였으나 행위자는 그대로 자리를 떠났다. U는 장난감들에 둘러싸인 그 상태 그대로 몇 분 동안 울고 있었다.
> 위 행위 이외에도 행위자는 다른 원생들을 발로 밀거나 벌을 세우는 등의 행위를 하여 기소되었다. 1심 법원은 2017.5.11.경 U에게 한 행위를 정서학대로 판단하고 그 밖의 행위들도 각각 신체학대 또는 정서

학대로 판단하여 징역 8월과 240시간의 사회봉사, 20시간의 아동학대 치료강의 수강명령을 선고하였다. 행위자는 항소하면서 2017.5.11.경 U에게 한 행위는 정서학대에 해당하지 않는다고 주장하였으나, 2심 법원은 항소를 기각하였다.

[사건번호]
의정부지방법원 2017.11.3. 선고 2017고단3974 판결
의정부지방법원 2018.4.3. 선고 2017노3305 판결

위 2심 법원은 행위자가 2017.5.11.경 U에게 한 행위를 정서학대로 본 이유에 대하여 다음과 같이 설시하였다.

판결문 읽기

피고인은 피해자가 잘 적응을 못하고 다른 아이들과 어울리지 못하여 혼자서라도 장난감을 가지고 놀게 하려는 뜻에서 한 행동이었다고 변소한다. 그러나 한번 장난감을 거부한 아이에게 거친 태도로 장난감을 다시 주는 것은 아이의 마음을 전혀 고려하지 않는 것이고, 더구나 울고 있는 아이에게 또다시 여러 장난감을 거칠게 내려놓으며 마치 아이를 가두는 것처럼 배치하는 것은 아이에게 두려움과 고립감을 주기에 충분한 행위이다. 피해자는 만2세에 불과한 아이로서 그 정도 나이의 아이는 부모와 떨어져 어린이집에 있는 것 자체로 쉽게 불안감을 느낄 것이고, 부모를 대신하여 믿고 의지할

수 있는 어른이 있다고 느껴야만 안심하고 어린이집에서의 생활에 적응할 수 있다. 특히나 피해자가 다른 아이들보다도 낯을 가리고 적응에 시간이 걸리는 성향이라면 저절로 다른 아이들과 어울려 놀기를 바라는 것은 무리한 요구이고, 오히려 피고인은 보육교사로서 피해자가 다른 아이들과 서서히 가까워질 수 있게 지켜보며 사회성을 익힐 수 있도록 가르쳐야 할 의무가 있다. 그리고 피해자가 다른 아이들과 어울리는 것에 익숙해질 때까지는 믿고 의지할 수 있는 어른으로서 피해자에게 정서적 안정감을 심어주는 데 최선을 다해야 한다. 그럼에도 피고인은 우는 피해자를 달래보려는 일말의 노력조차 하지 않은 채 거친 행동 끝에 자리를 떠나버렸다. 보육전문가가 아닌 일반인이 보더라도 피고인의 이러한 행동은 도저히 아이를 위한 것이라고는 여길 수 없고, 오히려 아이의 정신건강과 그 정상적인 발달을 저해하는 결과를 초래할 위험이 있다고 보인다. 또한 보육교사인 피고인으로서는 그러한 위험을 충분히 인식할 수 있었다고 할 것이다. (의정부지방법원 2018.4.3. 선고 2017노3305 판결)

위 〈사례 24〉에서 행위자의 U에 대한 행위가 과연 형사처벌을 받을 만큼 잘못된 행위인지에 대한 판단은 사람마다 다를 수도 있다. 앞서 〈사례 22〉 장애아동 우산 사건에서 보았던 것처럼, 개별 사건에서 아동학대 여부를 판단하는 일은 항상 무 자르듯 분명하지만은 않기 때문이다.

다만 위 2017노3305 판결은 그 결론 자체보다도, 행위자가 아닌 아동을 중심에 놓고 아동의 시선으로 사건을 바라보았다는 점에서 그 의의를 높게 평가할 필요가 있다. 부모와 떨어져 어린이집에서 불안감과 두려움을 느끼는 2세 아이의 마음을 헤아리고, 아이가 믿고 의지할 수 있는 어른이 되어야 할 보육교사의 의무까지도 강조하였다. 아동인권의 관점에서 선도적이라고 할 수 있으며, 따뜻함까지 느껴지는 보기 드문 판결이다.

13. 도깨비전화

　"도깨비전화"란 일본의 M사에서 개발하여 한국어로도 서비스되고 있는 스마트폰 애플리케이션(이하 "앱")으로서, 개발사에 의하면 이른바 "육아 서포트 앱"이라고 한다.

　앱을 실행하면, 마치 도깨비나 귀신 등 무서운 존재와 영상통화를 하는 것과 같은 화면이 연출된다. 무서운 존재가 아동을 향해서 말을 잘 듣지 않으면 잡아먹겠다는 등의 말로 겁을 주는데, 아동을 훈육할 때에 위 영상을 보여 주라는 것이 위 앱의 용도다.

　과거에도 아동을 훈육할 때에 "호랑이 온다", 혹은 "망태 할아버지가 잡아간다" 등 겁을 주기 위해서 흔히 하는 말들이 있었다. 그러나 도깨비전화가 이들과 다른 점은 말뿐이 아니라 영상으로 연출되기 때문에 영유아에게는 더욱 진짜처럼 느껴질 수 있다는 점이다.

　도깨비전화는 100만 회 이상 다운로드되었으며 만족도가 5점 만점에 4.5~5점에 달할 정도로 상당한 인기를 끌고 있다고 한다.[26] 유사한 영상을 제공하는 다른 앱들도 시중에 출시되어 있다. 이하에서 도깨비전화라고 하면 M사의 도깨비전화뿐 아니라 유사한 다른 앱들도 통칭하여 가리킨다.

　도깨비전화를 아동에게 보여 주는 것은 과연 문제가 없는 행동일까? 다음 사례를 살펴볼 필요가 있다.

---

[26] "'도깨비전화' 받고 얌전해진 아이... 만족하십니까?", 베이비뉴스 (2020.9.16.) 참조.

사례 25

도깨비전화 사건

행위자는 어린이집 보육교사로서, 보육하는 아동들을 상대로 아동학대에 해당하는 행위를 하였다는 혐의로 수사를 받게 되었다.

어린이집 CCTV 영상 확인 결과, 행위자가 2015.2.16.경 낮잠 시간에 낮잠을 자지 않는 피해아동 I(사건당시 3세)에게 휴대전화를 보여주자 I가 울음을 터뜨리면서 다리를 떠는 등 극도의 공포심을 느끼는 듯한 반응을 보인 사실이 확인되었다. 수사 결과 행위자의 휴대전화에는 도깨비전화 앱이 설치되어 있던 것으로 확인되었다. 위 사건이 있은 후 I가 어머니에게 '엄마 말 안 들으면 유령이 와서 우리 반 친구들 다 잡아가?' 하고 묻는 등 불안감과 두려움을 호소하여 심리 치료를 받은 사실도 확인되었다.

법정에서 행위자는 자신이 I에게 무서운 영상을 보여 준 사실이 없고, I는 종종 사소한 것에 놀라 다리와 팔을 떨면서 우는 소양이 있었으며, 행위자도 이를 알고 있었기에 이불로 덮어 주고 달래 주어 곧 잠들 수 있도록 하였을 뿐이라고 주장하였다. 1심 법원은 행위자가 I에게 무서운 영상을 보여 줌으로써 I를 정서적으로 학대하였다고 보고 행위자에게 벌금 150만 원을 선고하였다. 그러나 2심 법원은 행위자가 무서운 영상을 보여 준 사실이 증명되지 않았다고 보고 무죄를 선고하였다.

행위자는 위 행위 이외에 CCTV 영상으로 확인된 다른 행위들로 인하여 기소되기도 했으나 모두 무죄가 선고되었다.

[사건번호]
춘천지방법원 2016.1.22. 선고 2015고단651 판결
춘천지방법원 2017.4.19. 선고 2016노105 판결

위 〈사례 25〉의 1심 법원은 정서학대로 판단한 이유를 다음과 같이 설시하였다.

판결문 읽기

... 당시 피해아동의 반응과 행동을 면밀히 살펴볼 때, 피고인이 피해아동에게 1회적으로 문제의 영상이나 사진을 보여 준 것이라면, 그 영상을 보기도 전에 거부반응을 보이진 않았을 것인바, 그렇다면 <u>피고인은 그 전에도 최소한 한 차례 이상 피해아동이 두려워하는 영상을 보여 주어 위협하면서 자신의 의사를 관철하여 온 것으로 보이는 점,</u> <u>피고인은 피해아동이 쉽게 공포심을 느끼는 소양이 있었다는 것이나, 그렇다 하더라도 이를 이용하여 그와 같은 공포심을 야기하는 영상을 강제로 보게 하는 행위가 정당화될 수는 없는 점,</u> 피해아동은 그 어머니에게 불안감과 두려움을 호소하였고, 그로 인해 심리 치료를 받았던 점에 비추어, 피고인의 공소외 5 아동에 대한 위와 같은 행위는 그의 <u>정신건강 및 발달에 해를 끼치는 정서적 학대행위가 되기에 충분하다.</u> 위 주장은 받아들이지 아니한다. (춘천지방법원 2016.1.22. 선고 2015고단651 판결)

1심 법원의 논리를 정리해 보면 다음과 같다.

ⓐ 행위자는 피해아동에게 공포심을 야기하는 영상을 보여 주었다.
ⓑ 아동에게 공포심을 야기하는 영상을 강제로 보게 하는 행위는 정서학대에 해당한다.
ⓒ 따라서 행위자는 피해아동에게 정서학대에 해당하는 행위를 한 것이다.

그러나 2심 법원은 다음과 같은 이유로 1심 법원의 논리를 뒤집었다.

판결문 읽기

피고인은 I에게 도깨비 영상 등 무서운 영상을 보여준 것이 아니라고 범행을 부인하는바, 이 경우 <u>공소사실과 같이 피고인이 피해아동에게 극도의 공포심을 느끼게 할 정도로 무서운 영상을 틀어주었다는 점은 검사가 증명하여야 하고</u>, 그러한 증명은 법관으로 하여금 합리적인 의심할 여지가 없을 정도로 엄격한 증명에 의하여야 할 것인바, 이 부분에 대한 원심의 어린이집 CCTV 녹화영상 CD에 대한 재생 및 시청결과와 원심 증인들의 증언, 피고인의 휴대폰에 도깨비 어플리케이션이 설치되어 있었던 사정만으로는 <u>피고인이 I에게 극도의 공포심을 느끼게 할 정도로 무서운 영상을 틀어 주었다고 인정하기에 부족하다.</u> (춘천지방법원 2017.4.19. 선고 2016노105 판결)

주의할 점은 무서운 영상을 아동에게 보여 주는 행위가 정서학대에 해당한다고 보지 않은 것이 아니라, 행위자가 피해아동에게 무서운 영상을 보여 준 사실이 증명되지 않았다고 보았다는 점이다. 즉 위 1심 법원의 논리구조에서 2심 법원은 ⓐ를 부정함으로써 결론인 ⓒ도 부정한 것이지, ⓑ에 대해서도 부정한 것은 아니다.

위 〈사례 25〉에서 행위자가 피해아동에게 휴대전화를 보여 준 사실은 확인되었지만, 휴대전화로 무엇을 보여 주었는지는 수사를 통해서도 확인되지 않았던 것으로 보인다. 범죄사실이 증명되지 않을 경우 무죄추정의 원칙에 의하여 무죄로 판결할 수밖에 없다.

결국 도깨비전화를 보여 준 행위에 대한 실제 처벌사례로 이어지지는 못했지만, 위 〈사례 25〉의 1심 판결은 공포심을 야기하는 영상을 아동에게 보여 주는 행위가 정서학대에 해당할 수 있음을 명시했다는 점에서 여전히 의의가 있다고 할 것이다.

〈사례 20〉 정서학대 헌법소원 사건의 2014헌바266 결정은 정서학대의 유형으로 "폭언과 위협" 및 "음란물이나 폭력물을 강제로 시청하게 하는 행위"를 들고 있는바, 아동을 위협하거나 아동에게 공포심을 야기하는 내용의 영상을 강제로 시청하게 하는 행위 역시 정서학대에 해당한다고 봄이 타당하다.

따라서 아무리 훈육을 위해서라고 하더라도 아동에게 무서운 영상을 무분별하게 보여 주는 행위는 지양될 필요가 있다. 이는 훈육을 위해서 체벌하는 행위와 다를 바 없이 평가되어야 할 것이다.

🔍 도깨비전화, 규제가 필요하다

도깨비전화라는 이름만 듣고 그게 어떤 앱인지 대략적인 설명만 들으면 별로 무서울 것 같지 않고, 오히려 그런 것으로 아이를 놀라게 한다는 아이디어가 귀엽게 느껴질 수도 있다.

필자도 위 〈사례 25〉 관련 언론 보도를 통해서 도깨비전화를 처음으로 알게 되고, '아이들 보라고 만든 게 무서우면 얼마나 무섭겠어?'라는 생각을 하면서 도깨비전화 영상을 찾아서 시청해 보았다.

보는 사람의 감수성에 따라 다르게 느껴질 수 있겠으나, 필자 개인적으로는 충격을 받았다. 도깨비의 모습은 감수성이 예민한 아동은 물론 성인이 보기에도 흉측하고 끔찍스럽게 느껴질 정도이며, 아동을 "아주아주 뜨거운 냄비에 삶아서 잡아먹겠다"는 위협은 만약 보호자가 아동에게 직접 하였다면 정서학대에 해당하기에 충분한 것이다.

도깨비라고 했지만 사실은 우리 전통문화의 도깨비가 아니라 일본의 오니(おに, 鬼)다. 영상을 개발한 M사가 일본 회사이니만큼 당연한 일일 수도 있다. 즉 문화적으로도 이른바 "왜색"이 짙어 교육적이지 못하다.

일본에는 오니를 비롯한 여러 가지 무시무시한 요괴에 대한 설화가 옛날부터 많이 전래되어 왔는데, 이는 일본의 문화적 특성이기도 하다. 그러한 문화적 배경이 있는 일본의 아동들에게는 영상 속 오니의 위와 같은 모습이나 대사가 그다지 충격적으로 느껴지지 않을지도 모르겠다. 그러나 똑같은 영상이라도 문화가 다른 우리나라 아동들에게는 정서적으로 큰 충격이 될 수 있다.

앞서 언급했듯 도깨비전화는 우리나라에서도 상당한 인기를 끌고 있는 것으로 보이며, 아동의 부모로 추정되는 네티즌들의 평가에 따르면 "효과가 좋다"고 한다. 하지만 효과가 좋다는 말은 그만큼 아동이 두려움을 느낀다는 것으로서 아동의 정신건강과 정상적인 발달을 저해하는 결과를 초래할 가능성이 크다는 의미다.

심지어 아동을 훈육하기 위해서도 아니고 단순히 놀리기 위해 도깨비전화를 보여 주고 아동이 우는 모습을 귀엽다며 촬영해서 SNS에 올리는 네티즌들도 있어, 그 해악이 매우 우려되는 상황이다.

더욱 우려되는 점은 현재 유사한 영상을 제공하는 다른 앱들도 경쟁적으로 출시되고 있으며, 위 앱들이 상업적으로 성공할 경우 더욱 자극적이고 공포심을 주는 방향으로 경쟁하게 될 가능성도 있다는 점이다.

관련하여 「청소년 보호법」 및 「정보통신망 이용촉진 및 정보보호 등에 관한 법률」(이하 "정보통신망법")을 검토할 필요가 있다.

> **청소년 보호법**
>
> **제9조(청소년유해매체물의 심의 기준)** ① 청소년보호위원회와 각 심의기관은 제7조에 따른 심의를 할 때 해당 매체물이 다음 각 호의 어느 하나에 해당하는 경우에는 청소년유해매체물로 결정하여야 한다.
> 1. 청소년에게 성적인 욕구를 자극하는 선정적인 것이거나 음란한 것
> 2. 청소년에게 포악성이나 범죄의 충동을 일으킬 수 있는 것
> 3. 성폭력을 포함한 각종 형태의 폭력 행위와 약물의 남용을 자극하거나 미화하는 것
> 4. 도박과 사행심을 조장하는 등 청소년의 건전한 생활을 현저히 해칠 우려가 있는 것
> 5. 청소년의 건전한 인격과 시민의식의 형성을 저해(沮害)하는 반사회적·비윤리적인 것
> 6. 그 밖에 청소년의 정신적·신체적 건강에 명백히 해를 끼칠 우려가 있는 것

정보통신망법

제44조의7(불법정보의 유통금지 등) ① 누구든지 정보통신망을 통하여 다음 각 호의 어느 하나에 해당하는 정보를 유통하여서는 아니 된다.
1. 음란한 부호·문언·음향·화상 또는 영상을 배포·판매·임대하거나 공공연하게 전시하는 내용의 정보
2. 사람을 비방할 목적으로 공공연하게 사실이나 거짓의 사실을 드러내어 타인의 명예를 훼손하는 내용의 정보
3. 공포심이나 불안감을 유발하는 부호·문언·음향·화상 또는 영상을 반복적으로 상대방에게 도달하도록 하는 내용의 정보
4. 정당한 사유 없이 정보통신시스템, 데이터 또는 프로그램 등을 훼손·멸실·변경·위조하거나 그 운용을 방해하는 내용의 정보
5. 「청소년 보호법」에 따른 청소년유해매체물로서 상대방의 연령 확인, 표시의무 등 법령에 따른 의무를 이행하지 아니하고 영리를 목적으로 제공하는 내용의 정보
6. 법령에 따라 금지되는 사행행위에 해당하는 내용의 정보

6의2. 이 법 또는 개인정보 보호에 관한 법령을 위반하여 개인정보를 거래하는 내용의 정보

6의3. 총포·화약류(생명·신체에 위해를 끼칠 수 있는 폭발력을 가진 물건을 포함한다)를 제조할 수 있는 방법이나 설계도 등의 정보

7. 법령에 따라 분류된 비밀 등 국가기밀을 누설하는 내용의 정보
8. 「국가보안법」에서 금지하는 행위를 수행하는 내용의 정보
9. 그 밖에 범죄를 목적으로 하거나 교사(敎唆) 또는 방조하는 내용의 정보

청소년의 정신적·신체적 건강에 명백히 해를 끼칠 우려가 있는 정보는 청소년보호위원회와 각 심의기관의 심의에 의하여 청소년유해매체물로 결

정될 수 있다(「청소년 보호법」 제9조 제1항 제6호 참조). 청소년유해매체물이 상대방의 연령 확인, 표시의무 등 법령에 따른 의무를 이행하지 아니하고 영리를 목적으로 제공되면 불법정보에 해당한다(정보통신망법 제44조의7 제1항 제5호 참조). 공포심이나 불안감을 유발하는 부호·문언·음향·화상 또는 영상을 반복적으로 상대방에게 도달하도록 하는 내용의 정보, 범죄를 목적으로 하거나 교사 또는 방조하는 내용의 정보도 불법정보에 해당한다(정보통신망법 제447조의7제1항 제3호, 제9호 참조).

도깨비전화가 청소년유해매체물 또는 불법정보에 해당할 수 있는지 여부에 관하여 관계 당국의 적극적인 관심이 필요하다. 더 자극적이고 공포심을 주는 앱이 추가로 출시되어 아동들에 대한 정서학대를 유발하는 결과로 이어지지 않도록 관계 법령에 따른 규제가 이루어져야 할 것이다.

14. 아동을 차별하는 행위

〈사례 20〉 정서학대 헌법소원 사건의 2014헌바266 결정이 예로 들고 있는 정서학대의 유형 가운데 하나로 "특정 아동을 차별하는 행위"가 있다. 그런데 구체적으로 어떤 행위가 아동을 차별하는 행위에 해당할까? 사례를 통해 살펴보자.

> **사례 26**
> **어린이집 원생 차별 사건**
>
> 행위자 A는 가정형 어린이집의 보육교사이고, 피해아동 H는 2016. 3.3.부터 2016.4.15.까지 위 어린이집에 다니던 원생이었다.
> H(사건당시 3세)가 위 어린이집에 다니는 동안 낮잠 시간에 잠을 자지 않자, A는 그때마다 H를 교실과 화장실 연결통로에 위치한 약 1평 공간의 드레스룸에 들어가게 한 후 길이 1m, 높이 30cm의 좌식책상으로 가로막아 나오지 못하게 하였다.
> 2016.3.22. H가 다른 아동인 I(2세)와 서로 뛰어가다가 부딪혀 넘어지는 일이 발생했다. I가 울자 A는 H에게만 말로 훈계하였다. 이에 H가 바닥에 앉아서 울자 A는 양손으로 H의 겨드랑이를 잡아 일으킨 후 계속 훈계하려 하였으나 H가 일어나지 않으려 하자 갑자기 H의 겨드랑이를 잡고 있던 양손을 빼서 H로 하여금 바닥에 엉덩방아를 찧게 하였다.
> 2016.3.29. H는 낮잠을 자기 위해 누워 있던 다른 아동들에게는 모두 캐러멜을 나누어 주면서, H에게는 낮잠을 자지 않는다는 이유로 캐러멜을 주지 않고 다른 아동들이 캐러멜을 먹는 모습을 지켜보게 하였다. 다른 아동들이 낮잠을 잘 때에도 H가 낮잠을 자지 않자 A는 다른

날과 같이 H를 드레스룸에 들어가게 한 후 나오지 못하게 하였다.

　다른 아동들이 낮잠에서 깨어난 뒤 놀이를 하는 시간이 되자 H도 다른 아동들과 함께 블록놀이를 하려고 하였으나, A는 다른 아동들과 멀리 떨어진 책상에 H의 이름표를 붙이고 H를 혼자 그 책상에 앉아 있게 함으로써 놀이에 참여하지 못하게 하였다. 놀이를 하고 있는 다른 아동들에게 A는 캐러멜, 과자, 껌 등 간식을 4회에 걸쳐 나누어 주면서 H에게는 낮잠을 자지 않았다는 이유로 간식을 주지 않았다.

　2016.3.30. A는 아동들에게 안전교육을 하는 동안에도 다른 아동들에게는 빵을 나누어 주면서 H에게는 주지 않고 다른 아동들이 빵을 먹는 모습을 지켜보게 하였다.

　1심 법원은 A에게 징역 8월에 집행유예 2년, 40시간의 아동학대 치료강의 수강명령을 선고하였고, 양벌규정에 따라 위 어린이집의 원장인 B에게도 벌금 500만 원을 선고하였다. 그러나 2심 법원은 검사의 공소장이 변경됨에 따라 1심 판결을 파기하고 A에게 징역 4월에 집행유예 1년, 40시간의 아동학대 치료강의 수강명령을, B에게 벌금 300만 원을 선고하였다. 대법원은 2심 판결을 확정하였다.

[사건번호]
수원지방법원 2017.6.15. 선고 2016고단6085 판결
수원지방법원 2018.4.17. 선고 2017노4404 판결
대법원 2018.7.11. 선고 2018도6786 판결

　위 〈사례 26〉에서 1심 법원은 A가 H에게 엉덩방아를 찧게 한 행위와 H를 드레스룸에 가둔 행위는 신체학대로 보았고, H에게만 간식을 주지 않은 행위는 정서학대로 보았다. 그러나 2심에 이르러 검사가 공소장을 변경함에 따라 2심 법원은 위 행위를 모두 정서학대로 보았다. 엉덩방아를

찧게 한 행위가 신체학대인지 정서학대인지는 다소 애매하지만, 아동을 방안에 가두어 두는 행위는 위 2014헌바266 결정에서도 정서학대의 예시로 들고 있으므로 2심 법원의 판단이 타당하다.

여기서 중요한 것은 피해아동에게만 간식을 주지 않은 행위를 정서학대로 보았다는 점으로서, 그 이유를 2심 법원은 다음과 같이 설시하였다.

> **판결문 읽기**
>
> … 훈육의 목적이 있었다고 하더라도 <u>피해자의 정신의 발달성숙도 등을 고려하여 볼 때 피해자에게만 간식을 주지 않고 다른 아동들이 간식을 먹는 모습을 지켜보게 한 피고인 A의 행위를 설득력 있는 훈육 방식으로 보기 어려운 점</u> 등에 비추어 보면, 피고인 A의 위와 같은 행위는 피해자의 정신건강과 정상적인 발달을 저해하거나 그러한 결과를 초래할 위험 또는 가능성을 야기한 행위로서 정서적 학대행위에 해당한다. (수원지방법원 2018.4.17. 선고 2017노4404 판결)

"차별"이라는 용어를 직접적으로 명시한 것은 아니지만, 특정 아동을 차별하는 행위를 정서학대로 본 사례로서 참고할 만하다.

15. 간식을 선생님 혼자서만 먹었다면

아동들에게는 간식을 주지 않으면서, 선생님 혼자서만 간식을 먹었다면 그것도 아동학대일까? 우습게 들리지만 실제로 문제가 된 사례가 있었다.

> **사례 27**
> **유치원 교사 간식 사건**
>
> 행위자 A는 유치원 교사이다.
> 2017.6.2. 오후 3시경 A가 유치원 교실에서 28명의 아동들을 대상으로 자유선택활동 수업을 진행하던 중, 아동 2명이 A에게 다가와 피해아동 G(사건당시 6세)가 블록으로 머리를 때렸다고 호소했다. 이에 A는 G에게 정면을 보고 서서 무엇을 잘못했는지 생각해 보도록 벌을 주고, 간식시간이 되어 다른 아동들이 간식을 먹는 동안에도 G에게 간식을 주지 않은 상태로 벌을 더 서도록 하다가 약 10분이 지나자 비로소 G에게 간식을 주었다.
> 2017.6.15. 오후 3시경 A는 자유선택활동 수업시간이 끝나고 간식시간이 되자 아동들에게 정리를 하라고 하였으나, 일부 아동들만 정리를 하였을 뿐 15명 가량의 아동들은 정리를 하지 않았다. 이에 A는 "선생님은 너희에게 간식을 주고 싶은데, 너희가 정리를 하지 않아서 선생님 혼자 먹어야겠다"고 말하고, 아동들 모두에게 간식을 주지 않은 채 혼자서 간식을 먹었다.
> 아동들이 정리하는 동안 간식시간이 지나고 체육수업시간이 가까워지자 A는 "정리시간이 너무 늦어졌으니 체육수업이 끝난 후 간식을 주겠다"고 말한 다음 아동들을 체육수업에 참여하게 하였고, 오후 4시경 체육수업시간이 끝나자 아동들에게 간식을 먹게 하였다.

2017.6.30. 오후 3시경 A는 자유선택활동 수업시간이 끝나고 간식 시간이 되자 아동들에게 정리를 하라고 하였고, 이에 아동들은 정리를 시작하였다. 그러나 G는 교실 뒤쪽 전체에 장난감 바구니를 엎고 책상과 의자를 흩어 놓는 등 교실을 어지럽히는 행동을 계속하였다. 이에 A는 G에게 어지럽힌 물건을 혼자서 정리하도록 지시하면서 "정리를 하고 나서 간식을 주겠다"고 하고, G를 제외한 다른 아동들에게는 간식을 주면서 G를 보게 하고 "저 친구만 저렇게 놀이하는 것이 아니라 우리도 어지럽힌 장난감을 치우지 않는 습관이 있다. 바르게 놀이하는 약속을 지키자"고 말하였다.

간식시간이 끝나고 체육수업시간이 되었음에도 G가 여전히 정리를 하지 않자 A는 다른 아동들을 체육수업에 참여하게 하고 G를 교실에 남겨 정리를 하게 하였다. A는 G에게 "얼른 정리하고 간식 먹자. 너 혼자서도 잘할 수 있다"고 말하였을 뿐 G를 도와주지는 않고 교실에서 자신의 업무를 보았다. 약 40분이 지난 후 교실에 도착한 다른 교사의 도움으로 G가 정리를 마치고 나서야 A는 남겨 놓았던 간식을 G에게 주었다.

1심 법원은 A의 각 행위가 정서학대에 해당한다고 보아 벌금 500만 원을 선고하고, 양벌규정에 따라 위 유치원의 운영자인 B에게도 벌금 200만 원을 선고하였다. 그러나 2심 법원은 1심 판결을 파기하고 A와 B에게 무죄를 선고하였다.

[사건번호]
대전지방법원 천안지원 2018.6.7. 선고 2017고단2551 판결
대전지방법원 2019.8.7. 선고 2018노1744 판결
대법원 2019.10.31. 선고 2019도12226 판결

위 〈사례 27〉에서 생각해 볼 쟁점은 두 가지다. 첫째, 행위자 A가 2017.6.2.경과 2017.6.30.경에 다른 아동들에게는 간식을 주면서 피해아동 G에게 간식을 주지 않은 것은 아동을 차별하는 행위가 아닌가? 둘째, 2017.6.15.경에 아동들 모두에게 간식을 주지 않은 채 A 혼자서 간식을 먹은 것은 정서학대가 아닌가?

첫 번째 쟁점과 관련하여서는 앞서 살펴본 〈사례 26〉 어린이집 원생 차별 사건과 비교해 볼 필요가 있다. 두 사례 모두 다른 아동들에게는 간식을 주면서 피해아동에게만 간식을 주지 않은 점은 동일하다.

그러나 두 사례는 피해아동의 연령이 서로 다르고, 간식을 주지 않은 이유가 훈육 때문이라는 점은 같지만 훈육의 동기나 목적이 서로 다르며, 〈사례 26〉과는 달리 〈사례 27〉의 경우는 간식을 아예 주지 않은 것이 아니라 남겨 놓았다가 나중에 주었다는 점도 다르다. 〈사례 26〉과 달리 〈사례 27〉에서 법원이 무죄 판결을 내린 것은 위와 같은 구체적 사정을 고려했기 때문으로 볼 수 있다.

〈사례 27〉의 2심 법원이 2017.6.2.자 행위와 관련하여 무죄의 이유를 설시한 대목을 일부 살펴보면 다음과 같다(2017.6.30.자 행위와 관련하여서도 논리는 거의 같다).

판결문 읽기

이 사건의 경우, 다수의 아동이 자유롭게 활동하는 시간에 피해아동이 다른 아동들을 때리는 상황이 발생하였으므로, 피고인으로서는 피해아동과 맞은 아동들을 분리하고, 피해아동이 다른 아동을 때리는 일이 다시 발생하지 않도록 훈육할 필요성이 있었다. 피고인은 위와 같은 의도를 실현하기 위하여 피해아동을 분리하여 교탁 앞에 서서 반성하는 시간을 갖도록 하는 방법을 택한 것으로 보인다. 그러한 훈육 과정에서 피해아동에게 다소 제재가 가해지기는 하였으나, 그 제재의 내용이 훈육 목적에 현저하게 동떨어진 것으로 보이지는 않는다. (대전지방법원 2019.8.7. 선고 2018노1744 판결)

두 번째 쟁점 역시 행위자 A가 아동들에게 간식을 주지 않으면서 혼자서만 간식을 먹은 것은 아동들을 놀리거나 괴롭히기 위해서가 아니라 훈육하기 위한 의도였다는 점, 위와 같은 의도를 아동들에게도 설명하였다는 점, 간식을 아예 주지 않은 것이 아니라 남겨 놓았다가 나중에 주었다는 점 등을 고려하여야 할 것이다. 2심 법원이 위 행위와 관련하여 무죄의 이유를 설시한 대목을 일부 살펴보면 다음과 같다.

판결문 읽기

... 간식시간을 앞두고 있음에도 다수의 아동들이 정리를 하지 않고 있던 당시 상황과 피고인의 발언 내용 및 어조, 아동들의 연령을 고려하면, 아동들도 피고인 혼자 간식을 먹는 의도를 이해할 수 있었을 것으로 보인다.

...

> 비록 아동들이 정해진 간식시간보다 약 40분 늦게 간식을 먹기는 하였으나, 피고인이 미리 아동들에게 양해를 구한 사실이 있고, 간식을 늦게 먹인 사유 역시 <u>건전한 사회통념상 납득할 수 있는 것으로 판단된다</u>. (대전지방법원 2019.8.7. 선고 2018노1744 판결)

〈사례 27〉은 또 한 가지 생각할 거리를 던져 준다. "무엇이 아동학대인지"를 고찰하는 것 못지않게 "무엇이 올바른 훈육인지"를 고민하는 것도 중요하다는 생각이다.

이것도 저것도 다 학대라고만 하면 아동을 보육하는 입장에서는 아무것도 할 수 없게 된다. 그렇다고 아무것도 하지 않고 아동을 방치하면 그것 역시 방임으로서 학대가 된다. 아동학대를 근절하기 위해서는 어린이집, 유치원 등 보육 현장의 종사자들이 훈육과 학대 사이에서 고민하지 않도록 올바른 훈육의 기준을 정립하는 것 또한 필요하다.

16. 타임아웃, 올바른 훈육방법일까

"타임아웃(time-out) 훈육법"이 최근 주목을 받고 있다. 아이가 잘못했을 때 행동을 중단시키고 조용한 장소로 데려가 일정 시간 동안 스스로 잘못한 것을 깨닫고 반성하게 하는 훈육방법이라고 한다.[27]

타임아웃 훈육법은 올바른 훈육방법일까? 해당 분야의 전문가가 아닌 입장에서는 견해를 제시하기 어렵다. 하지만 올바른 훈육방법이라고 하더라도 그 구체적인 실천 방법을 정확히 이해하고 상황에 맞게 사용하는 것이 중요하지, 보호자가 자기 마음대로의 방식으로 하면서 이름만 "타임아웃"이라고 붙인다고 그것이 저절로 올바른 훈육방법이 되는 것이 아님은 분명하다.

타임아웃과 관련된 법원 판결 사례를 살펴보면 다음과 같다.

사례 28

어린이집 타임아웃 사건

행위자 A는 어린이집 보육교사이고, 피해아동 G(사건당시 4세)는 위 어린이집에 적응기간으로 2018.3.6.부터 2018.3.9.까지는 1시간씩 다니다가 2018.3.12.부터 2018.3.14.까지는 2시간 수업 및 점심식사 후 하원하던 아동이다.

A는 2018.3.13.경 피해아동 G(사건당시 4세)가 교실 안에서 다른 친구들과 장난을 치며 놀고 있자 G의 팔을 붙잡고 끌어당겨 책장 옆 구석 자리에 앉힌 다음 움직이지 못하게 하였다.

---

[27] "부모들 사이에 핫한 '타임아웃' 훈육법 주의점", 아시아투데이 (2021.3.7.) 참조.

수업을 시작한 이후에도 A는 G를 다른 아동들과 떨어져 앉아 있게 하고, G에게만 수업 교재를 지급하지 않고 있다가 뒤늦게 교재를 지급한 후 G가 교재를 보고 있는 모습을 휴대전화로 촬영한 다음(목적은 불명) 신경질적으로 교재를 빼앗아 갔다.

G가 혼자서 장난을 치며 놀고 있자 A는 책장 옆 구석 자리에 G를 다시 앉게 한 후 색칠하기 교구를 지급하지 않고 G를 그대로 방치하였다. G가 답답해하며 몸을 움직이자 A는 G의 팔을 붙잡고 강제로 끌어올려 의자에 앉혔다.

2018.3.14.에도 A는 G가 다른 친구들과 장난을 치며 놀고 있자 G의 팔을 잡고 끌고 와 책장 옆 구석 자리에 앉힌 다음 움직이지 못하게 하고, 다른 아동들에게는 간식을 나누어 주면서 G에게는 간식을 주지 않았다.

점심시간에 G가 밥을 먹지 않고 책상에 기대어 앉아 있자 A는 G의 팔을 붙잡고 끌고 가 A의 책상 옆 의자에 앉히고, 그럼에도 G가 밥을 먹지 않자 G의 팔을 붙잡고 갑자기 바닥으로 끌어내려 G를 넘어지게 했다. 여전히 G는 밥을 먹는 것을 거부하며 양손으로 입을 막거나 고개를 돌리고 자리에서 벗어나려고 하였으나, A는 계속하여 G를 강제로 자리에 앉혀 밥을 먹게 했다.

A는 어린이집 원장 B에게 "G가 유별나게 돌출행동을 하여서 힘들다. ADHD가 의심된다. 타임아웃 제도를 실시해 보았는데 잘 따르지 않아서 어려움이 많다"고 하소연하였으나, B는 "잘하라"는 정도의 이야기만 했을 뿐 별다른 조치를 취하지 않았다.

A는 법원에서도 자신이 G를 방치한 행위는 타임아웃 훈육법이었다고 주장했으나, 법원은 이를 받아들이지 않았다. 1심 법원은 A에게 벌금 300만 원, B에게 벌금 200만 원의 선고를 유예하는 선고유예 판결을 내렸다. 2심 법원도 동일하게 판단하였다.

[사건번호]
수원지방법원 평택지원 2019.8.14. 선고 2018고정514 판결
수원지방법원 2019.10.18. 선고 2019노4715 판결

위 〈사례 28〉의 행위자 A는 자신의 행위가 타임아웃 훈육법이었다고 주장했지만, 실제로는 〈사례 26〉 어린이집 원생 차별 사건에서 정서학대로 판단된 행위와 별로 다를 바가 없다고 할 것이다. 굳이 전문가가 아니더라도 위 〈사례 28〉에 나타난 행위가 "아이가 잘못했을 때 행동을 중단시키고 조용한 장소로 데려가 일정 시간 동안 스스로 잘못한 것을 깨닫고 반성하게 하는 훈육법"과는 동떨어져 있음을 알 수 있을 것이다.

위 〈사례 28〉의 2심 법원은 타임아웃 훈육법과 관련하여 다음과 같이 설시하였다.

판결문 읽기

피고인들이 제출한 자료에 의하더라도, 타임아웃을 실행하기 전 아동에게 타임아웃의 규칙과 방법을 시연하거나 알려준 뒤 타임아웃을 시키는 이유 등에 관하여 충분한 설명을 하여야 하며, 지정된 장소의 의자에서 실시하고 시작과 종료시각을 명확히 하며 그 과정에서 훈육자가 중립적이고 객관적인 태도를 견지하여야 한다. 피고인 A은 원심 법정에서 '피해 아동과 같은 연령의 아동들은 교사의 말을 이해하고 자신을 통제할 수 있는 연령이기에 타임아웃 방식

> 으로 피해 아동을 훈육하였다.'는 취지로 진술하였음에도 실제 공소사실 기재 일시에 피해 아동에게 타임아웃의 규칙과 방법, 타임아웃을 시키는 이유 등에 관하여 제대로 알려주거나 설명한 바 없다. (수원지방법원 2019.10.18. 선고 2019노4715 판결)

거듭 강조하지만, 타임아웃 훈육법이 올바른 훈육방법이더라도, 위 2019노4715 판결에서 설시한 것처럼 구체적인 실천 방법에 의하지 않고 임의대로 행해지게 된다면 그것은 학대의 또 다른 유형에 지나지 않게 될 것이다. 타임아웃을 빙자한 학대를 예방하기 위하여는 올바른 훈육의 구체적인 실천 방법에 관한 정확하고 자세한 홍보와 교육이 이루어져야 할 것이다.

17. 아동에게 "찌끄레기"라고 한 보육교사들, 무죄?

어떤 행위가 아동학대에 해당하고 어떤 행위가 그렇지 않은지를 고찰함에 있어서 기존의 법원 판결은 매우 중요한 참고가 되지만, 한편으로는 법원 판결 중에도 비판받을 만한 판결들이 있다. 그러한 판결들에 대해서도 각계각층의 전문가들이 관심을 갖고, 판결이 잘못되었다면 왜 잘못되었는지에 관하여 공감대를 형성함으로써 변화를 이끌어 갈 필요가 있을 것이다. 다음 사례도 비판적으로 바라보아야 할 판결 사례다.

사례 29

찌끄레기 사건

행위자 A, B, C는 모두 같은 어린이집에서 근무하는 보육교사이다.

B는 2016.8.26. 15:00경 피해아동 J(사건당시 생후 26개월)에게 "뭘 봐 찌끄야. 이 씨! 너 어디 가서 J씨(피해아동의 성)라고 하지 마, 내가 맨날 너네 형한테 하는 얘기야"라고 말하였다. 같은 날 15:35경 C는 J를 포함한 아동들에게 "빨리 먹어라 찌끄레기들아"라고 말하였고, 같은 날 16:10경 A는 J를 보면서 2016.8.26.경 "이 새끼 먹는다 선생님, 아휴~ 찌끄레기 것 먹는다"라고 말하였다.

A는 2016.8.30.경 10:15에는 "이 반 왜 이래 다들? 찌끄레기처럼. 진짜. 야, 한복도 없어, 내가 사 줘?"라고 말하였고, B는 16:30경 J에게 "응? 너 일어나! 야 너는 찌끄레기! 선생님 얘기 안 들리니? 대답해~" 라고 말하였다.

검사는 A, B, C와 위 어린이집의 원장 D를 아동복지법위반 혐의로 기소하였으나 1심 법원은 무죄로 판결하였다. 검사는 항소하였으나 2심 법원은 항소를 기각하였으며, 검사가 다시 상고하였으나 대법원도 상고를 기각하였다.

[사건번호]
인천지방법원 부천지원 2017.9.1. 선고 2017고단1420 판결
인천지방법원 2018.1.19. 선고 2017노3464 판결
대법원 2018.4.26. 선고 2018도2224 판결

납득하기 어려운 판결이다. 어린이집 보육교사들이 아동들을 향해서 "찌끄레기"와 같은 경멸적인 표현을 거의 습관적으로 내뱉었다는 것은 일반적인 상식과 통념에 비추어 보더라도 분노가 치밀 정도로 문제가 있는 행동임이 분명한데도 법원은 정서학대에 해당하지 않는다고 보았다.

1심 법원은 다음과 같은 이유로 행위자들을 무죄로 보았다.

판결문 읽기

① 우선 피해자 J은 이 사건 각 범행 당시 아직 말도 제대로 하지 못하는 만 2세(생후 29개월)의 영유아로서 '찌끄레기'라는 말이 어떤 의미를 가지고 있는지도 잘 알지 못할 것으로 보인다. 그럼에도 검사는 피해자 J이 피고인들의 이 사건 공소사실과 같은 말들을 듣고 정신건강에 어떤 영향을 받았는지 여부에 관하여 아무런 증거도 제출하지 않고 있다.

② 피고인들이 피해자 J이나 아동들에게 공소사실 기재와 같은 말을 하게 된 경위나 피고인들의 목소리 높낮이 등에 비추어 보면 피고인들이 피해자 J이나 아동들에게 심하게 소리를 지르거나 폭언을 하는 것으로 보이지는 않아 피해자 J이나 아동들이 정서적인 학대를 당하는 것으로 단정하기는 어렵다.

③ 공소사실 제1의 가.항과 관련하여,

㉠ 피고인 A이 '이새끼 먹는다 선생님, 아휴~ 찌끄레기 것 먹는다'라고 말을 하고 있으나, 여기서 말하는 '찌끄레기 것'이라는 표현은 피해자 J을 지칭하는 것이 아니라 '떨어진 음식물을 먹는다'는 것일 뿐이므로 이를 두고 피해자 J을 정서적으로 학대한 것이라고 할 수는 없다.

㉡ 피고인 A이 '이 반 왜 이래, 다들? 찌끄레기처럼, 진짜. 야, 한복도 없어, 내가 사 줘?'라고 말을 하고 있으나, 피고인 A이 위와 같이 말을 한 것은 피고인 C가 '혼자 한복을 입지 않은 아이가 있다'는 취지로 이야기를 하자, 피고인 A이 이에 화답하는 형식으로 '찌끄레기처럼'이라는 말을 하는 것으로 보일 뿐 피해자 J을 지칭하는 것으로 단정하기도 어려울 뿐 아니라, 이러한 표현만으로 피해자 J을 정서적으로 학대하였다고 보기 어렵다.

④ 공소사실 제2항과 관련하여

㉠ 피고인 B가 피해자 J을 지칭해서 '찌끄야'라고 하면서 공소사실 기재와 같은 말을 한 사실은 인정되나, 피고인 B가 위와 같은 말을 하게 된 경위는 피해자 J가 어떤 잘못을 하자 이에 대한 푸념과 피해자 J에 대한 짜증이 포함된 것으로 보이는데, 이러한 사정

만으로 앞서 본 ①, ②항 기재 사정에 비추어 피해자 J의 정신건강에 영향을 미쳤다고 단정하기는 어렵다.

ⓒ 피고인 B는 보육교사로서 영유아를 건강하고 안전하게 보호·양육하고 영유아의 발달 특성에 맞는 교육을 제공할 의무를 가지고 있으므로, 영유아들이 잘못을 하였을 경우 그 신체발달정도나 정신건강에 맞게 야단도 칠 수 있다고 봄이 상당한데, 이 부분 나.항 범행 당시의 상황은 피해자 J이 잘못을 하고 있어 야단을 치는 과정에서 '찌끄레기'라는 말을 사용한 것으로 그와 같은 사정만으로 피해자 J의 정신건강에 영향을 미쳤다고 단정하기도 어렵다.

④[28] 공소사실 제3항과 관련하여,

피고인 C가 이 부분 공소사실과 같은 말을 한 것은 소망반 아이들에게 식사지도를 하는 과정에서 음식을 빨리 먹으라고 독려를 하면서 혼자말로 '찌끄레기들아'라고 표현을 하는 것으로 보일 뿐 피해자 J을 지칭하는 것이라고 단정하기도 어렵고, 달리 증거도 없다.
(인천지방법원 부천지원 2017. 9. 1. 선고 2017고단1420 판결)

그러나 위 2017고단1420 판결이 설시하는 무죄의 이유는 비판받을 부분이 많다. 좀 더 심하게 말하자면, 억지 논리로 점철되어 있다고 해도 지나치지 않을 정도다.

우선 ①에서 피해아동이 생후 29개월의 영유아로서 "찌끄레기"라는 말의 의미를 알지 못할 것으로 보인다는 이유를 들고 있으나, 실제로 생후

---

28 ⑤가 되어야 하지만 원문의 오기이므로 그대로 표기한다.

29개월이라면 한창 언어가 발달하는 시기다. 국민건강보험공단에서 제공하는 K-DST 한국 영유아 발달선별검사지 27~29개월용에는 "다른 의미를 가진 세 단어를 연결하여 문장을 말한다", "간단한 대화를 주고받는다"와 같은 문항들이 있다.[29] 아동에 따라 차이는 있겠으나 29개월 무렵이면 이미 말을 하는 아이도 많고, 말을 하지는 못해도 알아듣는 아이는 더 많다는 것은 보통 부모들도 알고 있는 상식이다.

설령 아직 "찌끄레기"라는 말의 의미를 알지 못하더라도, 언어가 발달하는 과정에 있는 시기에 경멸적인 언어를 접한다면 오히려 아동의 발달에 해를 끼칠 위험 또는 가능성이 더 크다고 해야 할 것이다.

나아가 정서학대에는 현실적으로 아동의 정신건강과 그 정상적인 발달을 저해한 경우뿐만 아니라 그러한 결과를 초래할 위험 또는 가능성이 발생한 경우도 포함되므로(대법원 2015.12.23. 선고 2015도13488 판결 참조), 행위자가 아동의 정신건강 및 발달에 해를 끼칠 위험 또는 가능성이 있는 언어를 아동에게 말하였다면 그 언어가 아동에게 도달한 순간 정서학대의 구성요건이 성립하였다고 볼 것이지, 아동이 알아듣지 못하였다고 해서 성립하지 않는다고 봄은 타당하다고 보기 어렵다.

또한 공소사실 제1의 가.항과 관련하여 ③㉠에서 "찌끄레기 것"은 피해아동을 지칭한 말이 아니라고 하고 있으나, 그 앞에 "이 새끼"라고 한 것은 피해아동을 지칭한 말이 아닌가? 혹은 그것은 아동의 정신건강 및 발달에 해를 끼치는 언어가 아니란 말인가?

공소사실 제3항과 관련하여 식사지도를 하면서 아동 전체를 가리켜 "찌끄레기들아"라고 한 것이 피해아동을 지칭하는 것으로 단정하기 어렵나고

---

29 국민건강보험 홈페이지, https://www.nhis.or.kr/ 참조. (2021.5.22. 확인)

설시한 부분은 법원의 논리 자체를 이해하기 어렵다.

하지만 그중에서도 가장 문제가 되는 것은 공소사실 제2항과 관련하여 ④ⓒ에서 "야단도 칠 수 있다"고 하면서 훈육을 위한 행위임을 인정하여 무죄의 이유로 삼은 부분이다. 영유아에게 "응? 너 일어나! 야 너는 찌끄레기! 선생님 얘기 안 들리니? 대답해~"라고 말하는 것이 "신체발달정도나 정신건강에 맞게" 야단을 친 것이라는 주장은 도저히 납득할 수 없다.

더욱이 위에서는 피해아동이 "찌끄레기"라는 말의 의미를 알 수 없을 것이라고 했는데, 그렇다면 의미를 알지도 못할 말로 야단을 친 것을 적절하다고 평가한 셈이니 위 2017고단1420 판결은 내적인 논리에도 모순이 있다고 보아야 할 것이다.

검사 역시 위 2017고단1420 판결에 불복하여 "피고인들이 피해아동에게 한 말은 그 언어선택과 표현방식에 있어서 '아동의 인격발달에 부정적인 영향을 미칠 가능성이 있는 말'에 해당하고, '정서적 학대행위'의 성립에는 반드시 결과의 발생을 요하는 것이 아니므로, 이 사건 공소사실을 유죄로 인정함이 타당하다"는 취지로 항소하였다(인천지방법원 2018.1.19. 선고 2017노3464 판결 참조). 그러나 이해할 수 없게도, 2심 법원과 대법원 모두 행위자들의 손을 들어 주었다.

판결문에 드러나지 않은 특별한 사정이 있었는지는 알 수 없지만, 적어도 판결문만으로 보면 위 〈사례 29〉에 대한 법원 판결은 명백히 잘못된 판결이라고 말할 수 있다. 그럼에도 대법원 판결까지 나온 선례이기 때문에 앞으로 다른 판결에도 영향을 줄 가능성이 있다. 잘못된 판결이 반복되지 않도록 하기 위해서는 각계각층의 전문가들은 물론 국민들의 지대한 관심과 감시가 필요할 것이다.

18. 아이돌보미의 욕설, 녹음파일이 증거가 될 수 있을까

아동학대는 발견되기 어렵다는 특징이 있다. 특히 정서학대의 경우 신체의 외상 등 물리적 증거가 남지 않는 특성상 피해아동의 진술에 의해서가 아니면 학대사실이 드러나기 어려운데, 피해아동이 자신의 피해사실을 진술하기 어려운 연령대라면 더욱 힘들어진다.

부모가 볼 수 없는 곳에서 자녀가 타인(보육교사 등)에게 학대피해를 당할까 봐 자녀의 옷이나 가방에 녹음기를 숨겨 놓는 부모도 있다고 한다. 그런데 그렇게 해서 학대사실을 증명하는 음성이 녹음될 경우, 그 녹음파일을 법정에서 증거로 인정하여 행위자를 처벌하는 것이 가능할까?

> **통신비밀보호법**
>
> **제3조(통신 및 대화비밀의 보호)** ① 누구든지 이 법과 형사소송법 또는 군사법원법의 규정에 의하지 아니하고는 우편물의 검열·전기통신의 감청 또는 통신사실확인자료의 제공을 하거나 공개되지 아니한 타인간의 대화를 녹음 또는 청취하지 못한다. 다만, 다음 각호의 경우에는 당해 법률이 정하는 바에 의한다.
>
> …
>
> **제4조(불법검열에 의한 우편물의 내용과 불법감청에 의한 전기통신내용의 증거사용 금지)** 제3조의 규정에 위반하여, 불법검열에 의하여 취득한 우편물이나 그 내용 및 불법감청에 의하여 지득 또는 채록된 전기통신의 내용은 재판 또는 징계절차에서 증거로 사용할 수 없다.

> **제14조(타인의 대화비밀 침해금지)** ① 누구든지 공개되지 아니한 타인 간의 대화를 녹음하거나 전자장치 또는 기계적 수단을 이용하여 청취할 수 없다.
> ② 제4조 내지 제8조, 제9조제1항 전단 및 제3항, 제9조의2, 제11조 제1항 · 제3항 · 제4항 및 제12조의 규정은 제1항의 규정에 의한 녹음 또는 청취에 관하여 이를 적용한다.

공개되지 아니한 타인간의 대화를 녹음하거나 전자장치 또는 기계적 수단을 이용하여 청취하는 것은 불법이다(통신비밀보호법 제3조 제1항, 제14조 제1항 참조). 가령 A와 B가 대화한 내용을 C가 미리 설치한 녹음기로 녹음하였다면 이는 타인간의 대화를 녹음한 것으로서 불법이다.

위와 같이 불법으로 타인간의 대화를 녹음한 경우, 그 내용은 재판 또는 징계절차에서 증거로 사용할 수 없다(통신비밀보호법 제14조 제2항, 제4조 참조). 증거로 사용할 수 없다는 말의 의미를 풀어서 설명하면, 법정에 제출되어서 설령 판사가 그 녹음내용을 다 들어 보았더라도, 마치 그런 증거가 처음부터 제출되지 않은 것처럼, 판사가 녹음내용을 듣지 못한 것처럼 해야 한다는 의미와 같다.

불법감청 또는 불법녹음 등의 행위는 개인의 인권을 심각하게 침해할 수 있기 때문에, 이를 방지하기 위하여 강력한 규정을 둔 것이다.

그렇다면 부모가 자녀의 옷이나 가방에 녹음기를 숨겨서 녹음한 경우 이는 불법녹음에 해당하는 것이 아닐까? 관련된 사례와 함께 살펴보자.

사례 30
아이돌보미 욕설 녹음 사건

행위자는 구에서 위탁 운영하는 사회복지재단 소속의 아이돌보미로, 피해아동(사건당시 생후 10개월)의 집에서 피해아동을 돌보던 중 피해아동을 신체적, 정서적으로 학대하였다는 혐의로 기소되었다.

법정에는 피해아동의 모친이 녹음한 녹음파일이 저장된 CD와 그 녹취록이 증거로 제출되었다. 녹음파일에 담겨 있는 내용은 ① 피해아동이 소리를 지르거나 울음을 터뜨리는 등의 음성, ② 행위자가 피해아동을 상대로 하는 말, ③ 행위자가 피해아동의 모친과 전화통화를 하는 부분, ④ 행위자가 자신의 자녀 등 아는 사람과 전화통화를 하는 부분, ⑤ 딱딱한 물체에 부딪히는 듯한 둔탁한 소리와 TV 소리 등의 기타 음향으로 구성되어 있었다. 검사는 ②부분에서 행위자가 피해아동에게 "미쳤네, 미쳤어, 돌았나, 제정신이 아니제, 미친놈 아니가 진짜, 쯧, 또라이 아니가, 또라이, 쯧, 울고 지랄이고"라고 욕설을 하는 부분이 정서학대에 해당하며, ⑤부분에서 둔탁한 소리는 행위자가 피해아동의 엉덩이 부위를 때려 신체적으로 학대한 증거라고 주장하였다.

1심 법원은 ②부분이나 ④부분은 타인간의 대화에 해당하여 증거로 사용할 수 없고, 나머지 ①부분이나 ③부분, ⑤부분만으로는 공소사실을 인정하기에 부족하다는 이유로 무죄 판결을 내렸다.

그러나 2심 법원은 신체학대 혐의에 대해서는 1심 법원과 마찬가지로 증거가 부족하다고 판단했지만, ②부분에서 행위자의 말의 내용이 아닌 행위자의 목소리, 억양 등 비언어적 정보는 증거로 사용할 수 있다고 보고, 행위자의 정서학대 혐의를 인정하여 벌금 300만 원과 40시간의 아동학대 치료프로그램 이수명령을 선고하였다. 대법원은 2심 판결을 확정하였다.

[사건번호]
대구지방법원 2018.5.11. 선고 2017고단6135 판결
대구지방법원 2019.1.24. 선고 2018노1809 판결
대법원 2019.6.13. 선고 2019도2525 판결

위에서 설명한 통신비밀보호법의 내용에 비추어 보면 위 〈사례 30〉의 1심 법원의 논리는 비교적 쉽게 이해된다. 행위자가 욕설을 한 사실이 뻔히 녹음파일에 드러나 있는데도 무죄로 판결해야 한다는 점이 아쉽지만, 법률이 그러하다면 어쩔 수 없다는 생각이 들기도 한다. 그런데 위와 같은 1심 판결을 뒤집은 2심 판결의 논리를 자세히 들여다볼 필요가 있다.

판결문 읽기

이 사건 공소사실의 요지는, 피고인이 생후 10개월에 불과한 피해 아동에게 큰 소리로 욕을 하여 정서적으로 학대했다는 것이다. 그런데 피해 아동은 아직 언어 능력이 온전히 발달하지 않아 피고인이 하는 말의 내용을 이해하지 못하는바, 결국 본건 범죄 성립 여부는 피고인 말의 내용이 아닌, 목소리의 크기, 억양 등이 말뜻을 이해하지 못하는 생후 10개월의 피해 아동에게도 충분히 위협적으로 들릴 만한 것인지에 달려 있다. 그렇다면 '② 피고인이 피해 아동을 상대로 하는 말 부분' 중 증거로 필요한 부분은 피고인 말의 내용이 아닌 피고인의 목소리, 억양 등 비언어적 정보라고 봄이 타당

하고, 따라서 위 피고인이 피해 아동을 상대로 하는 말은 '당사자들이 육성으로 말을 주고받는 의사소통 행위'를 의미하는 통신비밀보호법상 타인간의 대화에 해당한다고 보기 어렵다. (대구지방법원 2019.1.24. 선고 2018노1809 판결)

즉 행위자의 말의 내용은 통신비밀보호법상 타인간의 대화에 해당하므로 증거로 사용할 수 없지만, 말의 내용이 아닌 목소리와 억양 등 비언어적 정보는 증거로 사용할 수 있다는 의미로서, 상당히 적극적인 법률해석이라고 볼 수 있다.

나아가 위 2018노1809 판결은 다음과 같이 지적하고 있다.

판결문 읽기

본건과 같은 아동학대 범죄는 피해 아동의 정서 발달에 심각한 지장을 초래하는 중한 범죄임에도, 이러한 범죄는 주로 피해 아동과 단 둘이 있는 은밀한 공간에서 이루어질 뿐만 아니라, 특히 언어 능력이 없는 피해 아동은 자신의 피해 사실을 부모에게 말조차 할 수 없어, <u>범죄 의심을 품은 부모 입장에서는 이 사건 녹음과 같이 몰래 녹음하는 것 외에는 증거를 수집하거나 범죄를 적발할 수 있는 마땅한 방법을 찾기 어렵다</u>. 이러한 상황에서 피해 아동의 모친 역시 불가피하게 비밀 녹음을 한 것으로 보이는바, 이러한 비밀 녹음을 통해서 드러난 아동학대 범죄에 대한 실체적 진실발견이라는

> 공익적 요구를 비밀녹음을 통해 얻었다는 사정만으로 쉽게 배척할 수는 없다. (대구지방법원 2019.1.24. 선고 2018노1809 판결)

즉 행위자 몰래 녹음을 하는 등의 수단을 사용하지 않고서는 아동학대를 발견하기 어려운 현실을 타당하게 지적하고 있다. 통신비밀보호법을 적극적으로 해석한 것도 위와 같은 현실을 고려했기 때문으로 보인다.

위 〈사례 30〉과 같이 피해아동의 부모가 녹음기를 사용하여 학대사실을 증명하고자 하는 사례는 앞으로 더욱 증가할 것으로 예상되며, 위 2018노1809 판결은 그러한 사례의 수사와 재판에 있어 중요한 의미를 가질 것으로 생각된다. 적극적으로 실체적 진실을 밝히고 학대행위자를 처벌할 수 있는 길을 열었다는 점에서 의의가 큰 판결이다.

한편 정서학대 여부를 판단하는 기준에 있어서도 위 〈사례 30〉은 참고할 만한 가치가 있다. 〈사례 29〉 찌끄레기 사건과 비교해 보자. 〈사례 29〉의 법원은 생후 29개월인 피해아동이 말의 의미를 알지 못할 것이라는 점 등을 이유로 들어 행위자들에게 무죄를 선고하였다. 반면 〈사례 30〉의 2심 법원과 대법원은 피해아동이 생후 10개월로서 말의 내용을 이해하지 못하더라도, 행위자의 목소리나 억양 등이 충분히 위협적으로 들릴 만하다면 정서학대에 해당할 수 있다고 보았다.

언어가 충분히 발달하지 않은 연령대의 영유아를 상대로 폭언을 한 사례에서 정서학대 여부를 판단함에 있어 〈사례 30〉은 의미 있는 지침이 될 수 있을 것이다.

19. 어린이집에서 발생한 정서학대의 예시

　지금까지 살펴본 신체학대 및 정서학대 사례들 중에는 어린이집에서 발생한 사례가 상당히 많다. 특히 정서학대와 관련하여서는 주로 어린이집에서 발생한 사례를 중점적으로 살펴보았다.
　신체학대는 상대적으로 이해하기 쉬운 반면, 정서학대에는 어떤 행위가 해당할 수 있는지 여전히 모호하다고 느끼는 독자들도 많을 것이다. 그런 의미에서 이번에는 다수의 아동학대행위로 인하여 처벌된 어린이집 아동학대 사례를 선정하여, 어떤 행위들이 정서학대로 판단되었는지 목록을 만들어 보기로 한다.
　목록에 포함된 행위들 중에는 지금까지 살펴본 유형의 행위도 있고, 그렇지 않은 행위도 있다. 그리고 당연한 말이지만 이것은 어디까지나 어린이집 아동학대에 대한 이해를 돕기 위하여 선정한 예시일 뿐, 목록에 포함된 행위들이 정서학대의 전부라고 생각해서는 안 된다.

> **사례 31**
> **보육교사 아동학대 54회 사건**
>
> 　행위자 B는 어린이집 보육교사로 2016.3.1. 신규 채용되어 근무하면서 2016.6.9.경부터 2016.8.23.경까지 어린이집 원생들을 상대로 총 54회에 걸쳐 신체학대 또는 정서학대에 해당하는 행위를 하였다.
> 　1심 법원은 B에게 징역 1년 6월과 80시간의 아동학대 치료프로그램 이수명령을 선고하고, 양벌규정에 따라 위 어린이집의 원장인 A에게 벌금 500만 원을 선고하였다.

2심 법원은 아동학대 여부에 대하여는 동일하게 인정하였으나, 행위자들이 모든 범행을 자백하면서 반성한 점, A는 피해아동들이 상담센터에서 상담을 받을 수 있게 하는 등 그들이 입은 상처를 치유하기 위해 노력한 점, 상당수 피해아동들의 부모로부터 용서를 받은 점 등을 참작하여 B에게 징역 1년과 80시간의 아동학대 치료프로그램 이수명령을 선고하고 A에게는 벌금 200만 원의 선고를 유예하는 선고유예 판결을 내렸다.

[사건번호]
창원지방법원 통영지원 2017.6.21. 선고 2016고단1955 판결
창원지방법원 2017.11.23. 선고 2017노1932 판결

위 〈사례 31〉의 1심 판결문에 첨부된 범죄일람표를 참조하여 정서학대로 판단된 행위의 목록을 만들면 표 3과 같다(행위태양이 중복되는 행위들은 생략하였다). 신체학대인지 정서학대인지 분류가 애매한 행위들도 있으나 그중에서 법원이 정서학대에 해당한다고 판단하거나, 신체학대와 정서학대에 모두 해당한다고 판단한 행위들만 정리하였다.

표 3. 〈사례 31〉 정서학대 목록

연번	행위
1	수업시간에 피해아동들 개인수업교구를 빼앗음. 이후 피해아동들이 수업에 참여하지 못하였으며 교실 한쪽에 방치됨
2	마트 견학하는 날로, 행위자 자리로 피해아동을 불러 목에 걸고 있는 목걸이 지갑을 낚아채듯 빼앗은 후 자리로 가라고 밀어 버리고, 서서 울다 옷에 오줌을 싼 피해아동을 약 20분간 방치하고 씻기거나 닦아 주지 않고 그대로 옷을 던져 주어 스스로 입게 함
3	별다른 이유 없이 피해아동으로부터 목걸이 지갑을 빼앗아 버리고 돌려주지 않음
4	마트 견학 후 어린이집으로 복귀하여 피해아동들을 각기 다른 벽면을 보게 하여 눌러 앉힌 후 손을 들고 있게 하고, 벌을 제대로 서지 않는다는 이유로 머리와 등짝을 손바닥으로 때리는 등 약 1시간 정도 벌을 세움
5	피해아동을 서랍장 벽면에 약 30분간 서 있으라고 하고 간식을 제공하지 않음
6	오전 간식을 주지 않아 친구들이 간식을 먹는 것만 지켜보게 함
7	피해아동들에게 오전 미술도구를 주지 않고 약 1시간 정도 수업에 참여시키지 않고 방치함
8	특별한 이유 없이 울리고 사각지대(보육교사 자리)로 오게 하여 혼냄
9	약 20분간 양손을 머리 위로 올려 벌을 세움
10	여자아이들만 가방을 들고 보육교사 자리로 오게 해서 줄을 세운 후 맨 앞에 있는 피해아동을 혼내고 밀친 후, 울고 있는 피해아동을 약 20분 동안 같은 자리에서 있게 방치함
11	점심 배식을 받기 위해 중간에 줄 서 있는 피해아동의 머리를 비닐장갑 낀 손으로 2회 밀어 옆으로 보내 배식을 주지 않고 다른 아동들이 모두 배식을 받은 후 제일 마지막에 배식함

12	머리에 손을 올리고 있는 피해아동의 양팔을 세게 잡은 후 피해아동을 강제로 들어 교실 앞으로 옮겨 야단을 침. 이후 피해아동을 빼고 수업 진행
13	오전 간식시간 죽 그릇을 가져온 아동 8명에게만 죽을 배식하고 죽 그릇을 챙겨오지 않은 5명의 아동들은 간식을 배식하지 않아 다른 아동들이 먹는 모습을 지켜보게 함
14	피해아동이 가벼운 장난을 쳤다는 이유로 머리에 손을 올리게 한 후 불러내 옷을 잡아당겨 약 1시간 정도 벌을 세우고, 피해아동이 벌을 서던 중 옷에 오줌을 쌌으나 닦아 주지 않고 오줌 싼 옷을 벗겨 스스로 갈아입게 함
15	아동들의 출석카드를 바닥에 던져서 나눠 줌
16	피해아동을 행위자 자리 앞으로 불러 혼을 내 울리고, 활동지를 어떻게 하는지 4번 물어보는 피해아동을 그냥 돌려보내고, 5번째 물어보는 피해아동의 활동지를 빼앗아 다른 아동들이 보는 앞에서 그 자리에서 찢어 버림
17	피해아동의 가슴을 주먹으로 치고, 얼굴을 꼬집어 흔들고, 울면서 바닥에 오줌을 싼 피해아동을 바로 닦아 주거나 씻겨 주지 않고 수건을 가져와 오줌 위에 덮어 둔 후 그 자리에 세워 둠. 서서 아무것도 하지 못하고 있는 피해아동에게 다가가 바로 서라고 하면서 귀를 잡아당김. 그 후 강압적으로 웃옷을 벗긴 후 약 30분간 벽면에 붙여 세워 두고 훈계를 하면서 피해아동의 배를 손으로 세 차례 찌르고 점심을 주지 않고 굶김
18	머리 위에 손을 올리게 한 후 수업에 참여시키지 않고 약 10분간 벽면에 세게 하여 벌을 세움
19	피해아동이 친구 위에 올라타 울렸다는 이유로 피해아동의 양볼을 세게 꼬집어 당겨 울리고 간식 트레일러 위에 피해아동의 양손을 올리게 하여 손바닥으로 피해아동의 손등을 7차례 때림. 그 후 밖에서 너비 5cm의 셀로판 테이프를 들고 교실로 들어와 피해아동의 손을 칭칭 감아 자리로 보냄
20	피해아동이 계속 장난을 친다는 이유로 피해아동의 입과 손에 셀로판 테이프를 붙임
21	피해아동들이 계속 장난을 친다는 이유로 피해아동들을 바닥에 앉힌 후 허벅지에 셀로판 테이프를 붙여 바닥에 고정시켜 움직이지 못하게 함

마찬가지로 다수의 아동학대행위로 인하여 처벌된 어린이집 아동학대 사례를 한 가지 더 살펴보자.

> **사례 32**
> **보육교사 아동학대 37회 사건**
>
> 행위자 A와 B는 같은 어린이집에 근무하던 보육교사이다.
> A는 2016.3.22.경부터 2016.7.5.경까지 어린이집 원생들을 상대로 총 32회에 걸쳐 정서학대를 하였으며, 2016.7.5.경 어린이집 원생인 피해아동 I가 교구를 발로 밟은 것에 대하여 화가 나 I의 발을 밟아서 약 3주간의 치료가 필요한 골절상을 입히는 신체학대를 1회 하기도 하였다.
> 한편 B는 2016.3.10.경부터 2016.6.29.경까지 어린이집 원생들을 상대로 총 4회에 걸쳐 정서학대를 하였다.
> 1심 법원은 A에게 징역 1년2월에 집행유예 2년과 160시간의 사회봉사와 40시간의 아동학대 예방강의 수강명령을, B에게 징역 6월에 집행유예 2년과 40시간의 아동학대 예방강의 수강명령을 선고하고, 양벌규정에 따라 위 어린이집의 원장인 C에게 벌금 700만 원을 선고하였다. 검사는 1심 판결의 선고 형량이 지나치게 가볍다는 이유로 항소했지만 2심 법원은 항소를 기각하였다.
>
> [사건번호]
> 울산지방법원 2017.3.30. 선고 2016고단3819 판결
> 울산지방법원 2017.7.7. 선고 2017노472 판결

위 〈사례 32〉의 1심 판결문에 첨부된 범죄일람표를 참조하여 정서학대로 판단된 행위의 목록을 만들면 표 4와 같다(A와 B의 행위를 구분하지

않았다). 신체학대인지 정서학대인지 분류가 애매한 행위들도 있으나 법원이 정서학대에 해당한다고 판단한 행위들만 정리하였다.

표 4. 〈사례 32〉 정서학대 목록

연번	행위
1	식사를 똑바로 하지 않고 자신의 말을 듣지 않는다는 이유로 피해아동의 상의를 잡아당기고 왼쪽 다리를 손으로 눌러 강압적으로 바른 자세를 앉힌 다음 양쪽 팔을 잡아당기며 숟가락을 쥔 손을 억지로 피해아동의 입에 넣고 식판째로 얼굴 가까이 하여 밥을 먹도록 함
2	피해아동이 교구를 혼자서 가지고 놀려고 한다는 이유로 왼쪽 팔을 잡아 끌어 일으킨 후 피해아동이 반항하자 팔을 잡아끌어 일으키고 교실 밖으로 데리고 나감
3	낮잠에 덜 깨어 정리를 하려고 하지 않는다는 이유로 양팔을 잡아당겨 일으키고, 제대로 이불 정리를 하지 못하자 똑바로 할 것을 강요
4	피해아동이 먹고 싶어 하지 않는 반찬이 있자, 숟가락을 쥔 피해아동의 손을 잡고 거부하는 피해아동의 입에 집어넣고 뱉지 못하도록 한 후 더 먹도록 배식하고 피해아동의 입에 억지로 넣음
5	피해아동이 수업시간에 다른 곳을 펼쳐 놓는다는 이유로 보드마카로 강하게 책상을 내리친 후 피해아동의 교구만을 빼앗아 피해아동이 울게 하고, 다른 아동들은 이를 공포스러운 눈으로 계속 바라보게 하였으며 피해아동이 교구를 돌려달라고 함에도 돌려주지 않고 화장실로 보냄
6	피해아동이 식사 전에 자신의 말을 듣지 않고 제대로 앉지 않으려 하자 잡고 있던 팔을 놓아 뒤로 넘어지게 한 후 바닥에 누워 반항하는 피해아동의 다리를 잡아 끌어 일으킨 후 수차례 피해아동을 흔듦
7	피해아동이 이불을 가지고 장난을 치자 피해아동의 왼쪽 팔을 잡아끌어 넘어뜨리고 앉아 있는 피해아동의 다리를 두 번 참

8	이미 울고 있는 피해아동에게 바닥에 떨어진 것을 닦도록 하고, 피해아동이 제대로 하지 못하며 계속 울고 있자 오른쪽 팔을 낚아채듯이 일으켜 피해아동이 이에 놀라 계속하여 울면서 도망치듯이 가게 함
9	먹지 않겠다고 몸을 숙이고 있는 피해아동을 억지로 일으켜 입에 음식물을 넣고, 피해아동이 토하려고 하면서 음식물을 뱉자 이를 치우게 하고, 다른 아동들이 밥을 먹는 동안 혼자 교실 중앙에서 벌을 서도록 함
10	피해아동이 간식을 받기 위해 제일 앞에 서자 뒤로 가게 한 후, 다시 불러 세워 놓고 오른쪽 팔을 잡아끌어 행위자의 뒤에 서 있게 한 후 다른 아동들에게 간식 배식을 함
11	피해아동이 이불 정리를 제대로 하지 못하자 신경질을 내고 이불을 풀어 헤치고 화를 내며 베개를 바닥에 내리치고, 방법을 몰라 머뭇거리는 피해아동에게 알려주지 않고 일방적으로 이불과 베개를 빼앗고, 피해아동만 간식을 주지 않고 기다리게 함 위와 같은 과정에서 다른 아동의 이불을 받아 주지 않고, 다른 아동이 기다리다가 바지에 소변을 보고 울자 극도의 신경질적인 반응을 보임
12	피해아동이 간식을 제대로 먹지 않는다는 이유로 불러 세워 놓고 울먹이는 피해아동의 빵을 빼앗고 다른 아동들이 보는 앞에서 지속적으로 훈계한 후 빵을 탁자 위에 집어던져 피해아동으로 하여금 울게 함
13	피해아동이 이름표를 손에 떼서 들고 있는 모습을 발견하고, 피해아동이 저항함에도 이름표의 옷핀으로 피해아동의 손에 찌르려고 하고 그 과정에서 피해아동을 수차례 흔듦
14	피해아동이 자신의 말에 집중하지 않고 양말을 만진다는 이유로 다른 아동들이 보는 앞에서 앞으로 불러 세워 놓고 다리를 잡아 피해아동을 넘어뜨리고 양말을 벗겨 울게 함
15	피해아동이 다른 아동의 얼굴을 때리는 등 장난을 쳤다는 이유로 가까이 오라고 한 후 오른손으로 피해아동의 왼손을 잡고 1회 흔들고, 다른 아동에게 양손으로 피해아동의 가슴을 3회 밀게 하고, 다른 아동이 약하게 밀자 행위자가 다른 아동의 손을 뒤에서 잡고 피해아동의 가슴을 강하게 밂

16	숟가락을 제대로 잡지 못한다는 이유로 화를 내며 피해아동의 왼손을 낚아채듯이 잡아당기고 오른손으로 숟가락을 내리치듯이 빼앗아 피해아동이 울고 있음에도 밥을 먹게 한 후, 숟가락을 입에 넣은 피해아동의 뒤통수를 앞으로 강하게 밀어 피해아동이 구역질을 하게 함
17	피해아동이 교구를 가지고 놀지 않고 교실 뒤에 서 있자 앞으로 불러내서 이름표를 강하게 빼앗아 피해아동이 약 18분간 울고 있음에도 전혀 관리를 하지 않은 채 다른 아동들과 대화를 함
18	피해아동이 간식으로 나온 요구르트를 먹지 않는다는 이유로 왼팔로 피해아동의 등과 목 부분을 잡아 반항하지 못하게 억압하여 숟가락으로 요구르트를 강제로 먹인 후, 숟가락을 쥔 피해아동이 오른손을 붙잡고 억지로 입에 넣게 함
19	피해아동이 밥을 먹지 않는다는 이유로 오른팔을 잡아서 수회 흔들고, 밥을 뱉으려 하자 뱉지 못하게 이마를 눌러 고개를 뒤로 젖히고 팔을 잡아당기고, 계속하여 피해아동의 몸을 흔들고 숟가락으로 강제로 밥을 먹임
20	피해아동이 식사 준비를 하지 않으려고 하며 식판으로 장난을 친다는 이유로 강하게 식판을 빼앗아 옆으로 내동댕이치고 이에 피해아동이 울게 함
21	피해아동이 넥타이로 장난을 치고 있다는 이유로 책으로 책상의 왼쪽 앞을 내리쳐 놀라게 하고 넥타이를 과격하게 벗겨 버린 후 피해아동이 우는 것에 아랑곳하지 않고 수업을 진행
22	피해아동이 숟가락을 제대로 사용하지 않고 장난을 친다는 이유로 신경질적으로 추가 배식을 한 후 식판을 빼앗아 자신의 옆으로 오게 함
23	피해아동이 낮잠을 자고 일어나 간식을 먹지 않으려고 하자 왼쪽 팔을 강하게 잡아당겨 뒤로 넘어질 듯하게 하고, 이에 피해아동이 울자 강하게 양쪽 팔을 순차적으로 내린 후 화장실 문 앞으로 피해아동을 옮겨 앉히고 다시 손을 얼굴 쪽으로 2회 잡아당김. 직후 다른 아동이 이불을 제대로 개지 않았다는 이유로 이불 등을 던져 버림
24	점심식사 도중 피해아동이 숟가락으로 비행기가 날아가듯이 장난을 친다는 이유로 숟가락을 잡은 손을 낚아채어 강하게 휘둘러 피해아동의 이마에 숟가락이 맞게 하여 피해아동이 울게 함

25	피해아동이 활동지에 참가하지 않는다는 이유로 피해아동의 왼쪽 팔을 낚아채 피해아동을 흔들고, 피해아동이 울기 시작하자 계속해서 활동지를 할 것을 종용하다가 피해아동이 계속해서 울자 왼쪽 팔을 잡아 교실 밖으로 끌고 나감
26	간식을 느리게 먹는다는 이유로 피해아동의 엉덩이와 등 부위를 오른발로 차듯이 밀고 지나가고, 피해아동을 계속해서 혼자서 간식을 먹게 함
27	피해아동이 식사 준비를 하지 않는다는 이유로 식판 가방을 빼앗아 교구장 위에 던져 버리고 우는 피해아동을 방치한 채 다른 아동들에게 배식을 함
28	낮잠시간에 피해아동이 제대로 눕지 않고 몸을 웅크리는 등의 행위를 한다는 이유로 피해아동의 오른팔을 잡아끌어 강제로 세우고 강하게 흔든 후, 다른 아동들이 누워 있는 곳에서 계속해서 우는 피해아동을 앉혀 둠
29	피해아동이 장난을 친다는 이유로 다른 아동들만 체육활동을 하게 하고 피해아동을 배제시켜 체육활동을 극히 적게 하도록 함
30	피해아동이 간식을 제대로 먹지 않는다는 이유로 피해아동의 왼손을 밀고 살짝 때리고, 행위자의 왼손으로 피해아동의 얼굴을 강하게 잡아당긴 후, 피해아동의 왼팔을 잡아 질질 끌고 교실 밖으로 나가고, 피해아동으로 하여금 모두 먹을 때까지 감시하면서 중간에 피해아동의 손과 허벅지 부위를 툭툭 침
31	수업시간에 집중하지 못한다는 이유로 피해아동의 양팔을 잡아당기고 피해아동을 양손으로 밀고 다시 피해아동의 다리를 잡은 후 다시 미는 등 피해아동을 흔듦
32	간식에 집중하지 못한다는 이유로 손으로 피해아동의 배를 쿡쿡 찌르고 팔과 귀를 잡아당김
33	피해아동이 점심을 제대로 먹지 않는다는 말을 듣고 다가와 피해아동의 양팔을 잡아당기고 엉덩이 쪽을 잡아 앉힌 후, 피해아동이 울면서 눈물을 닦자 손을 막고 피해아동이 넘어지자 피해아동을 밀어 바닥에 굴리고, 피해아동 방으로 끌고 가 의자에 강제로 앉힌 후 손가락으로 피해아동이 볼 올 때리고 양손으로 얼굴을 잡아 수차례 흔듦

34	피해아동이 밥을 제대로 먹지 않는다는 말을 듣고 다가와 숟가락에 밥을 떠 고개를 돌리는 피해아동의 입에 억지로 밥을 넣은 후, 피해아동이 밥을 뱉자 이를 다시 주워서 입에 넣고 숟가락으로 입을 막음
35	A가 피해아동을 학대한 이후, 개선되지 않는다는 이유로 B가 피해아동을 자신의 반으로 끌고 가 자신에게 오지 않으려는 피해아동의 옷을 잡아당기고 팔을 계속해서 잡아당기고 이후 피해아동의 입에 억지로 음식을 넣은 후 손으로 입을 막음
36	울고 있는 피해아동의 손을 3회 막고 무릎을 꿇고 있는 피해아동의 오른팔을 잡고 교실 밖으로 끌고 나감

20. 훈육을 빙자한 가정 내 정서학대

　정서학대와 관련하여 주로 어린이집에서 발생한 사례를 중점적으로 살펴본 이유는 정서학대가 주로 어린이집에서만 발생하기 때문이 아니다. 오히려 그 반대로, 어린이집에서 발생한 정서학대 사례들 중에는 '과연 이것도 정서학대일까?' 하는 의문이 들 만큼 판단이 애매한 사례가 많기 때문이다.

　반면 가정 내에서 발생하여 처벌된 정서학대 사례들은 그 정도가 매우 심각하거나, 신체학대 등 다른 유형의 학대와 함께 처벌된 사례가 대부분이다. 경미한 수준의 정서학대로 처벌된 사례는 좀처럼 찾아보기 어려운데, 그 이유는 쉽게 짐작할 수 있다. 어린이집의 경우 경미한 수준의 정서학대라도 피해아동의 부모에 의하여 신고될 수 있는 반면, 가정 내에서 발생한 정서학대의 경우 그 정도가 심각해지기 전까지는 발견되지 못하는 경우가 많기 때문이다.

　가정 내 정서학대 역시 훈육을 빙자해서 행해지는 경우가 많다. 여기 그러한 사례를 살펴보기로 한다.

사례 33

친부 부엌칼 사건

　행위자는 피해아동의 친부로, 2013.4.경 거실에서 자고 있던 피해아동(당시 12세)에게 다가가 무섭고 낮은 목소리로 "조용히 가만히 있어"라고 말한 후 피해아동의 하의를 벗기고 간음한 것을 비롯하여 2017.4.경까지 피해아동을 지속적으로 성학대하였다. 피해아동은 행위자가 평소 몽둥이를 들고 피해아동을 혼내곤 했기 때문에 행위자가 두려워서 성학대 사실을 친모에게도 말하지 못했다.

2017.9.말경 행위자는 피해아동(당시 17세)이 어깨와 등에 문신을 한 것을 보고 화가 나서 "이 새끼, 쌍놈의 새끼, 니가 성인이냐? 니 돌았냐? 돌아이냐?"라고 욕설을 하면서 피해아동의 이마 부위를 주먹으로 1회 때려 뒤통수가 벽에 부딪히게 하고, "칼 가져와라, 문신 도려낸다"고 말하였으며, 부엌 싱크대 위에 있던 부엌칼을 집어들었다가 행위자의 아내가 말리자 내려놓기까지 하였다.

2017.10.초순경 행위자는 피해아동이 화장실에서 담배를 피운 것을 알고 화가 나서 "니가 날라리냐, 또라이 새끼, XX년의 새끼"라고 욕설을 하면서 안마기와 당구채로 피해아동을 때릴 듯이 위협하였다.

1심 법원은 성학대와 관련하여서는 성폭력범죄의처벌등에관한특례법위반(13세미만미성년자위계등간음), 아동·청소년의성보호에관한법률위반(위계등간음) 혐의를 인정하면서도 2017.9.말경과 2017.10.초순경의 행위에 대하여는 훈육이라는 이유를 들어 무죄로 보고, 행위자에게 징역 10년과 120시간의 성폭력 치료프로그램 이수명령을 선고하였다. 그러나 2심 법원은 1심 법원이 무죄로 본 행위도 정서학대로 보아 아동복지법위반(아동학대) 혐의를 인정하고, 1심 판결에 더하여 벌금 5백만원을 선고하였다. 대법원은 2심 판결을 확정하였다.

[사건번호]
제주지방법원 2018.3.22. 선고 2017고합194 판결
광주고등법원 2018.6.20. 선고 (제주)2018노29 판결
대법원 2018.9.13. 선고 2018도10987 판결

친부가 친딸을 지속적으로 성학대한 사실만으로도 충격적이지만, 정서학대 역시 그 정도가 심각하다. 그럼에도 1심 법원은 다음과 같은 이유를 들

어 정서학대 부분을 무죄로 판결했는데, 이는 부모의 훈육에 법원이 얼마나 관대한가를 보여 주는 단적인 예라고 할 수 있다.

판결문 읽기

(1) 미성년자인 피해자가 그 몸에 문신을 하거나 담배를 피우는 행위는 우리 사회의 건전한 통념상 허용될 수 없는 것으로서 일반적으로 보호자의 그에 대한 적절한 교양 및 훈육이 필요한 행위에 해당하고, 피해자로서도 자신의 그와 같은 행위가 부적절한 것이며 그 사실이 부모에게 알려질 경우 부모로부터 그에 따른 훈계를 받게 되리라는 점은 당연히 예측이 가능한 일인 까닭에, 자신이 몸에 문신을 하거나 담배를 피움으로 말미암아 그 아버지인 피고인으로부터 훈계를 받았다는 사정만으로 '피해자가 사물을 느끼고 생각하여 판단하는 마음의 자세나 태도가 정상적으로 유지되고 성장하는 것이 방해되었다거나 그에 대하여 현저한 위험이 초래'되었다고는 보이지 아니한다.

(2) 피고인이 공소사실 기재와 같은 말이나 행동을 한 것은 그 딸이자 미성년자인 피해자가 몸에 문신을 하거나 담배를 피운 것을 알게 되어 이를 훈계하기 위한 것으로 보이고, 판시 범죄사실 기재와 같이 피고인이 피해자를 수회 간음한 행위와는 무관한 것으로 보인다. 보호자의 훈계와 정서적 학대의 경계가 때로는 모호할 수 있고, 당시 피고인이 피해자의 잘못된 행위에 화가 나 있었던 까닭에 그 언동이 보기에 따라서는 다소 과하였던 것으로 평가될 소지가

있으나, 피고인이 훈계의 목적이 아닌 다른 목적으로 위와 같은 언동을 한 것으로는 보이지 아니하며, 또한 피고인이 자신의 말처럼 문신을 도려내기 위하여 실제로 칼을 가져왔다거나 안마기와 낭구채로 피해자를 때리기에 이른 것도 아니다.

(3) 부모는 그 자녀가 건강한 사회인으로서 성장할 수 있게끔 교양하고 훈육하여야 할 의무를 지는 것인바, 피고인이 판시 범죄사실 기재와 같이 그 딸인 피해자를 수회 간음하는 등 차마 아버지라 할 수 없는 행위를 한 것은 사실이지만, 그러한 사정으로 말미암아 자신이 부모로서 부담하여야 할 의무를 면제받을 수는 없는 것이며, 오히려 미성년자인 자신의 딸이 위와 같은 잘못을 묵과하고 모른 채 방임하는 것이 정서적 학대행위에 해당할 수 있다. (제주지방법원 2018.3.22. 선고 2017고합194 판결)

길게 설시했지만 위 1심 법원의 논리는 다소 거칠게 옮기면 "어린 것이 문신도 하고 담배도 피우다니 혼날 짓을 했고, 그런 건 혼을 내 줘야 잘한 일이지 가만히 뒀으면 그게 더 잘못한 일이다. 진짜 칼로 도려낸 것도 아니고 진짜 도구로 때린 것도 아닌데 뭐가 문제냐?" 하는 말과 다를 바가 없겠다.

다행히 2심 법원은 1심 판결을 파기하고 다음과 같은 논리로 정서학대를 인정하였다.

판결문 읽기

앞서 본 바와 같이 피고인은 어려서부터 피해자를 강간해 왔고 피해자를 훈계함에 있어서도 지나치게 폭력적인 방법을 사용해 왔으며, 이로 인해 피해자는 피고인에게 두려움과 공포심을 갖게 되었을 것으로 보인다. 이와 같은 상황에서 이 사건 당시 피고인은 피해자에게 심한 욕설을 하였고, 주먹으로 이마를 때렸으며, 칼이나 당구채 등으로 피해자를 위협하였는바, 그동안 피고인이 보인 행동들에 비추어 보면 피고인의 위협적인 행동들은 단순한 경고나 훈계 차원의 행위로 보기 어렵고, 피해자로서도 이를 단순한 경고나 훈계로 인식하지 않았을 것으로 보인다.

이상과 같은 피고인과 피해자와의 관계, 피해자에게 가해진 유형력의 정도, 피고인이 위와 같은 언동을 하게 된 동기와 경위, 피고인의 평소 성향, 행위 당시의 태도 등을 종합해 보면, 피고인의 위와 같은 행위는 정상적인 훈계의 범위를 벗어난 것으로서 그로 인해 피해자의 정신건강과 그 정상적인 발달을 저해하거나 그러한 결과를 초래할 위험이 발생하였다고 인정할 수 있으므로 위 공소사실 기재와 같은 피고인의 행위들은 아동복지법 제17조 제5호의 정서적 학대행위에 해당한다고 봄이 상당하고, 피고인이 다른 목적이 아닌 훈계의 목적으로 그 행위들을 한 것이라거나 실제로 칼을 가져오거나 안마기와 당구채로 피해자를 때리지 않았다고 하여 달리 볼 것은 아니다. (광주고등법원 2018.6.20. 선고 (제주)2018노29 판결)

위와 같이 2심 법원은 피해아동이 행위자에게 두려움과 공포심을 갖고 있었던 사정 등을 고려하여 정서학대라는 결론을 내렸다.

유사한 사례를 하나 더 살펴보면 다음과 같다.

사례 34
휴대전화 파손 사건

행위자는 피해아동의 친모 D와 2005년경부터 사실혼 관계에 있다가 2009.1.23. 혼인신고를 하였으며 2010.3.19. 피해아동을 친양자 입양신고하였다. 2010.3.19. 행위자는 D와 이혼한 후에도 피해아동을 계속 양육하여 왔다.

2009.겨울경 행위자는 피해아동(당시 8세)이 휴대전화를 이전에도 2~3회 정도 잃어버린 적이 있는데 또 잃어버렸다가 찾았다는 이유로 피해아동에게 "많이 잃어버려서 필요가 없을 것 같다"고 하면서 피해아동 앞에서 피해아동의 소중한 물건인 휴대전화를 망치로 깨뜨렸다(범죄일람표 1항).

2010.경에는 피해아동이 친구들과 놀고 있을 때 아무런 이유 없이 다른 사람이 보는 앞에서 배드민턴 채 손잡이 부분으로 피해아동을 때리기도 했으며(범죄일람표 2항), 행위자가 만든 음식을 피해아동이 맛있게 먹었다는 이유로 "왜 다 먹냐, 네가 그러니까 살이 찌는 거다"라고 말하며 피해아동의 머리를 손으로 때리기도 했다(범죄일람표 3항). 피해아동이 밤에 잠을 자지 않는다는 이유로 몽둥이로 종아리를 때리고 "그럴 거면 밤새 자지 마라"고 하면서 벽을 보게 하며 세워 두기도 했다(범죄일람표 4항).

2011.여름경에는 피해아동에게 시험공부를 가르쳐 주면서 쉬운 문제를 틀린다는 이유로 쇠로 된 몽둥이로 종아리를 때리기도 했다(범죄일람표 5항).

2014.여름경에는 피해아동이 안경을 잃어버리고 찾으려는 노력을 하지 않는다는 이유로 피해아동의 머리를 휴대전화로 1회 세게 때리기도 했다(범죄일람표 6항). 행위자가 피해아동에게 준 음료수를 마시지 않았다는 이유로 피해아동을 잠옷 차림에 맨발 상태로 집 밖으로 내쫓아 1시간 정도 방치하기도 했다(범죄일람표 7항).

2015.여름경에는 행위자의 말을 듣고 웃었다는 이유로 발로 피해아동의 배를 차고 머리를 때리기도 했으며(범죄일람표 8항), 별다른 이유 없이 식칼을 들고 피해아동을 위협하면서 엄마와 재혼할 사람인 K를 불러오라고 하기도 했다(범죄일람표 9항).

행위자는 2011.여름경 피해아동(당시 9세)에게 행위자의 성기를 손으로 잡고 위아래로 흔들게 하기도 했으며, 2015.8.경 피해아동(당시 13세)을 강간하는 등 지속적으로 피해아동을 성학대하기도 했다.

법원은 행위자의 위 행위들을 모두 유죄로 판결하였다. 범죄일람표 1항부터 9항까지의 행위들은 모두 정서학대에 해당한다고 보았으며, 그중에서 2항, 5항, 6항, 8항의 행위는 동시에 신체학대에도 해당한다고 보았다.

[사건번호]
부산지방법원 동부지원 2017.1.24. 선고 2016고합158, 2016전고10(병합) 판결
부산고등법원 2017.7.5. 선고 2017노82, 2017전노12(병합) 판결
대법원 2017.9.21. 선고 2017도10993 판결

위 〈사례 34〉는 정서학대로 판단된 다양한 행위들을 확인할 수 있는 사례다. 특히 피해아동의 소중한 물건인 휴대전화를 깨뜨린 행위도 정서학대에 해당한다고 본 점을 참고할 만하다.

21. 부부싸움 노출도 정서학대다

"가정폭력"이란 가정구성원 사이의 신체적, 정신적 또는 재산상 피해를 수반하는 행위를 말한다(「가정폭력범죄의 처벌 등에 관한 특례법」 제2조 제1호). 가정 내에서 발생하는 아동학대는 아동학대인 동시에 가정폭력이기도 한 셈이다.

가정 내 아동학대 사례 중에는 아동 이외의 다른 가정구성원, 특히 행위자의 배우자에 대한 가정폭력이 동반되어 있는 사례가 적지 않다. 폭력 성향이 있는 행위자는 배우자와 아동을 가리지 않고 가정구성원들에게 폭력을 행사하기 때문이다. 부부싸움으로 촉발된 배우자 간 가정폭력이 곁에 있는 아동에게까지 번져서 아동이 가정폭력의 희생자가 되는 안타까운 사례도 있다.

법원은 아동에게 가정폭력 또는 부부싸움을 노출하는 행위도 별도의 정서학대에 해당할 수 있다고 본다. 〈사례 6〉 평택 아동 살해 암매장 사건으로 돌아가 보자. 2심 법원은 피해아동 G가 사망하기 이전에 행위자들이 심하게 부부싸움을 하면서 이를 피해아동들(E와 G)에게 노출한 행위도 정서학대에 해당한다고 보고 별도로 아동복지법위반(아동학대)죄를 인정하였다. 판결문을 통해 그 부분의 자세한 사실관계와 이에 대한 판단을 알아보면 다음과 같다.

판결문 읽기

(1) 피고인들이 부부싸움을 한 이유는 주로 피해자들의 양육 문제였으며, 피고인들이 서로 욕설을 하며 부부싸움을 하였고, 피고인 A는 부부싸움을 할 때마다 가재도구를 집어던져 집안을 어지럽히는 한편 피해자들을 지칭하면서 입에 담기조차 힘든 욕설을 하였는데, 피고인들은 위와 같은 경위로 부부싸움을 한 사실 자체는 인정하고 있다.

(2) 피고인 A는 수사기관에서, "아이들(피해자들)과 B이 다 있는 자리에서 술 먹고 집안에 있는 온갖 물건들을 집어던지고 부수면서, '진짜 나 힘드니까, 숨도 못 쉬겠어, 미치겠어, 제발 다른 곳 좀 알아봐 달라'고 말하고, 아이들을 지칭하면서 '개새끼, 미친새끼, 돌대가리 같은 것들'이라고 … 말하였다. 아이들은 다른 방에 있는 경우도 있었지만, 집이 좁고 제가 큰 소리로 소리를 지르다 보니 다 들렸을 것이다"라거나, "B과 다툴 때 G은 방에 있었지만 소리를 지르면서 싸웠으니까 (나와 B이 하는 얘기가) 들렸을 것 같다"는 취지로 진술하였다.

(3) 피고인 A는 2014.5.경 부부싸움을 하던 중 "너네(피해자들) 다 나와"라고 소리를 지르고, 피해자들이 방에서 나오자 피해자 E의 배를 발로 걷어차면서 피해자 E에게 직접적으로 유형력을 행사하였으며 … 2015.1.25.경 및 2015.3.30.경에는 피고인 A가 가위로 피해자들의 옷을 찢어 버리거나 … 피죤을 던져 피해자들의 옷을

포함하여 바닥이 젖게 하였고 … 이로 인하여 피해자 E이 입을 옷이 없어 학교에 등교하지 못하기도 하였다. 2016.1.하순경에는 역시 부부싸움을 하던 중 피고인 A가 피고인 B을 피해자 G이 있던 화장실에 들어가게 하여 불을 끈 후, "거기서 G이랑 같이 자"라고 고함을 치면서 문고리를 잡고 피고인 B이 나오지 못하게 하였고, 이에 피고인 B은 피해자 G이 세면대 옆에 몸을 피해 있으면서 피고인 B을 지켜보는 가운데 팔꿈치와 무릎으로 화장실 안쪽 문고리 부분을 수회 내리치기도 하였다.

…

(5) 이처럼 피고인들이 과격한 방식으로 부부싸움을 하는 동안, 피해자들은 그 장면을 지켜보거나 소리를 듣고 때로는 직접 폭행을 당하였으며, 부부싸움의 결과 가위로 찢겨지거나 피죤에 젖은 자신들의 옷가지나 어지러진 집안을 보면서 언제 자신들에게도 위해가 가해질지 모른다는 극도의 불안과 두려움을 느꼈을 것으로 보이고, 피해자들로서는 자신들이 유일하게 의지할 수 있는 대상인 친부와 계모가 다른 내용도 아닌 자신들을 데리고 살기가 싫다는 내용으로 싸움을 하는 것을 보면서 극심한 정신적 고통을 받았을 것임을 짐작할 수 있다.

(6) 위와 같은 사정들을 앞서 본 법리, 관련 법령의 규정내용과 입법취지 등에 비추어 살펴보면, 비록 피고인들이 피해자들에게 정서적 학대행위를 하려는 확정적인 고의는 없었다 할지라도, 이 부분 공소사실 기재와 같이 가재도구를 집어던지거나 피해자들의 신체나

물건에 유형력을 가하고, 피해자들을 지칭하여 입에 담지 못할 욕설을 하면서 피해자들의 양육 문제로 격렬하게 부부싸움을 한 행위는 아동복지법상 금지되는 '아동의 정신건강·복지를 해치거나 정상적 발달을 저해할 수 있는 행위'로서 '정서적 학대행위'에 해당한다고 보아야 하고, 피고인들은 자신들의 행위로 인하여 피해자들의 정신건강 및 발달을 저해하는 결과가 발생할 위험 또는 가능성이 있음을 미필적으로나마 인식하고 있었을 것이라고 봄이 상당하다. (서울고등법원 2017.1.20. 선고 2016노2568 판결)

〈사례 6〉 평택 아동 살해 암매장 사건의 핵심은 물론 피해아동 G를 사망케 한 행위자들에게 살인죄를 적용한 부분이지만, 정서학대 판단에 있어서도 참고할 만한 사례라고 할 수 있을 것이다.

가정폭력 노출을 정서학대로 본 다른 사례를 살펴보면 다음과 같다.

사례 35

1세 아동 가정폭력 노출 사건

행위자는 피해아동 C의 친부이다.
2016.7.6.경 행위자는 C(당시 1세)가 보는 가운데 자신의 배우자이자 C의 친모인 B와 말다툼을 하면서 욕설을 하고 고함을 질렀으며, B의 머리를 잡아 흔들고 얼굴을 손으로 수회 때리고 넘어진 B의 옆구리를 발로 밟는 등 폭행하여 약 2주간의 치료를 요하는 좌측 흉부, 우측 경부 좌상을 가하였다.

2017.7.19.경 행위자는 B가 C(당시 2세)를 근무지에 데리고 가려고 한다는 이유로 화가 나(어떤 목적으로 B가 C를 데려가려고 했는지, 행위자가 왜 그것 때문에 화가 났는지는 불명) B의 왼쪽 어깨 부위를 손으로 잡아당기고, B의 팔을 붙잡아 비틀고 잡아당겨 B로부터 C를 빼앗은 다음 C를 침대에 내던지고, 이에 C가 울음을 터뜨리자 "입 닥쳐"라고 말하였다.

행위자는 B의 신고로 인하여 경찰 수사를 받게 되자 B에게 신고 일체를 취소하라고 협박하기도 하였다. 한편 수사 결과 행위자가 주민센터 복지 담당 직원을 기망하여 기초생활수급자지원금을 부정한 방법으로 교부 받은 사실도 드러났다.

행위자는 상해, 폭행, 아동복지법위반(아동학대), 특정범죄가중처벌등에관한법률위반(보복협박등), 사기, 국민기초생활보장법위반 혐의로 기소되었다. 최종적으로 행위자에게는 징역 2년6월과 80시간의 아동학대 치료프로그램 이수명령이 선고되었다.

[사건번호]
수원지방법원 2018.9.20. 선고 2018고합132 판결
서울고등법원 2019.5.16. 선고 2018노2830 판결
대법원 2019.8.14. 선고 2019도7472 판결

위 〈사례 35〉의 1심 재판은 국민참여재판으로 진행되었다. 배심원들은 다음과 같은 이유로 행위자의 아동복지법위반(아동학대) 혐의에 대하여 만장일치로 유죄 의견을 냈다.

판결문 읽기

① 피고인이 피해아동에게 행한 행위의 태양이 상당히 위험하고 공포스러웠다.

② 피해아동의 아버지인 피고인이 피해아동의 어머니인 B에게 폭력을 행사하는 장면을 피해아동으로 하여금 보고 듣거나 경험하게 하는 것 자체가 피해아동의 정서에 매우 부정적으로 작용할 것임은 경험칙상 명백하다.

③ 피고인의 행위의 폭력성이 그 정도가 심하였던 관계로 피해아동이 만 1~2세의 아주 어린 나이였다고 하여 정서적으로 느끼지 못할 것이라고도 도저히 볼 수 없다. (수원지방법원 2018.9.20. 선고 2018고합132 판결)

위와 같은 배심원들의 평결 결과는 가정폭력을 아동에게 노출하는 행위를 정서학대로 처벌하는 것이 국민 정서에도 부합한다는 근거가 될 수 있겠다.

22. 운전 중 아동의 보호자에게 폭언, 아동학대일까

아동복지법 제17조 제5호는 "누구든지" 아동의 정신건강 및 발달에 해를 끼치는 정서적 학대행위를 하는 것을 금지하고 있기 때문에 보호자가 아닌 사람이라도 정서학대에 해당하는 행위를 한 경우 처벌대상이 된다. 따라서 아동에게 폭언과 위협 등을 한 경우 처벌될 수 있다.

보호자가 아닌 사람이 아동에게 폭언 등을 하여 처벌된 예로는 다음의 사례가 있다.

사례 36

지하주차장 욕설 사건

행위자는 아파트 지하주차장 내에서 주차를 하기 위해 진입이 금지된 장소로 차량을 진입하려고 했는데, 그곳에서는 피해아동 C(사건당시 7세)와 그 아버지 D가 오토바이를 점검하고 있었다. 한국말이 서툰 D가 진입 금지라고 손짓을 하면서 영어로 소리치자 행위자는 시비를 걸었고, 이에 C가 대신 나서서 한국말로 상황을 설명하려고 했으나 행위자는 C에게 삿대질을 하면서 주차장 구석에 몰아넣은 후 "미친 년아, 증거 있어, 증거 대"라고 욕설을 하며 손으로 때리려는 시늉을 하였다.

1심 법원은 행위자에게 아동복지법위반(아동학대)죄를 인정하여 벌금 200만 원을 선고하였다. 2심 법원은 항소를 기각하였다.

[사건번호]
대구지방법원 김천지원 2017.7.18. 선고 2017고정172 판결
대구지방법원 2018.2.8. 선고 2017노3358 판결

유독 자동차 운전대만 잡으면 사람들이 더 거칠어지고 욕설과 폭언 등을 서슴지 않는 경향이 있다. 서양에도 "운전을 배워야 진짜로 욕하는 법을 배우게 된다(You never really learn to swear until you learn to drive)"는 농담이 있는 것을 보면 우리나라만의 문화는 아닌지도 모르겠으나, 분명 잘못된 문화이므로 개선이 필요하다. 특히 아동이 들을 수 있는 상황에서 욕설 등을 하는 행위는 있어서는 안 될 것이다.

운전 중 시비가 붙었을 때에 상대방 자동차 안에 아동이 타고 있는데도 아동의 보호자를 향해서 욕설과 폭언 등을 하거나, 심한 경우 폭행까지 하는 사례가 종종 언론에 보도되거나 SNS를 통해 전파되면서 국민들의 공분을 사고 있다.

위와 같은 행위들은 그 정도가 심한 경우에는 다른 법률에 의하여 처벌될 수 있겠지만, 과연 아동복지법에 의하여도 정서학대로 판단되어 처벌될 수 있을까? 관련하여 법원의 판결을 받은 사례를 살펴본다.

사례 37

운전 중 폭언 사건

행위자는 도로에서 트럭을 운전하던 중, 옆 차선에서 승용차를 운전하던 B가 갑자기 차선을 변경하여 행위자의 진로를 방해하였다는

이유로 화가 나서 자신의 트럭으로 B의 승용차 앞을 가로막아 정차한 뒤 B의 승용차 운전석 쪽으로 다가갔다.

승용차 안에는 B의 자녀인 피해아동 C(사건당시 5세)와 그보다 어린 동생이 타고 있었음에도, 행위자는 열린 창문 사이로 B에게 삿대질을 하며 큰 소리로 "이년은 어떻게 자식 태우고 그 짓을 다 하고 있어. XX년이 진짜. 운전 똑바로 하고 다녀 미친 년아" 등의 욕설을 하였다.

1심 법원은 아동복지법위반(아동학대)과 경범죄처벌법위반 혐의를 인정하여 벌금 200만 원을 선고하였다. 그러나 2심 법원은 아동복지법위반(아동학대) 혐의를 무죄로 보고 경범죄처벌법위반 혐의만 인정하여 벌금 10만 원을 선고하였다.

[사건번호]
수원지방법원 안양지원 2018.9.19. 선고 2017고단2518 판결
수원지방법원 2019.4.12. 선고 2018노6025 판결

행위자에게 최종적으로 인정된 경범죄처벌법위반 혐의와 관련한 규정을 먼저 참고로 알아보면 다음과 같다.

> **경범죄 처벌법**
>
> **제3조(경범죄의 종류)** ① 다음 각 호의 어느 하나에 해당하는 사람은 10만원 이하의 벌금, 구류 또는 과료(科料)의 형으로 처벌한다.
> 19. (불안감조성) 정당한 이유 없이 길을 막거나 시비를 걸거나 주위에 모여들거나 뒤따르거나 몹시 거칠게 겁을 주는 말이나 행동으로 다른 사람을 불안하게 하거나 귀찮고 불쾌하게 한 사람 또는 여러 사람이 이용하거나 다니는 도로·공원 등 공공장소에서 고의로 험악한 문신(文身)을 드러내어 다른 사람에게 혐오감을 준 사람

1심 법원은 정서학대 부분을 유죄로 판단함에 있어 별다른 이유를 설시하지 않았다. 반면 2심 법원은 다음과 같은 이유로 정서학대 부분을 무죄로 판단하였다.

판결문 읽기

① 피고인은 아동의 모친인 B의 운전으로 사고가 날 수 있었다는 생각에 B에게 항의하려고 차량에서 내려 B의 차량 운전석으로 다가가 열린 창문 사이로 B과 다투는 과정에서 B에게 공소사실 기재 언행을 하였다.

② 피고인은 B의 자녀인 아동에게 직접 수치심을 일으킬 만한 모욕적인 단어를 사용하거나 거친 행동을 한 바는 없다.

③ B 차량의 블랙박스 영상, 피고인과 B의 수사기관에서의 진술 등에 비추어 보면, 당시 아동은 차량 뒷좌석에서 잠을 자고 있었고 사건 발생 과정에서 잠에서 깼으나, 차량 내에서 나오는 음악 소리와 모친인 B의 항의소리(B역시 피고인이 차량에서 내려 자신에게 다가오자 큰 소리로 자신의 운전에 문제가 없었다며 항의를 하였다.), 도로의 소음, 욕설을 할 당시 피고인의 목소리 크기와 속도 등으로 인해 피고인이 무슨 말을 하는지 명확히 알아듣기 어려웠고, 아동의 연령이 5세 남짓에 불과하여 피고인의 욕설을 제대로 이해할 수도 없었다.

④ 공소사실 기재 언행은 단 한 차례 이루어졌을 뿐만 아니라 수 초간의 짧은 순간이고, 피고인과 아동 및 그의 모친은 서로 모르는

사이로서 이 사건 발생을 전후하여 마주친 적도 없는바, 피고인의 발언 내용과 시간, 피고인의 행태, 피고인과 아동의 관계, 이 사건 당시 B이 보인 행동과 이후 제반 정황 등에 비추어 보면, <u>당시 아동이 다소 놀라거나 두려움을 느꼈을 수는 있지만, 그러한 정도를 넘어서 아동이 신체적 학대나 유기·방임에 상당하는 정신적 고통을 느꼈다고 볼 수 없다.</u>

⑤ B은, 아동이 이 사건 이후 <u>말을 더듬는 등의 증상이 재발 내지 악화되었고 사건에 관해 언급하며 욕이 뭐냐고 물어보는 등 정신적 충격</u>을 받았다고 주장한다. 그러나 아동은 종전부터 상당기간 위 증상으로 치료를 받아 왔는바, <u>피고인의 언행으로 증상이 재발 내지 악화되었다고 볼 수 없다.</u> 아동이 이 사건에 관해 언급하며 <u>욕의 의미를 물어본 것</u> 역시 피고인의 말이 어머니에 대한 욕설임을 인지하여 그 충격으로 인한 것이라기보다는, B이 당시 피고인과 다투고 B과 그의 남편이 민원을 제기하거나 고소를 하는 과정에서 <u>부모의 언행 등을 통해 인지하게 되었을 가능성을 배제할 수 없다.</u> (수원지방법원 2019.4.12. 선고 2018노6025 판결)

다른 소리 때문에 피해아동이 행위자의 말을 알아듣기 어려웠을 것이라고 판단한 점이나, 피해아동이 말을 더듬는 증상이 행위자의 언행으로 재발 내지 악화되었다고 볼 수 없다고 한 점 등은 구체적인 사실관계에 비추어 판단한 것이기 때문에 판결문만 보고 그 타당성을 왈가왈부하기는 어렵다. 그럼에도 불구하고 아쉬움이 남는 판결이다. 특히 피해아동이 5세라고

하여 욕설을 제대로 이해할 수도 없었다고 설시한 대목이 그러하다. 행위자가 B에게 한 욕설은 만 5세 아동이라면 충분히 알 법한 것들이고, 만약 피해아동이 위 사건 이전까지 그러한 욕설들을 몰랐더라도 위 사건을 통해 배우게 되었다면 그것 역시 정신건강 및 발달에 해를 입은 것으로 볼 여지가 있기 때문이다.

행위자의 말 중에서 "어떻게 자식 태우고" 운운한 대목을 보면 행위자는 승용차 안에 아동이 타고 있다는 사실을 명확히 인지하고 있었던 것으로 보이므로, 자기의 행위로 인하여 아동의 정신건강 및 발달을 저해하는 결과가 발생할 위험 또는 가능성이 있음을 미필적으로나마 인식하고 있었다고 봄이 타당하지 않을까 하는 생각이 든다.

위 2018노6025 판결은 어디까지나 구체적 사정을 고려하여 판단한 것이므로, 이를 단순하게 일반화해서 "운전 중 아동의 보호자에게 폭언하더라도 정서학대에는 해당하지 않는다"고 말할 수 없음은 물론이다. 향후 유사한 사건이 발생할 경우에도 마찬가지로 구체적 사정을 고려해서 정서학대 여부를 판단해야 할 것이다.

🔎 보호자에 대한 폭언과 위협을 아동에 대한 정서학대로 본 사례

운전 중 발생한 사건은 아니지만, 아동의 보호자에게 폭언과 위협 등을 한 행위를 아동에 대한 정서학대로 본 사례가 있다.

사례 38
"집에 있는 거 알아요" 사건

행위자는 피해아동의 친부이다.

행위자는 2017.7.18.경 아내 E가 연락이 되지 않는다는 이유로 화가 나 술에 취한 상태에서 E의 뺨을 때린 후 옆에 있던 피해아동 B(사건 당시 7세)의 가슴을 발로 1회 때렸다. 이에 E가 112에 신고하자, 행위자는 다음날인 2017.7.19. 격분하여 B가 보는 앞에서 부엌에서 사용하는 과도를 꺼내 난동을 피웠다.

2017.7.26.경 행위자는 B가 당시 거주하고 있던 행위자 친부의 집(판결문에 자세한 사실관계가 나와 있지 않지만, 위 2017.7.18.경과 2017.7.19.경의 일로 인하여 B를 친부로부터 분리하여 친할아버지 집에서 지내게 했던 것으로 보인다)에 주취상태로 찾아가 문을 두드리며 "집에 있는 거 알아요", "B를 내놓아라"라고 소리쳤다. 그래도 집 안에서 아무런 반응이 없자 행위자는 주차장으로 내려가 행위자 친부의 차를 부수는 등의 행위를 하였다.

1심 법원은 행위자의 2017.7.18.경 행위가 신체학대에 해당하며, 2017.7.19.경 행위와 2017.7.26.경 행위는 정서학대에 해당한다고 판단하고 행위자에게 벌금 400만 원의 선고를 유예하는 선고유예와 보호관찰명령을 선고하였다. 검사는 1심 판결의 선고 형량이 지나치게 가볍다는 이유로 항소했지만 2심 법원은 항소를 기각하였다.

[사건번호]
수원지방법원 안산지원 2018.6.22. 선고 2018고정362 판결
수원지방법원 2019.5.24. 선고 2018노4258 판결

위 〈사례 38〉의 1심 법원은 유죄로 판결한 데 대해 자세한 이유를 설시하지 않았고, 행위자가 항소하지 않았기 때문에 2심 법원도 검사의 양형부당 주장만을 판단하였다. 그래서 법원이 어떠한 논리에 따라 정서학대 여부를 판단하였는지는 알 수 없으나, 흥미롭게 볼 만한 사례다.

위 〈사례 38〉에서 행위자가 2017.7.19.경 과도를 꺼내 난동을 피운 행위는 정황상 피해아동보다는 아내를 향한 것이었으리라 짐작되나, 법원은 위 행위가 피해아동에 대한 정서학대에 해당한다고 보았다. 이는 가정폭력 또는 부부싸움을 아동에게 노출하는 행위를 정서학대로 본 〈사례 6〉 평택 아동 살해 암매장 사건이나 〈사례 35〉 1세 아동 가정폭력 노출 사건 등과 같은 맥락에서 이해할 수 있을 것이다.

행위자가 2017.7.26.경 집 문을 두드리며 소리치고 차를 부순 행위는 피해아동이 아니라 피해아동을 현재 보호하고 있는 조부를 향한 것이었으나, 법원은 위 행위 역시 피해아동에 대한 정서학대에 해당한다고 보았다.

물론 위 행위가 피해아동과 관련이 없는 것은 아니었고, 피해아동을 데려가기 위하여 피해아동의 조부를 위협하는 행위였으므로 피해아동이 더욱 불안감과 두려움을 느꼈을 것으로 보고 정서학대로 판단한 것일 수도 있다. 법원이 이 부분에 관한 법리를 명쾌하게 설시하지 않아서 이 부분은 해석의 영역으로 남는다.

만약 위 〈사례 38〉과는 달리, 아동과는 아무 관련이 없고 다만 아동의 보호자에 대하여 채무관계 등이 있는 사람이 찾아와서 (집 안에 아동이 있는 것을 알면서) 문을 두드리고 소리를 지르며 보호자의 차를 부순다면 그것은 아동에 대한 정서학대에 해당할 것인가?

생각건대 아동과 직접 관련이 있든 없든, 아동이 보는 앞에서 아동의 보호자에게 폭언이나 위협 등을 하는 행위는 아동에게 심각한 불안감과 두려움을 조성하고 아동의 정신건강 및 발달에 해를 끼칠 수 있으므로 정서학대를 넓게 인정할 필요가 있을 것이다. 유사한 사건들이 자주 문제가 되고 있는 이 시기에 법원의 선도적인 판결이 있기를 기대한다.

23. 성학대란 무엇인가?

아동학대와 관련한 주요 개념들에 대해서는 제2장에서 상당한 지면을 할애하여 설명하였다. 그러나 성학대에 대해서는 여기서 추가 설명이 필요하다.

아동복지법 제17조 제2호는 "아동에게 음란한 행위를 시키거나 이를 매개하는 행위 또는 아동에게 성적 수치심을 주는 성희롱 등의 성적 학대행위"를 금지하고 있다. 여기서 조문을 자세히 보면 전단과 후단으로 나뉘어 있음을 알 수 있다. 전단은 "아동에게 음란한 행위를 시키거나 이를 매개하는 행위"이고, 후단은 "아동에게 성적 수치심을 주는 성희롱 등의 성적 학대행위"다.

위와 같이 문언을 나누어 보면 성학대란 가장 좁은 의미로는 제17조 제2호 후단의 "아동에게 성적 수치심을 주는 성희롱 등의 성적 학대행위"만을 가리키는 것으로 보인다.

그러나 제17조 제2호 전단의 "아동에게 음란한 행위를 시키거나 이를 매개하는 행위" 역시 "아동의 건강 또는 복지를 해치거나 정상적 발달을 저해할 수 있는 신체적·정신적·성적 폭력이나 가혹행위"에 해당한다고 볼 수 있으므로, 성학대에 해당한다고 봄이 타당할 것이다.

한편 아동을 대상으로 한 성범죄를 처벌하는 규정은 아동복지법 제17조 제2호만 있는 것이 아니다. 형법 및 청소년성보호법, 「성폭력범죄의 처벌 등에 관한 특례법」(이하 "성폭력처벌법")에 매우 촘촘하게 규정되어 있다. 이 법률들에 의하여 처벌되는 아동 대상 성범죄 역시 넓은 의미의 성학대

로 보아야 할 것이다.[30]

따라서 성학대의 의미는 다음과 같이 정리될 수 있다.

· 가장 좁은 의미 : {아동에게 성적 수치심을 주는 성희롱 등의 성적 학대 행위 (아동복지법 제17조 제2호 후단)}
· 좁은 의미 : {가장 좁은 의미의 성학대} +{아동에게 음란한 행위를 시키거나 이를 매개하는 행위 (아동복지법 제17조 제2호 전단)}
· 넓은 의미 : {좁은 의미의 성학대} + {형법, 청소년성보호법, 성폭력처벌법에 따라 처벌되는 아동 대상 성범죄 행위}

그렇다면 이 책에서 다룰 것은 어떤 의미의 성학대인가? 넓은 의미의 성학대, 즉 다른 법률에 따라 처벌되는 아동 대상 성범죄 역시 매우 중요한 문제이지만, 이와 관련한 사례들을 모두 다루려면 별도의 책 한 권으로도 부족하다.

제3장의 서두에서 언급했듯이, 이 책에서 주로 고찰하고자 하는 대상은

---

[30] 모든 아동 대상 성범죄는 결국 "아동에게 성적 수치심을 주는 성희롱 등의 성적 학대 행위"에 해당한다고도 볼 수 있기 때문에, 아동복지법 제17조 제2호와 다른 법률과의 관계도 문제가 된다. 〈사례 33〉 친부 부엌칼 사건을 비롯한 대다수의 사례들에서 법원은 성폭력처벌법 또는 청소년성보호법에 따른 범죄행위가 성립하는 경우 아동복지법 제17조 제2호에 따른 범죄행위는 별도로 성립하지 않는다고 해석하는 것으로 보인다(제주지방법원 2018.3.22. 선고 2017고합194 판결 등 참조). 성폭력처벌법과 청소년성보호법이 아동복지법에 대하여 특별관계에 있다고 보면 위와 같은 해석이 타당할 것이다.
다만 성폭력범죄의처벌등에관한특례법위반(통신매체이용음란)죄와 아동복지법위반(아동에대한음행강요 · 매개 · 성희롱등)죄를 상상적 경합관계로 본 판결도 존재한다 (서울고등법원 2019.4.16. 선고 2018노3618 판결 참조).

"아동복지법 제17조 제2호, 제3호, 제5호, 제6호로 처벌받은 행위들"이다. 앞서 신체학대와 관련하여서는 제17조 제3호, 정서학대와 관련하여서는 동조 제5호로 처벌된 사례들을 소개하며 관련 논의를 이어 왔다. 따라서 성학대의 경우도 좁은 의미의 성학대, 즉 아동복지법 제17조 제2호(전단 및 후단)로 처벌된 사례들을 소개하면서 해당 조항의 의미를 고찰하는 데 중점을 둘 것이다.

제17조 제2호를 위반한 경우 판결문에 죄명은 아동복지법위반(아동에대한음행강요·매개·성희롱등)으로 기재된다. 즉 전단과 후단에 관계없이 죄명은 동일하다.[31]

---

31 「공소장 및 불기소장에 기재할 죄명에 관한 예규」 참조. 단 죄명을 아동복지법위반(아동에대한성희롱등)으로 기재한 예도 있으며(수원지방법원 성남지원 2017.1.13. 선고 2016고단1243 판결 등 참조), 아동복지법위반(아동에대한음행강요)으로 기재한 예도 있다(의정부지방법원 2017.5.10. 선고 2016고단626, 3545(병합), 3812(병합) 판결 등 참조).

24. 변태적인 행위는
아동의 동의가 있더라도 성학대다

이 책에 소개된 다른 사례들도 마찬가지지만, 다음에 소개할 〈사례 39〉는 우리 사회에서 실제로 일어났다고 믿기 힘들 정도로 가학적, 변태적인 사실관계를 포함하고 있으므로 독자의 주의를 요한다. 그러한 내용에 불쾌감이나 거부감을 강하게 느끼는 독자라면 사례를 건너뛰고 필자의 해설 부분만 읽기를 권장한다.

그럼에도 해당 사례의 사실관계를 자세히 설명하는 이유는(그래도 상당 부분을 축약하였음을 밝힌다) 해당 사례의 판결이 성학대와 관련하여 빼놓고 이야기할 수 없을 만큼 중요한 쟁점들을 다루고 있기 때문이며, 분명 현실에서 일어났고 또 지금도 일어나고 있는 아동학대의 충격적인 실상을 정확히 알리기 위해서이기도 하다.

사례 39
개목걸이 사건

행위자는 사건당시 40대의 유부남으로, 인터넷에 SM(Sadism and Masochism, 가학피학성 변태성욕) 관련 정보를 게시하였다.

행위자가 게시한 정보를 본 피해아동(여, 사건당시 13세)이 호기심을 느껴 2015.9.25.경 채팅 앱을 통하여 행위자에게 SM에 관심이 있다는 취지로 연락하자, 행위자는 피해아동에게 실명, 거주지, 학교를 밝힐 것을 요구하였고, 피해아동이 이를 밝히자 바로 음란한 내용의 메시지를 보내면서 피해아동에게 나체를 찍은 사진 등을 보내라고 요구하였다.

행위자는 그로부터 2016.2.29.경까지 피해아동과 거의 매일 채팅을 계속하면서 행위자는 주인이 되고 피해아동은 노예 또는 개(동물)가 되는 SM 행위의 일종인 "주종관계"를 맺었으며, 피해아동에게 "수간이나 근친(상간) 성향 있냐"고 묻는 등 변태적 성향의 음란한 메시지를 보냈다. 피해아동은 행위자에게 능동적인 반응을 보인 적도 있었지만, "싫어요", "무서워요"라는 메시지를 보내는 등으로 거부감을 표시하기도 했다.

행위자는 2015.10.31. 피해아동을 모텔로 데려가 옷을 벗으라고 시킨 후 미리 준비해 온 철제 개목걸이를 피해아동의 목에 채운 뒤 피해아동을 개처럼 취급하며 "앉아", "손", "배"라고 명령하며 복종시키고, 그 중 "배"라는 명령에 나체상태인 피해아동이 천장을 보며 양 팔을 개처럼 접고 양 다리를 벌려 음부가 보이도록 하자, 그 모습을 자신의 휴대전화 카메라를 이용하여 촬영하였다. 계속하여 행위자는 손바닥으로 피해아동의 엉덩이를 수회 때리고 손가락을 피해아동의 음부에 집어넣었다.

그때부터 2015.12.5.경까지 행위자는 6차례에 걸쳐 모텔에서 피해아동의 손과 다리를 침대에 묶어 눕히고 왁싱 테이프로 음모를 제거하거나, 피해아동의 목을 조르면서 간음하는 등 변태적이고 가학적인 성적 행위를 하였으며, 피해아동이 양 팔을 뒤로 묶인 상태에서 항문에 개꼬리 인형을 삽입하고 엎드려 있는 모습이나 개밥그릇에 담긴 우유와 시리얼을 핥아 먹는 모습 등을 3차례에 걸쳐 촬영하였다. 행위자는 자신이 촬영한 사진의 일부를 인터넷에 게시하기도 하였다. 2015.12.12.경부터 2016.3.3경까지는 3차례에 걸쳐 버스나 아파트 계단과 같이 개방된 장소에서 피해아동의 음부에 손가락을 집어넣거나 진동기를 삽입하여 작동시키는 등의 행위를 하였다.

검사는 행위자가 피해아동을 촬영하고 이를 게시한 행위가 아동·청소년의성호보에관한법률위반(음란물제작·배포등)에 해당하며, 채팅 앱으로 음란한 메시지를 보낸 행위는 정서학대로서 아동복지법위반(아동학대)에 해당하고, 피해아동을 상대로 모텔 등에서 성적 행위를 한 것은 성학대로서 아동복지법위반(아동에대한음행강요 · 매개 · 성희롱등)에 해당한다는 취지로 기소하였다.

이에 대하여 1심 법원은 아동복지법위반(아동에대한음행강요 · 매개 · 성희롱등)죄에 해당하지 않는다는 이유로 이 부분 무죄를 선고하였으며, 2심 법원도 동일하게 판단하였다. 그러나 대법원은 심리미진을 이유로 사건을 파기환송하였다. 파기환송심은 아동복지법위반(아동에대한음행강요 · 매개 · 성희롱등) 혐의에 대하여도 유죄로 판결하였고, 대법원은 이를 확정하였다. 최종적으로 행위자에게는 징역 3년과 신상공개 5년, 80시간의 성폭력치료프로그램 이수명령이 선고되었다.

[사건번호]
수원지방법원 2016.11.1. 선고 2016고합235 판결
서울고등법원 2017.2.9. 선고 2016노3694 판결
대법원 2017.6.15. 선고 2017도3448 판결
서울고등법원 2017.9.15. 선고 2017노1816 판결
대법원 2018.2.8. 선고 2017도15260 판결

위 〈사례 39〉를 통해 다루어 볼 중요한 쟁점은 크게 두 가지다. 하나는 아동복지법 제17조 제2호 전단과 후단의 구분에 관한 점이고, 다른 하나는 성적 학대행위의 의미와 아동의 동의 여부에 관한 점이다.

🔍 아동복지법 제17조 제2호 전단과 후단의 구분

위 〈사례 39〉에서 1심 법원과 2심 법원은 왜 아동복지법위반(아동에대한음행강요 · 매개 · 성희롱등) 혐의에 대하여 무죄 판결을 내렸을까?

아동복지법 제17조 제2호는 전단인 "아동에게 음란한 행위를 시키거나 이를 매개하는 행위"와 후단인 "아동에게 성적 수치심을 주는 성희롱 등의 성적 학대행위"로 나누어짐을 앞서 살펴보았다. 그런데 1심 법원은 공소사실에 대하여 "아동에게 음란한 행위를 시키거나 이를 매개하는 행위"에 해당하는지의 여부만 판단하고, 다음과 같이 설시하였다.

> **판결문 읽기**
>
> 살피건대, '아동에게 음행을 시킨다'는 것은 행위자가 아동으로 하여금 제3자를 상대방으로 하여 음행을 하게 하는 행위를 가리키는 것일 뿐 행위자 자신이 직접 그 아동의 음행의 상대방이 되는 것까지를 포함하는 의미로 볼 것은 아니라 할 것이다 …
>
> 피고인의 법정진술 및 검사가 제출한 증거들에 의하면, 피고인이 위 공소사실 기재와 같은 행위를 한 사실이 인정되기는 하나, 그 행위는 모두 피고인이 아동인 피해자가 '피고인 자신을 상대로' 성적 행위를 하게 하였거나 '피해자 스스로' 성적 행위를 하도록 하였다는 것이어서, 그것만으로 피고인의 행위가 '아동에게 음란한 행위를 시킨 것'에 해당하여 아동복지법위반(아동에대한음행강요·매개·성희롱등)죄를 구성한다고 볼 수 없다. (수원지방법원 2016.11.1. 선고 2016고합235 판결)

즉 아동복지법 제17조 제2호 전단의 "아동에게 음란한 행위를 시키거나 이를 매개하는 행위"란, 가령 행위자 A와 피해아동 B, 제3자 C가 있다고 했을 때, A가 B를 시켜서 C와 음란한 행위를 하게 했을 경우에 A에게 성립하는 죄라는 것이다. 〈사례 39〉는 A가 B로 하여금 A 자신을 상대로 음란한 행위를 하게 하거나, B 스스로 성적 행위를 하게 한 것이어서 위 죄가 성립하지 않는다는 것이다.

1심 법원은 위와 같은 이유로 이 부분 공소사실을 무죄로 판단하였으며, 2심 법원도 동일하게 판단하였다. 그러나 대법원은 다음과 같은 이유로 사건을 파기환송하였다.

판결문 읽기

... 검사는 이 부분 피고인의 행위를 '아동에게 음행을 시키는 행위'뿐만 아니라 '성적 학대행위'로도 기소한 것으로 볼 여지가 충분할 뿐만 아니라, 설령 그렇게 단정하기는 어렵다고 하더라도 원심으로서는 의견서 및 항소이유서에서 검사가 한 주장을 감안하여 검사에게 이 부분 공소사실이 '아동에게 성적 수치심을 주는 성희롱 등 성적 학대행위'에 해당한다는 취지인지 및 '아동에게 음란한 행위를 시키는 행위'와의 관계 등에 관하여 석명을 구하는 등 형사소송규칙 제141조에 따라 소송관계를 명료하게 한 다음 그에 관하여 심리·판단하였어야 할 것이다.

그럼에도 원심은 검사가 '아동에게 음란한 행위를 시키는 행위'로만 기소한 것이고 '아동에게 성적 수치심을 주는 성희롱 등 성적 학대행위'로는 기소하지 않았다고 단정한 나머지 필요한 석명을 다하지

> 아니한 채 '아동에게 음란한 행위를 시키는 행위'에 대하여만 심리·판단하였으니, 이러한 <u>원심판결에는 필요한 석명권 행사나 심리를 다하지 아니하여 판결에 영향을 미친 위법이 있다.</u> (대법원 2017.6.15. 선고 2017도3448 판결)

법률용어에 익숙하지 않으면 무슨 의미인지 이해하기 어려울 수 있지만 쉽게 말하면, 검사가 제17조 제2호 전단에 따라 기소한 것인지 후단에 따라 기소한 것인지 법원이 살펴야 함에도 그렇지 않은 것은 잘못이라는 뜻이다.

즉 피해아동을 상대로 한 성적 행위가 "아동에게 음란한 행위를 시키는 행위"에는 해당하지 않더라도 "아동에게 성적 수치심을 주는 성희롱 등 성적 학대행위"에는 해당할 가능성이 있으니, 그 부분을 마저 판단하라고 사건을 2심 법원에 돌려보냈다는 의미로 이해하면 되겠다.

제17조 제2호 전단 "아동에게 음란한 행위를 시키는 행위"가 무엇을 의미하는지는 위 내용을 통해 충분히 알 수 있을 것이다. 그러면 제17조 제2호 후단 "아동에게 성적 수치심을 주는 성희롱 등 성적 학대행위"는 무엇을 의미할까?

🔍 "성적 학대행위"의 의미와 아동의 동의 여부

대법원은 "성적 학대행위"의 의미에 관하여 다음과 같이 판시하였다.

판결문 읽기

... 아동복지법상 금지되는 '성적 학대행위'는 아동에게 성적 수치심을 주는 성희롱 등의 행위로서 아동의 건강·복지를 해치거나 정상적 발달을 저해할 수 있는 성적 폭력 또는 가혹행위를 의미하고, 이는 '음란한 행위를 시키는 행위'와는 별개의 행위로서, <u>성폭행의 정도에 이르지 아니한 성적 행위도 그것이 성적 도의관념에 어긋나고 아동의 건전한 성적 가치관의 형성 등 완전하고 조화로운 인격 발달을 현저하게 저해할 우려가 있는 행위이면 이에 포함된다고 봄</u>이 타당하다. (대법원 2017.6.15. 선고 2017도3448 판결)

위 판결문의 의미를 자세히 고찰하기 전에 사례로 돌아가 보자. 위 〈사례 39〉에서 행위자는 13세인 피해아동과 성관계를 하였는데, 이 부분에 대해서는 형법이나 그 밖의 다른 법률로 처벌되지 않았다. 왜일까?

일반적으로 성범죄의 성립 여부를 판단함에 있어 가장 중요하게 고려되는 것은 상대방의 동의 여부다. 성범죄는 성적 자기결정권을 침해함으로써 성립하는 범죄이므로, 상대방이 동의한 행위라면 대부분의 경우 범죄로 되지 않는다.

다만 예외가 있는데, 미성년자의제강간 또는 미성년자의제강제추행에 해당하는 경우다.

> **형법**
>
> **제305조(미성년자에 대한 간음, 추행)** ① 13세 미만의 사람에 대하여 간음 또는 추행을 한 자는 제297조, 제297조의2, 제298조, 제301조 또는 제301조의2의 예에 의한다.
> ② 13세 이상 16세 미만의 사람에 대하여 간음 또는 추행을 한 19세 이상의 자는 제297조, 제297조의2, 제298조, 제301조 또는 제301조의2의 예에 의한다.

현행 형법에 따르면, 사람이 13세 미만의 아동을 상대로 간음 또는 추행을 한 경우 미성년자의제강간 또는 미성년자의제강제추행으로 처벌된다(형법 제305조 제1항 참조). 성인이 13세 이상 16세 미만의 아동을 상대로 간음 또는 추행을 한 경우에도 같다(동조 제2항 참조).

미성년자의제강간죄, 미성년자의제강제추행죄의 보호법익은 "아동이 외부로부터의 부적절한 성적 자극이나 물리력의 행사가 없는 상태에서 심리적 장애 없이 성적 정체성 및 가치관을 형성할 권익(대법원 2006.1.13. 선고 2005도6791 판결)"으로서, 일정 연령 미만의 아동은 성적 가치관과 판단능력이 충분히 형성되지 아니하여 성적 자기결정권을 제대로 행사하기 어렵다고 보기 때문에 아동의 동의 여부와 관계없이 간음 또는 추행을 한 자를 처벌하는 것이다.

그런데 형법 제305조의 적용 범위가 16세 미만까지로 확대된 것은 2020.5.19.로 극히 최근의 일이다. 이전까지는 13세 미만의 아동에 대해서만 미성년자의제강간죄, 미성년자의제강제추행죄가 적용되었다.

따라서 〈사례 39〉의 사건 발생 시점에서는 13세인 피해아동이 성관계에

동의하였다면, 성관계를 하였다는 사실만으로는 행위자가 처벌대상이 되지 않았다. 사례를 보면 피해아동은 가끔 행위자에게 거부감을 표시한 적은 있어도 전반적으로는 채팅과 만남을 스스로 지속하면서 관계에 동의하였던 것으로 보이며, 행위자에게 미성년자의제강간죄나 그 밖의 다른 법률에 따른 성범죄가 적용되지 않은 것도 이 때문으로 보인다.[32]

그런데 위 2017도3448 판결은 "성적 도의관념에 어긋나고 아동의 건전한 성적 가치관의 형성 등 완전하고 조화로운 인격발달을 현저하게 저해할 우려가 있는 행위"라면 성학대에 해당할 수 있다고 판시하고 있다. 다시 말해 아동의 동의 여부와 무관하게 "성적 도의관념"과 "건전한 성적 가치관"을 기준으로 성학대 여부를 판단할 수 있다는 것이다.

이미 이보다 앞서 선고된 다른 대법원 판결에서도, 아동의 동의가 있더라도 성학대가 성립할 수 있음을 명시한 바 있다.

판결문 읽기

... 성적 학대행위라 함은 아동에게 성적 수치심을 주는 성희롱, 성폭행 등의 행위로서 아동의 건강·복지를 해치거나 정상적 발달을 저해할 수 있는 성적 폭력 또는 가혹행위를 말하고, 이에 해당하는지 여부는 ... <u>그 시대의 건전한 사회통념에 따라 객관적으로 판단하여야 할 것이다</u>. 한편 피해 아동이 성적 가치관과 판단능력이

---

32 행위자가 피해아동에게 실명, 거주지, 학교를 요구한 사실은 있으나, 이를 빌미로 피해아동을 협박하였거나 하는 등의 사정은 확인되지 않은 것으로 보인다.

> 충분히 형성되지 아니하여 성적 자기결정권을 행사하거나 자신을 보호할 능력이 상당히 부족한 경우라면 자신의 성적 행위에 관한 자기결정권을 자발적이고 진지하게 행사할 것이라 기대하기는 어려우므로, <u>설령 행위자의 요구에 피해 아동이 명시적인 반대 의사를 표시하지 아니하였거나 행위자의 행위로 인해 피해 아동이 현실적으로 육체적 또는 정신적 고통을 느끼지 아니하는 등의 사정이 있다 하더라도</u>, … '<u>성적 학대행위'에 해당하지 아니한다고 쉽사리 단정할 것은 아니다.</u> (대법원 2015.7.9. 선고 2013도7787 판결)

이 부분은 매우 중요한 의미를 가진다. 아동복지법 제17조 제2호 후단의 "성적 학대행위"를 다른 법률에 규정된 성범죄들과 구별되게 하는 가장 핵심적인 부분이기도 하다. 아동의 동의가 있어서 다른 법률에 규정된 성범죄가 성립하지 않는 경우라도, 아동복지법 제17조 제2호 후단의 성적 학대행위에는 해당할 수 있다. 다만 성적 도의관념에 어긋나고, 아동의 건전한 성적 가치관의 형성 등 완전하고 조화로운 인격 발달을 현저하게 저해할 우려가 있어야 한다. 이는 그 시대의 건전한 사회통념에 따라 객관적으로 판단하여야 한다.

"성적 도의관념"이나 "건전한 성적 가치관", "건전한 사회통념"과 같은 말들이 다소 추상적이라 그 기준이 애매모호하게 느껴질 수도 있다. 어떤 행위가 건전한 것이고, 또 어떤 행위가 그렇지 못한 것일까? 아동이 성관계를 했다는 사실만으로 이미 건전하지 못하다고 보는 사람이 있는 반면, 아동이라도 연인 사이에 성관계를 하는 것은 건전하다고 생각하는 사람도 있을 것이다. 이는 각자의 가치관에 따른 생각의 차이다.

다만 〈사례 39〉에서 행위자가 피해아동에게 한 행위는 차마 입에 담을 수 없을 만큼 변태적이므로, 이것이 성적 도의관념에 어긋나고 아동의 건전한 성적 가치관 형성을 현저하게 저해한다는 데는 대부분의 사람들이 동의하리라 생각된다. 〈사례 39〉는 성학대의 의미를 보여 주는 하나의 극단적인 예라고도 할 수 있다.

법원에서도 이 부분이 직접적으로 다투어졌으며, 파기환송심에서는 다음과 같은 이유로 성학대를 인정하였다.

판결문 읽기

① 피해자는 이 사건 범행 당시 불과 만 13세의 중학교 2학년 학생으로서, … 당시 성에 관한 단순한 호기심으로 피고인에게 먼저 연락한 것으로 보일 뿐 에스엠(SM)의 구체적인 내용이나 그것이 초래할 정신적·신체적 영향을 분명하게 알고 있었다거나 피고인의 성적 행위에 적극적으로 참여하려는 진지한 의사가 있었다고 보기도 어렵다. 이러한 사정에 비추어 볼 때, 피해자는 이 사건 범행 당시 성적 가치관과 판단 능력이 충분히 형성되었을 정도로 정신적·육체적·정서적으로 성숙하지 못한 상황이었다.

…

④ 피해자는 수사기관과 원심 법정에서 "피고인은 '주종관계라는 것은 나쁜 것이 아니다. 단지 다른 사람들이 이해하지 못하는 것이다.'라고 말하였다. 피고인에게 에스엠(SM)이 나쁜지 몇 번이나 질문

했는데, 피고인은 그것을 나쁘다고 말한 적이 전혀 없다."라거나, "내가 입은 정신적 피해는 에스엠(SM) 행위가 옳고 당연한 것으로 인식하게 된 것이다."라거나, "내가 왜 그때 그런 것을 시작했을까 하는 후회가 든다."라는 취지로 진술하였는바 … 피해자는 당시 피고인에게 정서적으로 의존하는 가운데 위와 같이 성적 수치심을 불러 일으키는 피고인의 행위가 전부 옳은 것이라고 여겨 점차 가학적·자극적으로 변하는 성적 행위에 무감각해졌던 것으로 보인다. 이러한 사정에 비추어 보면, 피고인의 위와 같은 성적 행위는 아동인 피해자의 건전한 성적 가치관의 형성 등 완전하고 조화로운 인격발달에 상당히 심각한 악영향을 미친 것으로 보인다.

⑤ 피고인과 변호인은 에스엠(SM)이 성적 취향의 일부인 점, 피해자도 피고인의 에스엠(SM) 행위에 자발적으로 동참한 점 등을 이유로 이 부분 공소사실이 무죄라는 취지로 일관되게 주장하고 있다. 그러나 앞서 본 것과 같이 피해자가 진지하고 자발적인 의사로 피고인의 성적 행위를 용인하였다고 볼 수 없을 뿐 아니라, 설령 피고인과 변호인의 변소대로 피해자가 자발적으로 성적 취향의 일부인 에스엠(SM) 행위에 동참하였다고 보더라도 아동복지법의 입법목적이나 취지상 피고인의 행위가 위와 같이 아동의 건강·복지를 해치거나 정상적 발달을 저해할 수 있는 행위임이 명백한 이상 위와 같은 일부 사정은 피고인의 죄의 성립을 좌우할 수 없다. (서울고등법원 2017.9.15. 선고 2017노1816 판결)

한편 행위자가 피해아동에게 채팅 앱으로 음란한 메시지를 보낸 행위에 대해서는 처음부터 검사가 정서학대로 판단하여 아동복지법위반(아동학대) 혐의로 기소했으며 최종심에 이르기까지 위 판단은 달라지지 않았는데, 지금까지 살펴본 법리를 적용했을 때 음란한 메시지를 보낸 행위 역시 성학대로서 아동복지법위반(아동에대한음행강요·매개·성희롱등)죄에 해당한다고 봄이 타당할 것이다. 뒤에서 살펴보겠지만, 언어적 성희롱 역시 성학대에 해당한다고 본 예가 있다.

현행 법률에 따르면 성인이 16세 미만의 아동과 성관계를 한 경우 아동의 동의 여부와 관계없이 처벌대상이 되지만(형법 제305조 제1항, 제2항 참조), 16세 이상의 아동(즉 16세 또는 17세의 아동)과 성관계를 한 경우에는 아동이 동의하였을 경우 성관계 사실만으로는 처벌대상이 되지 않는다. 그러나 16세 이상의 아동이라도 아동복지법은 동일하게 적용되므로, 〈사례 39〉와 같이 당사자들의 관계가 성학대에 해당할 수 있는지 여부를 면밀히 검토할 필요가 있을 것이다.

다만 어떤 행위가 성적 도의관념에 어긋나고 아동의 건전한 성적 가치관 형성을 현저하게 저해하는 것인가 하는 물음은 또 한 가지 해결해야 할 숙제다. 위 물음에 답하기 위해서는 우리 사회가 생각하는 건전한 성적 도의관념이란 과연 어떤 것인지에 대한 사회적 합의가 필요할 것이다.

25. 스마트폰 뒤에 숨어서 뻗치는 마수

 2020년 초, 이른바 "n번방 사건"이 언론에 보도되어 세상을 떠들썩하게 했다. 아동을 포함한 피해자들을 협박하여 제작한 성착취물을 온라인으로 공유·판매하는 등 디지털 성범죄를 저지른 이 사건은 다수의 공모자들에 의하여 매우 조직적으로 이루어졌으며, 회원으로 가입하여 영상을 공유한 자들이 무려 수만 명 이상으로 추산된다는 점에서 큰 충격을 주었다.

 그런데 정말로 무서운 사실은, n번방 사건은 워낙 대규모라서 널리 알려졌을 뿐 유사한 사건들은 이전부터 있어 왔다는 점이다. n번방 사건이 알려지기 전인 2018~2019년 사이에 판결이 나온 사례 중에도 유사한 성격의 사건들을 찾아볼 수 있다.

 〈사례 39〉 개목걸이 사건 역시 그 시작은 온라인이었으며, 행위자가 촬영한 사진을 온라인상에 게시하기도 했다는 점에서 n번방 사건과 유사한 면이 있다고 할 수 있다. 또한 〈사례 2〉 고등학생 아동복지법위반 사건도 온라인을 통하여 알게 된 다수의 피해아동들을 협박하고 가학적·변태적인 사진 또는 영상을 요구하였다는 점에서 유사하다.

 다수의 공모자가 있었다는 점이나 돈으로 영상을 거래했다는 점 등 수법 면에서 n번방 사건과 좀 더 유사한 사건으로는 다음의 사례가 있다.

사례 40
목사 성착취물 제작 알선 사건

　행위자(남)는 사건당시 40대의 목사로, 2015.5.29.부터 2018.8.29.까지 사이에 모바일 채팅 앱에서 10대 후반 내지 20대 남성을 사칭하면서 총 38명의 아동·청소년들과 음란한 내용의 대화를 나누고 음란한 사진 및 영상을 전송하였으며, 위 아동·청소년들에게 나체를 찍은 사진이나 자위행위를 하는 영상 등을 요구하여 전송 받기도 하였다.
　2016.8.29.경 행위자는 채팅 앱을 통하여 알게 된 피해아동 N(여, 사건당시 15세)을 만나 모텔에서 성관계를 하던 중 N의 의사에 반하여 사진을 촬영하기도 하였다.
　그 무렵 행위자는 음란 사이트를 통하여 G를 알게 되었는데, G는 아동·청소년을 상대로 변태적인 성관계를 한 후 이를 촬영한 영상을 온라인에서 공유하는 것으로 유명한 자였다. 행위자는 G 및 위 음란 사이트의 다른 이용자와 함께 단체 대화방을 개설하고, 행위자와 다른 이용자가 G에게 각기 월 1만 원씩 지원금을 제공하면서 G로부터 영상을 공유 받았다.
　행위자는 2017.5.경부터 2018.7.경 사이에 채팅 앱을 통하여 알게 된 총 4명의 피해아동들을 G에게 소개해 주고, G가 위 피해아동들을 상대로 성관계를 하는 모습을 촬영한 영상을 공유 받음으로써, 아동·청소년을 아동·청소년성착취물의 제작자에게 알선하는 행위를 하였다.
　위와 같은 방법 등을 통하여 행위자는 총 145개의 아동·청소년성착취물[33]을 노트북 컴퓨터와 HDD 저장장치에 저장하여 소지하였다.

---

[33] 구 청소년성보호법(2020.6.2. 법률 제17338호로 개정되기 전의 것)의 "아동·청소년이용음란물"이라는 용어가 현행 청소년성보호법에는 "아동·청소년성착취물"로 대체되었다(청소년성보호법 제2조 제5호 참조). 이하에서는 사례 소개 및 설명 부분에서는 현행 법률에 따라 "아동·청소년성착취물"이라는 용어를 사용하되, 죄명을 언급하거나 판결문을 인용하는 경우에는 당시의 용어대로 언급 및 인용하도록 한다.

행위자에게는 성폭력범죄의처벌등에관한특례법위반(통신매체이용음란), 아동복지법위반(아동에대한음행강요·매개·성희롱등), 아동·청소년의성보호에관한법률위반(음란물제작·배포등), 아동·청소년의성보호에관한법률위반(음란물소지), 성폭력범죄의처벌등에관한특례법위반(카메라등이용촬영) 혐의가 인정되었으며, 최종적으로 징역 5년과 40시간의 성폭력 치료프로그램 이수명령, 신상공개 5년, 취업제한 7년이 선고되었다.

[사건번호]
의정부지방법원 고양지원 2018.12.18. 선고 2018고합210, 2018고합259(병합) 판결
서울고등법원 2019.4.16. 선고 2018노3618 판결
대법원 2019.7.25. 선고 2019도5754 판결

한편 1인 2역으로 피해아동을 속이거나, 경찰을 사칭해서 협박하는 등의 수법으로 성학대를 한 사례도 있는데, 자세한 사실관계를 살펴보면 다음과 같다.

사례 41
경찰 사칭 사진 요구 사건

행위자(남)는 2017.1.말경 휴대전화를 이용하여 SNS를 하면서 D라는 가명을 사용하고 여고생으로 행세하여 피해아동 B(여, 사건당시 11세)과 친분을 쌓고, 마치 D가 친한 고등학교 오빠인 행위자를 소개해 주는 것처럼 해서 B와 연락하고 지내게 되었다.

2017.2.23.경 행위자는 B에게 나체사진을 요구하여 전송 받았으며, 다음날 B와 전화 통화로 약속한 다음 B의 집으로 찾아갔다. B의 집에서 행위자는 B와 성관계를 하면서 그 모습을 휴대전화로 촬영하였다.

한편 행위자는 2017.2.15.경 다른 피해아동인 F(여, 사건당시 12세)에게 경찰을 사칭하는 메시지를 보낸 다음, F가 과거에 인터넷에 올린 자료가 통신매체를 이용한 음란행위에 해당한다고 하면서 "경찰서에도 가고 소년원에도 갈 수 있다. 내가 자료를 경찰서에 넘기면 학교에 연락이 갈 것이고 학교는 못 다니겠지"라는 말로 협박하였다. 이어 행위자는 F에게 "기회를 주겠다. 성에 대해서 좀 더 알려주고 교육하는 것이다. 나이, 학교 등을 적어서 전송하고, 다 벗은 사진, M자로 다리 벌린 사진, 속옷만 입고 찍은 사진을 보내라"라고 요구하였다.

행위자에게는 아동·청소년의성보호에관한법률위반(음란물제작·배포등), 아동복지법위반(아동에대한음행강요·매개·성희롱등) 혐의가 인정되어 최종적으로 징역 2년6월과 집행유예 4년, 80시간의 성폭력 치료강의 수강명령, 취업제한 3년이 선고되었다.

다만 미성년자의제강간 혐의에 대해서는 행위자가 B와의 성관계 당시 B가 13세 미만임을 알았다는 사실이 증명되지 않아 무죄가 선고되었다.

[사건번호]
광주지방법원 2018.9.14. 선고 2017고합461 판결
광주고등법원 2019.6.20. 선고 2018노417 판결
대법원 2019.9.9. 선고 2019도9850 판결

앞서 살펴보았던 성학대의 법리 등에 비추어 보았을 때, 온라인상에서 피해아동에게 음란한 사진이나 영상 등을 요구하는 행위가 성학대에 해당

한다는 판단에 대해서는 대부분 이견이 없을 것이다.

그보다 좀 더 주의 깊게 살펴볼 쟁점은 아동·청소년성착취물의 제작·배포 또는 소지 등에 관한 점이다. 이는 아동복지법이 아닌 청소년성보호법과 관련한 쟁점이지만, 최근 그 심각성이 부각되고 있으므로 여기서 함께 언급하지 않을 수 없다. 먼저 관련 법률부터 살펴보면 다음과 같다.

> **청소년성보호법**
>
> **제11조(아동·청소년성착취물의 제작·배포 등)** ① 아동·청소년성착취물을 제작·수입 또는 수출한 자는 무기징역 또는 5년 이상의 유기징역에 처한다.
> ② 영리를 목적으로 아동·청소년성착취물을 판매·대여·배포·제공하거나 이를 목적으로 소지·운반·광고·소개하거나 공연히 전시 또는 상영한 자는 5년 이상의 징역에 처한다.
> ③ 아동·청소년성착취물을 배포·제공하거나 이를 목적으로 광고·소개하거나 공연히 전시 또는 상영한 자는 3년 이상의 징역에 처한다.
> ④ 아동·청소년성착취물을 제작할 것이라는 정황을 알면서 아동·청소년을 아동·청소년성착취물의 제작자에게 알선한 자는 3년 이상의 징역에 처한다.
> ⑤ 아동·청소년성착취물을 구입하거나 아동·청소년성착취물임을 알면서 이를 소지·시청한 자는 1년 이상의 징역에 처한다.
> ⑥ 제1항의 미수범은 처벌한다.
> ⑦ 상습적으로 제1항의 죄를 범한 자는 그 죄에 대하여 정하는 형의 2분의 1까지 가중한다.

아동·청소년성착취물의 제작·배포 등의 행위에 대하여 최대 무기징역까지 선고할 수 있으며(청소년성보호법 제11조 제1항 내지 제4항 참조), 단순히 소지·시청한 자에 대하여도 1년 이상의 징역을 선고할 수 있다(동조 제5항 참조). 유례를 찾아보기 어려울 만큼 높은 형량 때문에 2012.12.18. 신설 당시 논란이 되기도 했던 법률조항이다.

위와 같이 형량을 높게 정한 이유에 대해서는 다음의 대법원 판결이 설명하고 있다.

판결문 읽기

청소년성보호법의 입법목적은 아동·청소년을 대상으로 성적 행위를 한 자를 엄중하게 처벌함으로써 성적 학대나 착취로부터 아동·청소년을 보호하고 아동·청소년이 책임 있고 건강한 사회구성원으로 성장할 수 있도록 하려는 데 있다. 아동·청소년이용음란물은 그 직접 피해자인 아동·청소년에게는 치유하기 어려운 정신적 상처를 안겨줄 뿐만 아니라, 이를 시청하는 사람들에게까지 성에 대한 왜곡된 인식과 비정상적 가치관을 조장한다. 따라서 아동·청소년을 이용한 음란물 '제작'을 원천적으로 봉쇄하여 아동·청소년을 성적 대상으로 보는 데서 비롯되는 잠재적 성범죄로부터 아동·청소년을 보호할 필요가 있다. 특히 인터넷 등 정보통신매체의 발달로 음란물이 일단 제작되면 제작 후 제작자의 의도와 관계없이 언제라도 무분별하고 무차별적으로 유통에 제공될 가능성이 있다. 이러한 점에 아동·청소년을 이용한 음란물 제작을 처벌하는 이유가 있다. (대법원 2018.9.13. 선고 2018도9340 판결)

아동·청소년성착취물을 제작한다고 하면 막연히 생각했을 때 음지에 있는 범죄조직이 아동·청소년을 납치해서 스튜디오에서 강제로 영상을 촬영하는 것과 같은 장면이 연상될지도 모르겠다. 하지만 대법원 판결에 따르면 그러한 것만이 아동·청소년성착취물의 제작에 해당하는 것이 아니다.

판결문 읽기

피고인이 직접 아동·청소년의 면전에서 촬영행위를 하지 않았더라도 아동·청소년이용음란물을 만드는 것을 기획하고 타인으로 하여금 촬영행위를 하게 하거나 만드는 과정에서 구체적인 지시를 하였다면, 특별한 사정이 없는 한 아동·청소년이용음란물 '제작'에 해당한다. 이러한 촬영을 마쳐 재생이 가능한 형태로 저장이 된 때에 제작은 기수에 이르고 반드시 피고인이 그와 같이 제작된 아동·청소년이용음란물을 재생하거나 피고인의 기기로 재생할 수 있는 상태에 이르러야만 하는 것은 아니다. 이러한 법리는 피고인이 아동·청소년으로 하여금 스스로 자신을 대상으로 하는 음란물을 촬영하게 한 경우에도 마찬가지이다.

… 원심판결 이유에 따르면, 피고인이 카카오톡 메신저를 이용하여 피해자에게 돈을 주겠다고 말한 다음 피해자로 하여금 피해자의 스마트폰에 부착된 카메라로 피해자를 대상으로 한 자위행위 등 음란행위 장면을 촬영하도록 지시하였고, 그에 따라 피해자가 자신의 스마트폰에 부착된 카메라로 피해자를 대상으로 한 자위행위 등

> 음란행위 장면을 촬영하도록 지시하였고, 그에 따라 피해자가 자신의 스마트폰에 부착된 카메라로 음란행위 장면을 촬영한 사실을 알 수 있다. 원심은, 그와 같이 촬영된 영상정보가 피해자의 스마트폰 주기억장치에 입력되는 순간 아동·청소년이용음란물의 제작을 마쳤다고 판단하였다. 피고인은 항소이유로 피해자로부터 촬영된 동영상 파일을 전송받기만 하였을 뿐 이를 저장하거나 유포하지 않았으므로 아동·청소년이용음란물의 제작에 해당하지 않는다고 주장하였으나, 원심은 이를 받아들이지 않았다. (대법원 2018.9.13. 선고 2018도9340 판결)

위 2018도9340 판결문에 드러난 사실관계를 간단히 짚어 본다. 행위자는 카카오톡 메신저를 이용하여 피해아동에게 자위행위 등 음란행위 장면을 촬영하도록 지시하였고, 피해아동은 행위자의 지시에 따라 스스로 영상을 촬영하였다.

이 경우 카카오톡 메신저로 촬영을 지시한 것만으로도 "제작"에 해당하고, 피해아동이 촬영을 마쳐서 그 영상이 피해아동 자신의 스마트폰에 저장된 순간 이미 제작은 기수에 이르렀다는 것이다. 이후에 피해아동이 행위자에게 영상을 전송하였는지 여부나, 행위자가 영상을 받아서 저장하였는지 여부는 문제가 되지 않는다.

아동·청소년성착취물의 제작 행위가 놀랄 만큼 쉽고 간단하게 이루어진다. 이렇게 쉽기 때문에 판단 능력이 미약한 아동·청소년들이 한순간의 호기심이나 잘못된 선택으로 가해자의 지시에 따라 사진이나 영상을 촬영하는 사건이 계속 발생하고 있는 것이다.

판단 능력이 미약한 것은 피해자뿐만이 아니다. 마찬가지로 판단 능력이 미약한 미성년자들이 가해자가 되는 사례도 늘어나고 있다. 〈사례 2〉 고등학생 아동복지법위반 사건 역시 행위자는 고등학교 2학년이었다.

더욱이 온라인 공간의 익명성은 가해자나 피해자 양쪽 모두에게, 자신이 밖으로 드러나지 않고 스마트폰 뒤에 안전하게 숨어 있다는 착각을 불러일으킨다. 이러한 착각 때문에, 혹은 상대방의 착각을 이용해서 수많은 가해자들이 스마트폰 뒤에서 마수를 뻗치고 있고, 그만큼이나 많은 피해자들이 마수에 걸려 돌이킬 수 없는 심각한 피해를 입고 있다.

n번방 사건을 계기로 관련 법률이 강화되는 등 온라인에서 벌어지는 성범죄에 대한 정부의 근절 노력도 계속되고 있지만, 오늘날 누구나 숨을 쉬듯 쉽게 접속하는 온라인 공간에서 벌어지는 범죄라는 점에서 국민들의 경각심 또한 절실하게 요구된다.

온라인에서의 성학대와 아동·청소년성착취물에 관한 논의를 마치기 전에 한 가지 법적 쟁점을 더 살펴보기로 한다. 만약 아동 본인이 사적인 소지를 위하여 스스로 영상을 촬영한 경우에도 청소년성보호법이 적용되어 처벌대상이 될까?

위 쟁점과 관련해서는 다음과 같은 대법원 판결이 있다.

판결문 읽기

... 제작한 영상물이 객관적으로 아동·청소년이 등장하여 성적 행위를 하는 내용을 표현한 영상물에 해당하는 한 대상이 된 아동·청소년의 동의하에 촬영한 것이라거나 사적인 소지·보관을 1차적 목적으로 제작한 것이라고 하여 구 아청법 제8조 제1항의 '아동·청소년이용음란물'에 해당하지 아니한다거나 이를 '제작'한 것이 아니라고 할 수 없다.

다만 아동·청소년인 행위자 본인이 사적인 소지를 위하여 자신을 대상으로 '아동·청소년이용음란물'에 해당하는 영상 등을 제작하거나 그 밖에 이에 준하는 경우로서, 영상의 제작행위가 헌법상 보장되는 인격권, 행복추구권 또는 사생활의 자유 등을 이루는 사적인 생활 영역에서 사리분별력 있는 사람의 자기결정권의 정당한 행사에 해당한다고 볼 수 있는 예외적인 경우에는 위법성이 없다고 볼 수 있을 것이다. 아동·청소년은 성적 가치관과 판단능력이 충분히 형성되지 아니하여 성적 자기결정권을 행사하고 자신을 보호할 능력이 부족한 경우가 대부분이므로 영상의 제작행위가 이에 해당하는지 여부는 아동·청소년의 나이와 지적·사회적 능력, 제작의 목적과 그 동기 및 경위, 촬영 과정에서 강제력이나 위계 혹은 대가가 결부되었는지 여부, 아동·청소년의 동의나 관여가 자발적이고 진지하게 이루어졌는지 여부, 아동·청소년과 영상 등에 등장하는 다른 인물과의 관계, 영상 등에 표현된 성적 행위의 내용과 태양 등을 종합적으로 고려하여 신중하게 판단하여야 한다. (대법원 2015.2.12. 선고 2014도11501, 2014전도197 판결)

즉 법원은 아동의 동의하에 촬영된 것이라거나 사적인 소지·보관을 1차적 목적으로 제작된 것이라도 원칙적으로 아동·청소년성착취물에 해당된다고 본다. 다만 예외적으로 아동이 사적인 소지를 위하여 자신을 대상으로 제작하거나 그 밖에 이에 준하는 경우라면 위법성이 없다고 볼 수 있는 여지가 있을 것이라고 하나, 그 기준도 매우 엄격하게 보고 있다.

앞서 살펴본 사례들 중 〈사례 39〉 개목걸이 사건과 〈사례 41〉 경찰 사칭 사진 요구 사건에서 모두 위 쟁점이 다투어졌는데, 먼저 〈사례 39〉의 1심 법원의 판단부터 살펴보면 다음과 같다.

판결문 읽기

... 피고인이 그 주장과 같이 촬영행위에 대하여 피해자의 동의를 받았다거나 사적인 소지를 목적으로 촬영하였다고 하더라도, 피해자의 나이, 사회적 능력, 사진을 촬영한 동기, 피고인과 피해자의 관계 및 피고인이 피해자가 SM 행위를 하는 사진을 촬영한 후 이를 누구나 볼 수 있도록 게시한 점 등에 비추어 보면, 이는 사리분별력이 충분한 청소년인 피해자가 성적 행위에 관한 자기결정권을 자발적이고 진지하게 행사한 것으로 보기 어려우므로, 예외적으로 위법성이 없는 경우에 해당한다고 볼 수도 없다. (수원지방법원 2016.11.1. 선고 2016고합235 판결)

한편 〈사례 41〉의 1심 법원의 판단을 살펴보면 다음과 같다.

판결문 읽기

... ① 피해자는 이 사건 범행 당시 만 11세로 초등학교 6학년에 불과한바, 피해자의 성적 가치관 및 판단능력이 충분히 형성되었다고 볼 수 없는 점, ② 이 사건 동영상에는 피해자의 내밀한 신체 부위가 그대로 촬영되어 있고 그 내용 또한 몹시 적나라하고 변태적인 점, ③ 이 사건 동영상에서 피해자가 하는 음란한 말과 ... 성적 행위의 내용은 피고인의 성적 호기심을 충족하기 위하여 피고인의 의사·요구에 따라 선택된 것으로 보이는 점 등을 종합하여 보면, 피해자가 이 사건 동영상을 촬영함에 있어 동의한 행위가 사리분별력 있는 피해자가 성적 행위에 관한 자기결정권을 자발적이고 진지하게 행사한 것이라고 볼 수는 없으므로, 피고인의 이 사건 동영상 촬영 행위가 예외적으로 위법성이 없는 경우에 해당한다고도 볼 수 없다. (광주지방법원 2018.9.14. 선고 2017고합461 판결)

즉 〈사례 39〉와 〈사례 41〉 모두 아동·청소년성착취물을 제작한 행위에 대하여 유죄를 인정하였다.

26. 선생님과 제자의 사랑, 드라마처럼 아름다울까

영화나 드라마에 단골로 등장하는 소재 가운데 하나가 선생님과 제자의 사랑이다. 누구나 사춘기 시절 한 번쯤은 선생님에게 애틋한 감정을 품었던 경험이 있고, 금기를 깬다는 아슬아슬함이 자극적으로 다가오기 때문일 것이다.

그러나 금기를 깬 사랑 이야기가 아름답게 느껴지는 이유는 그것이 금기이기 때문이다. 허구와 현실이 혼동되어서는 안 된다. 허구의 세계에서 창작의 자유는 보장되어야 하지만, 현실에서 발생한 일에 대해서는 엄격한 법적, 윤리적 기준에 따른 평가가 뒤따라야 할 것이다.

교사가 학생을 성학대한 혐의로 기소되었으나 학생과 연애하는 관계였다고 주장한 사례들을 살펴보자.

사례 42
남교사-여고생 연인 관계 사건

행위자는 고등학교 국어 교사로서 유부남이자 세 자녀의 아버지이며, 피해아동(여)은 위 고등학교의 학생이었다.

행위자는 2016.8.경부터 학교에서 시행하는 토요스쿨의 수업을 마친 후 승용차로 피해아동을 데려다주다가, 2017.2.25.경 피해아동(당시 16세)의 집 앞에서 피해아동과 키스를 하고 그 무렵부터 서로 사귀게 되었다.

행위자는 2017.4.경부터 2017.6.경까지 사이에 토요스쿨을 마친 후 승용차에 피해아동을 태우고 아파트 지하주차장으로 가서 주차한 다음 피해아동의 하의를 벗기고 음부에 손가락을 삽입하고, 입으로 음부 부위를 빨고, 피해아동으로 하여금 입으로 행위자의 성기를 빨게 하였다.

2017.8.12.경에는 상가건물의 지하에서 입으로 피해아동의 귀와 목덜미 부위를 빨고, 손으로 피해아동의 가슴과 음부 부위를 만지고, 피해아동과 성교를 시도하고, 피해아동으로 하여금 입으로 행위자의 성기를 빨게 하였다.

행위자와 피해아동의 관계가 학교에 널리 알려지면서 피해아동은 정신적으로 커다란 고통을 겪게 되었다. 2017.12.29. 피해아동에 대한 심리학적 검사를 진행한 정신건강임상심리사는 피해아동이 우울증, 불안감, 좌절감, 소외감 등의 부정적 정서를 크게 겪으면서 자신과 타인들 및 세상에 대하여 비관적 사고를 품고 있으며 몇 차례 자살 시도를 하는 등 자살 사고도 높다는 소견을 밝혔다.

법원은 행위자가 피해아동을 상대로 2차례에 걸쳐 구강성교 등을 한 행위가 아동복지법 제17조 제2호를 위반한 성학대에 해당한다고 보았다. 행위자에게는 아동학대범죄의처벌등에관한특례법위반(아동복지시설종사자등의아동학대가중처벌)죄가 인정되었으며 최종적으로 징역 1년에 집행유예 2년, 160시간의 사회봉사와 24시간의 성폭력 치료강의 수강 명령, 취업제한 3년이 선고되었다.

[사건번호]
부산지방법원 2019.2.20. 선고 2018고단2325 판결
부산지방법원 2019.8.23. 선고 2019노814 판결

교사와 학생, 그것도 가정이 있는 교사와 학생의 연인 관계라면 그 결말

이 아름답기를 기대하기는 무리일 것이다. 결국은 학생에게 큰 상처를 남기게 됨을 위 〈사례 42〉가 잘 보여 주고 있다.

앞서 〈사례 39〉 개목걸이 사건을 살펴보면서, "성적 도의관념에 어긋나고 아동의 건전한 성적 가치관의 형성 등 완전하고 조화로운 인격발달을 현저하게 저해할 우려가 있는 행위"라면 성학대에 해당한다고 하였다. 〈사례 42〉는 〈사례 39〉와 비교하면 행위 자체의 변태성은 상대적으로 덜하다고 할 수 있겠지만(그러나 지하주차장이나 건물 지하 등 공동으로 이용되는 장소에서 구강성교 등을 한 행위가 과연 정상적인지는 사람마다 생각이 다를 수 있을 것이다) 그보다는 사제지간이라는 관계에 주목하여 "성적 도의관념에 어긋나고 아동의 완전하고 조화로운 인격발달을 현저하게 저해할 우려가 있는 행위"라고 판단한 예로 볼 수 있다.

다음 사례도 〈사례 42〉와 유사한 예다.

사례 43

남교사-여중생 연인 관계 사건

행위자는 중학교 과학 교사로서 사건당시 32세의 유부남이었으며, 피해아동(여)은 위 중학교의 학생이었다.

2011년경 피해아동(당시 14세)은 방과 후 수업으로 행위자에게 통기타를 배우면서, 부모가 반대하는 가수의 꿈을 행위자가 지지하고 격려해 주자 행위자를 신뢰하여 행위자와 편지, 문자메시지, 전화 등으로 자주 연락을 하게 되었으며, 사적인 만남도 갖게 되었다.

행위자는 2011.6.26.경 자신의 차량에 피해아동을 태우고 가다가 아파트 부근에 주차하고, 차량 뒷좌석에서 피해아동에게 키스하고, 피해아동의 상의 안쪽으로 손을 넣어 가슴을 만지고, 하의 안쪽으로 손을 넣어 피해아동의 속옷 위로 음부를 만졌다.

그로부터 2011.8.경까지 행위자는 총 6차례에 걸쳐 피해아동을 만나면서 피해아동에게 키스하고 가슴 등을 만지는 행위를 하였고, 피해아동에게 행위자의 성기를 만지게 하거나 입으로 빨게 하기도 하였고, 피해아동의 음부에 행위자의 성기를 갖다 대고 자위행위를 해서 피해아동의 배 위에 사정하기도 하였다.

당시 피해아동은 행위자를 신뢰하면서도 혼란스러운 감정을 느꼈던 것으로 보인다. 피해아동은 어느 날 친구에게 "선생님의 성기를 보았다", "선생님이 자신의 성기를 만지고 핥았다"고 말하면서 서럽게 울음을 터뜨리기도 하였고, "장난감 같다. 싫지만 거절하면 버려질 것 같다"는 말을 하기도 하였다.

법정에서 행위자는 피해아동과 연인 관계였다는 점 등을 들어 무죄를 주장했지만 법원은 이를 받아들이지 않고, 아동복지법위반(아동에대한음행강요·매개·성희롱등) 혐의를 인정하였다. 최종적으로 행위자에게는 징역 1년6월과 40시간의 아동학대 치료프로그램 이수명령, 취업제한 3년이 선고되었다.

[사건번호]
서울중앙지방법원 2019.2.1. 선고 2018고단3767 판결
서울중앙지방법원 2019.7.18. 선고 2019노574 판결
대법원 2019.10.17. 선고 2019도11699 판결

위 〈사례 43〉의 쟁점은 〈사례 42〉와 동일하다고 볼 수 있다. 피해아동과 연인 관계였으므로 죄가 없다는 행위자의 주장을 2심 법원은 정문일침(頂門一針)과도 같은 통렬한 한마디로 일축하였다.

>
> **판결문 읽기**
>
> 32세의 유부남 선생님인 피고인과 위에서 본 바와 같이 성적으로 미숙한 14세의 여중생인 피해자 사이에 온전한 성적 자기결정권을 바탕으로 자유로운 성적 행위가 가능하다는 전제의 연인관계는 성립할 수 없다. (서울중앙지방법원 2019.7.18. 선고 2019노574 판결)

그런데 위 〈사례 42〉, 〈사례 43〉과 마찬가지로 유부남인 교사와 학생 사이에서 발생한 사건임에도 무죄로 판결된 사례가 있어 함께 살펴볼 필요가 있다.

사례 44
남교사-여고생 모텔 성관계 사건

행위자는 고등학교 교사로서 같은 학교의 교사와 혼인한 유부남이었음에도 불구하고, 이를 숨기고 다수의 젊은 여성들과 교제하고 있었다. 행위자는 위 고등학교 학생인 피해아동(여, 당시 17세)과 친밀하게 지내면서 2016.5.경부터 2016.6.경까지 사이에 휴대전화를 이용하여 "낼 섹시하게 입고오심. 자체가 섹시하긴 하지만. 난 낼 바로 경찰서를 가겠소", "그럼 낼 눈 보고 오빠 하기! 그럼 난 키스한데!!!", "보고싶다 생각하니 많은 생각이 드네... 안지만 말고 좀 더... 표현할래"와 같은 메시지를 보냈다. 위와 같은 메시지들에 대하여 피해아동은 "ㅋㅋㅋㅋㅋ 아 아니에요옹ㅎ", "부끄러벌써...", "낼보자마자 좀 안죠ㅎ"와 같이 반응하면서 자연스레 대화를 이어 갔다.

2016.6.24.경 행위자는 피해아동을 다른 학생들(친구들)과 함께 음식점으로 불러내어 함께 술을 마시고, 다음날 새벽 1시경 모텔에 객실을 잡아 피해아동을 포함한 학생들을 투숙하게 하고, 자신은 그 옆방에 투숙하였다. 그리고 2시경 피해아동에게 할 말이 있으니 옆방으로 오라고 메시지를 보냈다.

피해아동이 행위자의 방으로 오자 행위자는 피해아동에게 침대에 누우라고 한 후 피해아동의 옷을 벗기려고 하였다. 피해아동이 "잠시만요"라고 하면서 제지하였음에도 불구하고 행위자는 피해아동의 옷을 모두 벗겼다. 행위자가 "하지 말까"라고 묻자 피해아동은 고개를 끄덕이며 "네"라고 대답했으나, 행위자는 이에 응하지 않고 피해아동을 간음하였다.

피해아동은 아침에 행위자의 방에서 나와 친구들에게 돌아간 후 친구들에게는 행위자와 있었던 일을 감추었고, 다 같이 행위자의 차를 타고 기차역으로 가서 기차를 타고 귀가하였다.

이후 2016.8.경까지 행위자는 피해아동과 두 차례 더 만나 성관계를 하였다.

2016.9.경 피해아동은 행위자가 다른 여학생과 연락을 주고받았다는 사실과 기혼자라는 사실을 알게 되었고 강한 배신감과 원망을 느꼈으나, 이후에도 행위자에게 "결혼했다는건 숨기지말지.. 진짜..", "아니에요 힘들게해서 죄송합니다.. 목소리한번만 듣고싶었는데 저나해주셔서 감사해요 그리고 우리엄마 너무 신경 안쓰셔도 되요 제가 잘말할게요 너무 힘들어하지마세요 저도 잘 이겨낼라고 노력중이에요 쌤도 항상 웃었으면 좋겟어요 웃는모습이 멋있으니까 잘사세요.. 고마웟고 미안햇어요"라는 등의 메시지를 보내기도 했다.

검사는 행위자가 피해아동에게 메시지를 보낸 행위에 대하여 아동복지법위반(아동에대한음행강요·매개·성희롱등) 혐의를, 모텔에서 피해아동을 불러 간음한 행위에 대하여 아동·청소년의성보호에관한법률위반(위계등간음)과 간음유인 혐의를 적용하여 기소하였으나 1심 법원은 무죄로 판결하였다. 검사가 항소했으나 2심 법원은 항소를 기각하였다.

[사건번호]
대구지방법원 서부지원 2018.9.20. 선고 2017고합55 판결
대구고등법원 2019.3.27. 선고 2018노430 판결

법리적인 판단을 잠시 접어 두고 일반적인 상식과 통념에 비추어 볼 때, 과연 위 〈사례 44〉의 행위자에게는 죄가 없을까? 사람마다 생각이 조금씩 다를 수도 있겠지만, "저게 선생님으로서 할 행동인가?"라고 묻는다면 대부분의 사람들이 고개를 저을 것이다.

위 〈사례 44〉에서 검사는 피해아동에게 메시지를 보낸 행위에 대하여만 아동복지법위반(아동에대한음행강요·매개·성희롱등) 혐의를 적용하고, 모텔에서 피해아동을 불러 간음한 행위에 대하여는 아동·청소년의성보호에관한법률위반(위계등간음)과 간음유인 혐의를 적용하였으며, 법원도 검사의 기소에 따라서만 판단하였다. 다시 말해 행위자가 모텔에서 피해아동을 불러 간음한 행위에 대하여는 아동복지법 제17조 제2호가 적용되지 않았다.

아동·청소년의성보호에관한법률위반(위계등간음)과 간음유인에 관한 법률조항부터 확인해 보면 다음과 같다.

형법

제288조(추행 등 목적 약취, 유인 등) ① 추행, 간음, 결혼 또는 영리의 목적으로 사람을 약취 또는 유인한 사람은 1년 이상 10년 이하의 징역에 처한다.

> 📖 **청소년성보호법**
>
> **제7조(아동·청소년에 대한 강간·강제추행 등)** ⑤ 위계(僞計) 또는 위력으로써 아동·청소년을 간음하거나 아동·청소년을 추행한 자는 제1항부터 제3항까지의 예에 따른다.

위 〈사례 44〉에서 법원은 행위자가 피해아동을 모텔로 데려가거나 자신의 방으로 부른 행위가 간음유인에 해당하지 않는다고 보았다. 또한 검사는 행위자가 위력으로써 피해아동을 간음하였다는 취지로 기소하였으나, 법원은 그렇지 않다고 보았다.

여기서 위력(威力)이란 피해자의 자유의사를 제압하기에 충분한 세력을 말하고, 유형적이든 무형적이든 묻지 않으므로 폭행·협박뿐 아니라 행위자의 사회적·경제적·정치적인 지위나 권세를 이용하는 것도 가능하다(대법원 2008.7.24. 선고 2008도4069 판결 참조).

행위자와 피해아동이 교사와 학생이라는 특수한 신분관계에 있었음에도 위력으로써 간음한 경우에 해당하지 않는다고 본 〈사례 44〉의 법원 판단이 과연 타당한지에 대해서는 다소 의문의 여지가 있다. 1심 판결문을 보면 "피해자다움"을 강요하는 것처럼 해석될 수 있는 문장이 있어, 성인지 감수성의 측면에서 비판이 가능하다.

판결문 읽기

... 피해자가 당시 피고인을 무섭다고 느낄 만한 특별한 계기나 이유가 있었는지에 대한 수긍할 만한 설명은 찾아보기 어렵다. 오히려 이 사건 당시 피해자와 피고인의 관계, 피고인이 피해자를 때리거나 위협한 사실이 없는 점, 피해자가 이 사건 객실을 나가려고 하거나 바로 옆방에 있는 친구들에게 도움을 청한 사실이 없고, 아침에 걸려온 친구들의 전화도 받지 않은 점, 친구들을 비롯한 주변 사람들에게 이 사건 성관계에 대하여 이야기하지 않았고 피고인과 계속하여 친밀한 관계를 유지한 점 등에 비추어 보면 피고인이 무서워서 성관계를 거부하지 못하였다는 취지의 피해자의 진술은 선뜻 이해하기 어렵다.

... 피해자는 이 사건 성관계 이후 2017.8.경까지 피고인과 두 차례 더 성관계를 하는 등 친밀한 관계를 유지하였는데, 이와 같은 피해자의 태도는 의사에 반하여 간음을 당한 피해자의 모습이라고 하기에는 이해하기 어려운 측면이 있다. (대구지방법원 서부지원 2018.9.20. 선고 2017고합55 판결)

그러나 〈사례 44〉의 법원 판결의 가장 큰 문제점은 행위자가 피해아동과 성관계를 한 행위에 대하여 아동복지법 제17조 제2호에 따른 성학대에 해당하는지 여부를 판단하지 않았다는 점이다.

앞서 살펴본 2019노574 판결에서 단언했듯이, 유부남이고 교사인 행위자와 학생인 피해아동 사이에 "온전한 성적 자기결정권을 바탕으로 자유로운 성적 행위가 가능하다는 전제의 연인 관계는 성립할 수 없다"고 해야 할 것이다. 따라서 위력 여부와 무관하게, 나아가 설령 피해아동이 행위자를 사랑하고 내심으로 성관계를 원했다고 할지라도, 법원은 행위자와 피해아동의 성관계가 성적 도의관념에 어긋나고 아동의 건전한 성적 가치관의 형성 등 완전하고 조화로운 인격발달을 현저하게 저해할 우려가 있는 행위인지 판단했어야 했다.

생각건대 교사와 학생이라는 특수한 신분관계에서 성인과 아동의 성관계는 아동의 동의가 있더라도 다른 특별한 사정이 없는 한 성학대에 해당한다고 보아야 할 것이다. 학생을 올바른 길로 이끌어야 할 교사의 직업윤리에 비추어도 그렇게 봄이 마땅할 것이다.

27. 여강사와 남중생의 관계, 법원의 판단은?

앞서 살펴본, 교사와 학생이 연인 관계에 있었던 사례들은 모두 교사가 남성이고 학생이 여성인 경우였다. 위 사례들뿐 아니라 대다수의 성학대 사건에서 행위자는 남성이고 피해아동은 여성이다.

반면 다음에 소개할 사례는 행위자인 학원 강사가 여성이고 피해아동이 남성인 경우다. 해당 사례를 따로 소개하는 이유는 성별이 바뀌었다는 점이 특이하기 때문이 아니라, 해당 사례의 법원 판결이 성학대의 의미를 심도 있게 고찰하고 있으며 그 논지가 이 책에서 지금까지 논의한 바와도 일맥상통하기 때문이다.

> **사례 45**
> **여강사-남중생 연인 관계 사건**
>
> 행위자(여)는 사건당시 31세로 학원에서 영어 과목을 강의하는 강사였으며, 피해아동(남, 사건당시 13세)은 중학생으로 위 학원에 다니면서 행위자의 영어 강의를 수강한 학생이었다.
>
> 행위자는 2015.9.초부터 학원 강의를 마치고 집이 같은 방향에 있는 피해아동과 함께 인근 전철역까지 동행하게 되면서 친밀해진 것을 계기로 피해아동에게 호감을 나타냈으며, 2015.9.27.경 피해아동에게 사귀자는 의미로 "만나 보자"고 말하였다.
>
> 행위자는 피해아동에게 "같이 씻을까?", "안아 보자", "말 안하고 보여줘도 돼? 행동으로, 말하기엔 너무 부끄러움"이라는 등의 선정적인 문자메시지를 보냈으며, 피해아동에게 행위자의 오피스텔에 놀러 오라고

한 뒤 "내가 내일이면 맘껏 널 잡아먹을 수, 잡아먹을꼬임!! 기필코"라는 메시지를 보내기도 하였다.

2015.10.9.경 행위자는 피해아동을 자신의 오피스텔로 데려와 TV를 보게 하다가 옆에 앉아서 피해아동의 셔츠 단추를 풀고, 이에 피해아동이 당황하며 셔츠를 감싸 안고 거부하는 듯한 동작을 보이자 피해아동의 손을 치운 후 다시 셔츠 단추를 풀고 피해아동을 침대에 눕힌 다음 피해아동의 위로 올라가서 피해아동과 성관계를 하였다.

그로부터 2015.10.25.경까지 행위자는 피해아동은 총 4회에 걸쳐 피해아동과 성관계를 하였다.

1심 법원은 행위자에게 아동복지법위반(아동에대한음행강요·매개·성희롱등)죄를 인정하고 징역 8월에 집행유예 2년, 120시간의 사회봉사명령을 선고하였다. 행위자는 자신의 행위가 성학대에 해당하지 않는다는 취지로 항소하였으나 2심 법원은 행위자의 주장을 배척하였으며, 오히려 1심 법원의 선고 형량이 지나치게 가볍다는 검사의 항소를 받아들여 행위자에게 징역 6월의 실형을 선고하였다.

[사건번호]
인천지방법원 부천지원 2016.8.24. 선고 2016고단661 판결
인천지방법원 2017.8.11. 선고 2016노3342 판결

위 〈사례 45〉에서 2심 판결문에 의미 있는 내용이 많으므로 발췌해서 함께 읽어 본다. 2심 법원은 우선 아동복지법 제17조 제2호의 의미에 관하여 다음과 같이 고찰하였다.

판결문 읽기

　강제, 위력(특히 지위를 이용한 경우), 위계, 혼미상태 이용, 댓가 지불 등의 불법적인 행위요소가 결합되어 있는 성관계에 대하여는 아동복지법 제71조 제1항 제1의2호, 제17조 제2호(아동에 대한 성적 학대행위)의 규정이 아니더라도 성행위에 관한 다른 법률규정에 의하여 그 범죄의 죄책에 상응하는 형사상 처벌이 가능함은 물론이다.

　그런데 아동에게 음란한 행위를 시키거나 성적 수치심을 주는 성희롱을 하였는지 여부, 즉 아동복지법 제17조 제2호 소정의 '성적 학대행위'에 해당하는지 여부가 핵심 쟁점인 이 사건의 경우에 있어서, 위 법규상의 '음란한 행위' 내지 '성희롱' 등의 문언은 국회의 입법형식상 포괄구(包括句)에 해당하는 것으로서 그 안에는 추상적인 뜻과 맥락을 내포하고 있으므로, 그 법규범상의 의미를 선뜻 기계적으로 확정하는 데에는 어려움이 있다.

　이러한 경우에 해당 법률규정에 대한 법해석을 하는 법관으로서는 위 법규가 갖는 국어사전상의 의미를 고찰하는 문언해석에 머무는 것이 아니라, 문언의 포괄적 의미가 외연적으로 획정되는 허용 가능한 범위 내에서 국회가 아동복지법상의 해당 법규의 입법을 통하여 달성하고자 했던 우리 사회의 바람직한 현상적인 목표점(역사적 해석), 위 해당 법규가 아동복지법의 전체적인 체계와 맥락에서 갖는 위치(체계적 해석), 위 해당 법규로부터 논리적으로 도출될 수 있는 규범적 힘(논리적 해석)에 대하여 평형감각에 입각하여 체계적이고 조화로운 해석을 하여야 한다.

그러므로 아동복지법의 전체적인 체계와 맥락 등에 관하여 보건대, 아동복지법은 18세 미만의 아동이 건강하게 출생하여 행복하고 안전하게 자랄 수 있도록 아동의 복지를 보장하는 것을 목적으로 하고(제1조, 제3조 제1호), 여기서 아동복지라 함은, 아동이 행복한 삶을 누릴 수 있는 기본적인 여건을 조성하고 조화롭게 성장·발전할 수 있도록 하기 위한 지원을 하는 것인데 이러한 지원은 단순히 개인적인 차원에서 그치는 것이 아니라 경제적·사회적·정서적 차원의 지원을 망라하는 것을 의미하며(제3조 제2호), 아동은 완전하고 조화로운 인격발달을 위하여 행복하게 자라나야 하며(제2조 제3항), 아동에 관련된 모든 활동에 있어서 아동의 이익이 최우선적으로 고려되어야 한다(제2조 제3항).

위와 같은 법의 체계와 목적 및 관련법리에 비추어 볼 때, 아동복지법의 보호법익은 아동의 자유의사를 존중하거나 누군가로부터 기존 형사법상의 피해를 강제로 당하지 않는 데에만 머무는 것은 아니고, 아동이 자신의 성(性)적 정체성 및 성(性)적 자기결정권의 형성과 행사를 하는 점에 대하여 이를 그 아동이 신체적·정서적으로 건강하게 발견해 나아가며 공동체 구성원들과의 상호관계를 조화롭게 이해하며 바람직하게 성장할 수 있도록 그와 관련된 주변 환경과 기본적인 여건을 사회 전체적으로 조성하는 데에 있는 것이다. (인천지방법원 2017.8.11. 선고 2016노3342 판결)

요약하면, 아동복지법 제17조 제2호의 문언은 추상적인 뜻과 맥락을 내포하고 있으므로 역사적 해석, 체계적 해석, 논리적 해석 등의 방법으로 평형감각에 입각하여 체계적이고 조화로운 해석을 하여야 하는데, 그렇게 해석하면 아동복지법의 보호법익은 아동의 자유의사를 존중하거나 기존 형사법상의 피해를 당하지 않게 하는 데만 머무는 것이 아니라, 보다 적극적으로 아동이 바람직하게 성장할 수 있도록 환경과 여건을 조성하는 데 있다는 의미가 되겠다.

다른 법률에도 성범죄는 충분히 규정되어 있지만, 아동복지법 제17조 제2호는 다른 법률의 규정보다 한 걸음 더 나아가서 아동의 건강한 성장과 발달을 침해하는 행위를 적극적으로 처벌하기 위한 규정이라는 의미로도 풀이할 수 있을 것이다.

이는 앞서 살펴본 바 있는, 성학대란 "성적 도의관념에 어긋나고 아동의 건전한 성적 가치관의 형성 등 완전하고 조화로운 인격발달을 현저하게 저해할 우려가 있는 행위"를 가리킨다는 입장(대법원 2017.6.15. 선고 2017도3448 판결 참조)과도 일맥상통하는 것으로 생각된다.

위와 같이 아동복지법 제17조 제2호의 의미를 고찰한 다음, 위 2016노3342 판결은 행위자의 무죄 주장을 다음과 같이 단호하게 배척하고 있다.

판결문 읽기

... ㉠ 피고인이 아동복지법의 취지와는 동떨어진 맥락에서 이 사건 각 성관계에 수반하여 강제행위나 위력행위 등 별도의 불법요소가 없었다는 점만을 강조하거나, ㉡ 또는 정신적·정서적으로 미숙한 상태의 나이 어린 피해자가 18세 연상의 학원강사인 피고인과

사이에 자발적인 의사로 성관계를 맺었다는 점을 강조하거나, ⓒ 또는 이와 같은 상태의 나이 어린 피해자가 학원강사인 피고인에 대한 선처를 아직도 원하고 있다는 점 등을 강조하면서 넓은 의미의 교육자인 피고인이 이와 같이 미성숙한 상태의 아동인 피해자의 의사(意思)나 성(性)적 자기결정권을 핑계 삼아 자신의 성욕을 충족한 것에 대한 면죄부의 구실로 삼으려고 하는 행태 및 주장은 그 자체로서 정당성이 없다고 판단된다. (인천지방법원 2017.8.11. 선고 2016노3342 판결)

이어서 위 2016노3342 판결은 다음과 같이 유죄의 이유를 설시하고 있다.

판결문 읽기

... ㉠ 피고인(여, 31세)과 피해자(남, 13세) 사이의 연령상의 격차가 18세가 날 뿐만 아니라 피해자의 절대적인 연령 자체가 13세에 불과하여 매우 어린 점, ㉡ 피고인은 학원강사로서 교육자의 지위에 있는데 그러한 지위를 상당한 정도 이용하여 나이 어린 중학생인 피해자를 의도적으로 유혹한 가운데 자신의 집으로 유인하여 4회에 걸쳐 성관계에 이르게 된 점, ㉢ 피고인은 교육자의 지위에 있기 때문에 학원생활을 포함한 일상생활에 대하여 아동인 피해자를 보호하고 육체적·정신적·정서적으로 건강하고 조화롭게 성장할 수 있도록 지도나 도움을 주어야 할 책임이 있는데, 이러한 지위나 책임을 망각한 채 아동인 피해자를 외부의 유해한 환경으로부터

보호하기는커녕 피고인 자신이 피해자를 성(性)적 대상으로 삼아 자신의 성적 욕구를 충족하는 데 이용한 점, ㉣ 아동인 피해자를 성적으로 수단화, 대상화하는 내용의 이 사건 범행이 청소년에게 유해한 사회적 환경이나 공간에서 벌어진 것이 아니라 사회구성원들이 비교적 안전하다고 신뢰하며 또한 신뢰해야 할 공간인 교육현장 주변에서 벌어진 것에 그 죄책의 무거움이 있는 점, ㉤ 피고인의 위와 같은 행위는 아동인 피해자가 자신의 성(性)적 정체성 및 성적 자기결정권의 형성과 행사를 하는 점에 대하여 이를 그 아동이 신체적·정서적으로 건강하게 발견해 나아가며 공동체 구성원들과의 상호관계를 조화롭게 이해하며 바람직하게 성장해 나아가는 것에 대하여 상당히 심각한 수준의 해로운 영향을 미친 것으로 보이는 점, ㉥ 아동인 피해자는 편모슬하에서 열심히 공부하며 전교 석차를 상위로 유지하는 등 성실하고 모범적으로 성장해 왔는데, 피고인이 저지른 이 사건 범행을 계기로 피해자의 정신적·정서적 측면에 악영향을 미쳤다고 보일 뿐만 아니라, 교육자인 피고인은 피해자 본인에 대한 피해에서 더 나아가 그 어머니에 대한 관계에 있어서도 배신행위를 한 것으로서 교육현장에 존재해야 할 신뢰관계에 심각한 수준의 균열을 일으킨 점, ㉦ 또한 피해자의 어머니는 계속적으로 피고인에 대한 엄한 처벌을 원하고 있는 점 등의 사실 및 사정을 알 수 있다. (인천지방법원 2017.8.11. 선고 2016노3342 판결)

읽으면서 시은땀이 흐를 정도로 추상(秋霜)같은 문장이다. 학원 강사도 교육자로서 아동이 건강하고 조화롭게 성장할 수 있도록 도움을 주어야 할 책임이 있음을 강조하고, 나아가 교육 현장에 존재해야 할 교육자와 학부모 간의 신뢰 관계까지도 언급한 부분을 주의 깊게 읽을 만하다.

마지막으로 위 2016노3342 판결은 보호자에 의한 성학대의 본질에 대하여 다시 한번 쐐기를 박듯 언급하고 있다.

판결문 읽기

… 성인은 아동에게 무엇인가를 시키고 아동은 성인으로부터 무엇인가를 시킴을 받는 인적 관계에 있어서 그에 따라 성인과 아동 사이에 강하거나 또는 약한 정도의 보호관계가 존재하는 경우에 있어서는, 이러한 신분 내지 지위에 있는 성인이 그러한 인적 관계를 이용하여 아동의 정체성 형성과 인격 발달에 저해되는 방향으로 음란한 행위를 시키거나 성적 수치심을 일으키는 성희롱 등을 하는 것에 그 불법의 핵심적인 본질이 있는 것이지, 이것에 반응하는 피해자 아동의 육체적인 성숙도나 싫지 않은 반응을 보였는지 여부 등의 사정이 범죄의 성립 내지 죄책의 경중에 대하여 의미 있는 장애사유 및 판단기준이 되는 것은 아니다. (인천지방법원 2017.8.11. 선고 2016노3342 판결)

성학대와 관련하여 위 2016노3342 판결은 매우 중요한 의미를 갖는 것으로 생각된다. 특히 아동의 보호자에 의한 성학대 여부를 판단함에 있어서 중요한 참고가 될 수 있을 것이다.

28. 아동에게 "꽃뱀" 역할을 시켰다면

아동복지법 제17조 제2호 전단의 "아동에게 음란한 행위를 시키거나 이를 매개하는 행위"는 행위자가 아동으로 하여금 제3자를 상대방으로 하여 음행을 하게 하는 행위를 가리키는 것일 뿐, 행위자 자신이 직접 그 아동의 음행의 상대방이 되는 것까지를 포함하는 의미는 아니라고 해석됨을 앞서 살펴보았다(수원지방법원 2016.11.1. 선고 2016고합235 판결 참조).

그렇다면 과연 구체적으로 어떤 경우에 아동복지법 제17조 제2호 전단이 적용될 수 있는 것일까? 관련 사례를 알아보자.

사례 46

꽃뱀작업 사건

행위자는 공모자들과 함께, 속칭 "호구"라 불리는 남성에게 미성년 여성인 "꽃뱀"과 신체적 접촉을 갖도록 유도한 다음 이를 빌미로 돈을 갈취하는 속칭 "꽃뱀작업"을 하기로 공모하고, 행위자가 전체적인 범행 계획을 수립하여 각 공모자들에게 역할을 분담하였다.

꽃뱀을 섭외하는 역할을 맡은 공모자 G는 피해아동 N(여, 17세)에게 "호구와 같이 자면 돈을 주겠다"고 말하여 범행 모의에 끌어들였다. 한편 호구를 물색하는 역할을 맡은 공모자 M(남)은 동네 선배인 피해자 R(남)에게 술을 마시자고 제의하여 호프집으로 유인하고 공모자들에게 연락하였다.

N이 또 다른 공모자 H(여)와 함께 호프집에 들어와 M과 R의 테이블 옆에 자리를 잡자, M은 서로 모르는 사이처럼 가장하고 합석을 제의하였다. M과 H가 파트너가 되고, N과 R이 파트너가 되어 노래방으로

자리를 옮겨서 술을 마시고 노래를 부르던 중, N이 술에 취해 잠든 척을 하자 M은 같이 모텔에 가자는 제안을 하여, 모텔에서 N과 R을 같은 방에 투숙하도록 하였다. 모텔 방에서 N은 R과 성관계를 하던 중 갑자기 소리를 지르며 복도로 뛰어나가 도망쳤다.

다음날 M은 다른 공모자 K, Q와 함께 R을 찾아가 N이 알고 보니 미성년자였다며, N의 삼촌으로 가장한 공모자 F에게 R을 데려갔다. F가 R에게 "징역 10년을 살게 하겠다, 너는 사람도 아니다, 인간쓰레기다"와 같은 말을 하면서 R을 때리고 협박하자, M, K, Q는 말리는 척하면서 R에게 합의를 해야 한다고 바람을 잡아, 1억 원에 합의한다는 내용의 합의서를 작성하게 하고, 즉석에서 R의 승용차와 화물차를 담보로 1,300만 원을 빌리도록 주선하여 선이자 30만 원을 제외한 1,270만 원을 R이 F에게 교부하도록 하였다.

행위자는 폭력행위등처벌에관한법률위반(공동공갈) 이외에 아동복지법위반(아동에대한음행강요) 혐의로도 기소되었다. 그러나 법원은 피해아동 N이 실제로 18세 미만임을 행위자가 알고 있었다는 점이 증명되지 않았다고 보고 이 부분 아동복지법위반(아동에대한음행강요) 혐의에 대하여는 무죄로 판단하였다.

다만 행위자는 위 범행 이외에도 다른 피해아동 AO(여, 14세)에게도 유사한 방법으로 꽃뱀 역할을 시킨 사실이 인정되어 이 부분에 대하여는 아동복지법위반(아동에대한음행강요) 혐의가 인정되었다.

[사건번호]
의정부지방법원 2017.5.10. 선고 2016고단1626, 3545(병합), 3812(병합) 판결
의정부지방법원 2017.9.28. 선고 2017노1305 판결

아동을 성(性)적 대상으로 삼는 자들이 늘어난 만큼, 그런 자들의 심리를 역이용하여 공갈의 표적으로 삼는 범죄자들도 늘어나고 있다는 씁쓸한 현실이다.

위 〈사례 46〉에서 범죄자들의 표적이 된 것은 속칭 "호구"인 피해자 R이지만, 우리가 주목해야 할 것은 속칭 "꽃뱀"의 역할을 한 피해아동 N과 AO이다. 법원은 아동에게 "꽃뱀"의 역할을 시켜 "호구"와 성관계를 하게 한 행위를 아동복지법 제17조 제2호 전단에 위반한 행위로 보고 있다.

피해아동의 의사에 반하게 꽃뱀 역할을 시켰다는 내용이 판결문에 확인되지 않고, 오히려 돈을 주겠다고 말하여 끌어들였다는 내용만 확인되는 점으로 볼 때, 제17조 제2호 전단 역시 후단과 마찬가지로 아동의 동의 여부와 관계없이 처벌이 가능한 것으로 해석된다.

29. 언어적 성희롱도 처벌될까

언어로 상대방에게 성적 수치심을 주는 이른바 "언어적 성희롱"도 형사처벌의 대상이 될까? 모든 경우에 그런 것은 아니다. 의외라고 생각될 수도 있지만, 형법 등에는 관련 처벌조항이 없다.

법률에서 언어적 성희롱을 규정한 예로는 「남녀고용평등과 일·가정 양립 지원에 관한 법률」(이하 "남녀고용평등법") 등이 있는데, 남녀고용평등법의 경우 언어적 행위도 직장 내 성희롱에 포함될 수 있는 것으로 보고 있지만(남녀고용평등법 제2조 제2호, 시행규칙 제2조 참조) 직장 내에서 발생한 경우만 대상으로 하며, 그나마도 직장 내 성희롱 발생 시 사업주의 조치 의무(동법 제14조 참조) 등을 규정하고 있을 뿐 형사처벌규정이 있는 것은 아니다.

그런데 아동복지법은 "아동에게 성적 수치심을 주는 성희롱 등의 성적 학대행위"를 처벌대상으로 보고 있다(아동복지법 제17조 제2호 참조). 그렇다면 여기에 언어적 성희롱도 포함이 될까? 관련 사례와 함께 알아보자.

사례 47

영어 단어 사건

행위자는 고등학교 교사로 30년 이상 재직하면서 평소 학생들로부터 유머 감각이 뛰어나다는 평가를 받고 있었다.

2015.5. 내지 6.경 행위자는 교실 앞 복도에서 한 학생이 "선생님 배고파요"라고 말하자 여학생들을 가리키며 "여기 먹을 거 많잖아"라고 말했다.

2015.9. 내지 10.경 행위자는 수업시간에 여학생인 H의 이름을 남성의 성기에 빗대면서 "너무 야한가요?"라고 말했다.

비슷한 시기 행위자는 수업시간에 영어 단어 "fascinating(매력적인)"을 설명하다가 "fasten(잠그다)"과 "eight(여덟)"을 합하여 "단추 10개 중 2개를 잠그지 않았다"고 풀이하며 "나는 단추를 다 풀어헤치는 것이 좋다"라고 말했다(혹은 "단추 10개를 다 풀면 매력적이지 않겠니" 또는 "단추는 많이 풀면 매력적이야"라고 말했다고도 한다).

1심 법원은 행위자에게 아동복지법위반(아동에대한성희롱등) 혐의를 인정하고 벌금 300만 원의 선고를 유예하는 선고유예 판결을 내렸다. 2심 법원은 항소를 기각하였으며, 대법원도 상고를 기각하였다.

[사건번호]
수원지방법원 성남지원 2017.1.13. 선고 2016고단1243 판결
수원지방법원 2017.11.16. 선고 2017노669 판결
대법원 2018.2.28. 선고 2017도20360 판결

위 〈사례 47〉에 따르면 아동에게 언어적 성희롱을 하는 행위도 성학대로서 처벌될 수 있다. 위 〈사례 47〉의 2심 법원은 유죄로 판단한 이유와 관련하여 다음과 같이 설시하였다.

판결문 읽기

이 사건 각 발언을 들은 피해자들이 아동으로서는 다소 나이가 많은 만 17세의 학생들이기는 하나, 만 17세가 성적 자결정권을

> 제대로 행사할 수 있을 정도로 성적 가치관이나 판단능력이 완성된 연령은 결코 아닌 점, 이 사건 각 발언의 내용 자체로 객관적으로 일반적인 평균인에게 성적 불쾌감이나 혐오감을 느끼게 할 수 있는 음담패설 또는 야한 농담인 사실은 명백한 점, 피고인이 일회적이 아닌 여러 차례에 걸쳐 성적 농담을 한 점 등에 비추어 보면, 피해자들이 만 17세임을 고려하더라도 이 사건 각 발언이 피해자들의 성적 가치관 형성에 부정적인 영향을 끼칠 수 있다는 점은 어렵지 않게 인정할 수 있다. (수원지방법원 2017.11.16. 선고 2017노669 판결)

그런데 위 〈사례 47〉의 행위자가 했던 말 가운데 "여기 먹을 거 많잖아"라는 말이나 여학생의 이름을 성기에 빗댄 말은 성희롱의 의도가 비교적 명백하게 드러난다고 하겠으나, 단추와 관련된 말은 행위자 나름대로는 교육적인 의도가 있었을 것으로 짐작된다. 영어 단어의 발음("fasten" + "eight")으로부터 의미("매력적인")를 연상시키는 것은 단어를 쉽게 암기하기 위하여 널리 쓰이는 공부 방법의 하나이기 때문이다(다른 예로는 "오시원한 대양"이라는 말로 "ocean"을 연상하는 방법이 있다).

교사가 아무리 교육적 의도가 있었더라도 성인지 감수성이 부족하면 언어적 성희롱을 하게 될 수 있음을 보여 주는 사례라고 하겠다. 물론 교육적 의도가 있었더라도 미필적 고의의 법리에 따라 학대의 고의를 인정할 수 있음은 지금까지 앞에서 여러 차례 살펴본 바와 같다.

하지만 언어적 성희롱인지 아닌지의 판단을 언제나 명확하게 할 수 있는 것은 아닌데, 다음 사례와 함께 생각해 보자.

사례 48
"애 있지" 사건

행위자(남)는 사건당시 50대의 고등학교 교사였다.

2017.3.8.경 행위자는 교무실에서 교과 상담을 위해 찾아온 피해아동 F(여, 사건당시 17세)에게 "볼에 보조개가 있네"라고 말하며 손가락으로 볼을 찌르고, "둘이 수목원 같은 데 가서 데이트하면서 이야기하자", "너는 내가 좋아하는 스타일이야"라고도 하였다.

2017.3.10.경 행위자는 교실에서 자율학습시간에 친구들과 손뼉치기 놀이(일명 "쎄쎄쎄")를 하고 있던 피해아동 C(여, 사건당시 17세)에게 같은 반 친구들이 보는 가운데 "너는 그런 걸 하고 있냐", "너 집에 애 있지? 쟤 애 있어", "애 키우는 거 맞지?", "그거 배워서 애한테 알려주게?"라고 말하였다.

2017.3.13.경 행위자는 교무실에서 교과 상담을 위해 찾아온 피해아동 G(여, 사건당시 17세)에게 "너는 남자 여러 명 밤에 잠 못자게 했을 것 같은데 남친 없냐", "남자가 너를 가만히 놔 뒀을 리가 없다", "넌 얼굴이 간호사 얼굴이야, 간호사 해서 의사 꼬셔 봐", "지금 남자친구랑 헤어지고 더 좋은 남자 만나라, 그냥 남자친구랑 헤어지고 나한테 빠져 봐"라고 말하고, 다음날 교실 앞 복도에서 G에게 "어제 너랑 상담을 하고 나니까 너한테 너무 끌린다, 니가 남친 있다고 했지만 내 마음은 너를 뺏고 싶다", "앞으로 너는 서기가 됐으니 이제 너랑 나는 연인관계다"라고 말했다.

검사는 행위자가 2017.3.8.경 및 2017.3.13.경에 한 말은 성학대로 보고, 2017.3.10.경에 한 말은 정서학대로 보아 기소하였다. 1심 법원은 성학대에 관한 부분은 유죄로 판단하였으나, 행위자가 2017.3.10.경에 한 말은 피해아동에게 지나치게 이이와 같은 행동을 한다는 취지를

> 장난스럽게 표현한 것이라고 보아 정서학대에 관한 부분은 무죄로 판단하였다. 1심 법원은 벌금 1백만 원과 40시간의 성폭력 치료프로그램 이수명령을 선고하였다. 2심 법원은 항소를 기각하였다.
>
> [사건번호]
> 수원지방법원 2017.9.7. 선고 2017고단5105 판결
> 수원지방법원 2018.6.28. 선고 2017노7085 판결

위 〈사례 48〉에서 유죄 부분은 충분히 수긍이 가는 판단이겠으나, 문제는 무죄 부분이다.

검사는 정서학대로 보고 기소하였으나, 여학생에게 "너 집에 애 있지?", "애 키우는 거 맞지?"와 같은 말을 하는 것은 성적 수치심을 느끼게 할 수 있기 때문에 정서학대보다는 성학대에 더 가깝지 않을까 생각된다.

그러나 법원은 정서학대나 성학대 어느 쪽으로도 보지 않고 무죄로 판단하였는데, 판결문만으로는 행위자가 어떤 뉘앙스로 말했는지(피해아동이 낳은 아이가 있느냐는 뜻으로 들리게 말했는지, 아니면 집에 막냇동생이라도 있느냐는 뜻으로 들리게 말했는지) 정확히 알 수 없기 때문에 법원의 판단이 옳았는지 여기서 논하기는 어려울 것이다.

관련하여 한 가지 사례를 더 살펴본다.

사례 49

피임 질문 사건

행위자(남)는 고등학교 사회 과목 담당 교사로, 야간자율학습시간에 피해아동(여, 사건당시 15세)이 공부를 하지 않고 낙서를 하고 있는 것을 보고 "공부를 안 할 것이냐, 그러면 가정책을 펴서 피임에 대해 공부를 해라. 루프의 크기에 대해 아느냐. 피임률이 90%가 넘는 도구를 아느냐" 등의 질문을 하였다.

법정에서 행위자는 피해아동을 비롯한 학생들을 계도할 목적으로 한 말이었고, 피임 방법은 실제로 기술·가정 과목의 중간고사 출제 범위에 해당하였다는 점 등을 들어 무죄를 주장하였다. 그러나 1심 법원은 피임 방법이 행위자가 담당하는 사회 과목과는 전혀 관련이 없고 행위자의 말이 구체적인 학과목의 교수 과정 중에 이루어진 것도 아닐 뿐더러, 그 내용이 특별히 학습상 중요도가 있는 것도 아니라는 점 등을 들어 유죄로 판단하고 행위자에게 벌금 500만 원을 선고하였다.

행위자는 항소하였으나, 2심 법원 역시 행위자가 한 말이 성적 수치심을 주는 성희롱에 해당하고, 행위자에게 미필적으로라도 고의가 있었다고 보아 항소를 기각하였다. 대법원도 행위자의 상고를 기각하였다.

[사건번호]
울산지방법원 2017.4.20. 선고 2016고단3926 판결
울산지방법원 2017.9.7. 선고 2017노571 판결
대법원 2017.12.7. 선고 2017도15825 판결

감수성이 예민한 연령대에 있는 아동에게 피임에 관한 질문을 하는 것은 성적 수치심을 주기에 충분할 것이다. 위 〈사례 49〉의 2심 판결문에 따르

면 피해아동은 다음과 같이 진술하였다.

> **📜 판결문 읽기**
>
> ... 피해자는 경찰에서 "피고인의 이 사건 발언 당시 자신이 마치 평소에 성관계를 하기 때문에 피임 도구를 잘 알고 있고, 피임 도구를 사용해야만 하는 아이로 보여진 것 같아 부끄러웠다"는 취지로 진술하였다. (울산지방법원 2017.9.7. 선고 2017노571 판결)

맥락상 행위자도 피해아동이 수치심을 느낄 것을 알면서 일부러 그렇게 말한 것으로 보이므로, 성학대의 고의를 인정한 법원 판결이 타당하다고 볼 수 있을 것이다.

지금까지 교사에 의한 언어적 성희롱 사례들을 살펴보았으나, 보호자가 아닌 자가 아동에게 성희롱을 한 경우에도 아동복지법위반으로 처벌될 수 있음은 물론이다. 그러한 사례를 간단하게 하나 짚고 넘어가는 것으로 언어적 성희롱에 관한 논의를 마친다.

> **사례 50**
> **아르바이트 성희롱 사건**
>
> 행위자(남)는 아르바이트 중인 피해아동(여, 15세)의 손을 잡고 "오빠가 회춘해야 하는데 도와 달라, 네가 처녀든 아니든 상관없으니 내 몸에 흐르는 정기를 빼 달라"는 등의 성희롱을 하였다.

1심 법원은 행위자에게 아동복지법위반(아동에대한성희롱등) 혐의를 인정하여 벌금 2백만 원을 선고하였으며 2심 법원은 행위자의 항소를 기각하였다.

[사건번호]
수원지방법원 2017.7.12. 선고 2017고정23 판결
수원지방법원 2018.5.3. 선고 2017노5449 판결

30. 아빠의 성학대, 알면서도 방임한 엄마

아빠가 딸을 성(性)적 대상으로 삼았다면 이는 성학대 중에서도 가장 죄질이 나쁜 행위라고 할 수 있다. 건전한 상식을 가진 일반인으로서는 상상도 하기 어려운 끔찍한 일이지만, 안타깝게도 드물지 않게 발견되는 아동학대 사례이기도 하다. 앞서 정서학대와 관련하여 살펴보았던 〈사례 33〉 친부 부엌칼 사건이나 〈사례 34〉 휴대전화 파손 사건 역시 친부 또는 계부에 의한 성학대 사례이기도 했다.

그런데 가정 내에서 아빠가 딸을 성학대하는 동안 엄마는 이를 알면서도 방치하고, 심지어 아빠 편을 들기도 했다면 이는 더욱 끔찍한 일이 아닐 수 없다. 이하에서는 그런 사례를 살펴보면서 가정 내 성학대의 심각성을 알아보는 한편으로, 아빠의 성학대를 방치한 엄마의 행위 역시 별도의 아동학대에 해당할 수 있는지 여부에 관하여 논의할 것이다.

다음에 소개할 〈사례 51〉도 매우 충격적이고 불쾌감이나 거부감을 느끼게 할 만한 사실관계가 포함되어 있으므로 독자의 주의를 요한다.

사례 51

친모 피임약 사건

행위자 B는 피해아동의 친모이고, 행위자 A는 B와 내연 관계를 유지해 오던 사람[34]으로, 피해아동은 B를 부친에 준하는 존재로 인식하고 있었다.

A는 2015.3. 무렵 피해아동(당시 11세)을 화장실에서 씻기다가 갑자기 손가락을 피해아동의 질 안에 집어넣고, 피해아동에게 "너 무슨 병이 있냐, 안을 한 번 볼 테니 세면대에 손을 올려놓고 엉덩이를 뒤로 빼서 숙여 봐라"라고 거짓말을 한 다음 A의 지시에 따라 자세를 취하고 있던 피해아동의 음부에 성기를 삽입하여 간음하였다.

이어 A는 B의 방으로 피해아동을 데리고 간 다음 B에게 "얘 성기능이 다 망가진 것 아니냐, 고쳐야 된다"라는 말을 하면서 다시 피해아동의 질 안에 손가락을 집어넣었다.

그 뒤로 A는 피해아동의 성기능을 치료하기 위해 성관계가 필요하다는 거짓말로 피해아동을 속여 간음해 왔다. B는 위 사실을 잘 알면서도 피해아동을 A로부터 분리하거나 경찰에 신고하는 등 피해아동의 보호자로서 필요한 조치를 전혀 취하지 않았고, 오히려 A가 원할 경우에는 언제든지 피해아동과 단 둘이 있을 수 있게 해 주었다.

2015.가을 무렵 피해아동의 생리가 시작되자 B는 A가 요구하는 대로 피해아동에게 피임약을 먹이고, 정기적으로 임신테스트기를 사용하여 피해아동의 임신 여부를 점검해 주기까지 하였다.

피해아동은 2016.3.경부터 A의 진짜 목적이 치료가 아님을 깨닫기 시작하였으나, 정서적·경제적으로 A에게 의지할 수밖에 없는 데다 친모인 B마저도 성학대를 묵인·방조하고 있어 달리 의지할 곳이 없는 상황에 놓여 있었다. A는 위와 같은 상황을 이용하여 피해아동을 계속

---

34 "내연 관계"라는 표현은 위 사례의 판결문에서 그대로 옮긴 것이다. "내연(內緣)"의 사전적 의미는 "1. 은밀하게 맺은 연고. 2. 법적인 혼인 신고는 하지 않았으나 실질적으로 부부 생활을 하고 있는 관계"이다(표준국어대사전, https://stdict.korean.go.kr 참조. 2021.5.22. 확인). 오늘날 일상적인 언어생활에서는 내연 관계라고 하면 흔히 간통하는 관계를 가리키는 경향이 있으나, 여기서는 맥락상 사전적 의미외 2의 뜻으로, 혼인 신고는 하지 않았으나 실질적으로 부부 생활을 하고 있는 관계를 가리키는 것으로 보인다.

해서 간음하였으며, 피해아동이 거부하려 하자 "너 이제 안하면 용돈도 없다"라고 말하기도 하였다.

2016.11.경 A는 "애가 느끼지를 못한다, 어떻게 해야 느낄 수 있는지 보여 주겠다"고 말한 후 피해아동 앞에서 B와 구강성교를 포함한 성관계를 하였고, B도 그 과정에서 한숨을 쉬면서 피해아동에게 "잘 봐라, 하라는 대로 해라"라고 말하였다. A는 피해아동에게 방금 본 것과 같은 방법으로 구강성교를 할 것을 지시한 후 피해아동을 간음하였다.

그 밖에도 A와 B는 피해아동을 손이나 옷걸이봉 등으로 때리기도 했으며, 말을 잘 듣지 않는다는 이유로 집 밖으로 쫓아내기도 하는 등 신체학대와 정서학대에 해당하는 행위를 하였다.

법원은 B의 행위들 중 A의 성학대를 묵인·방조한 행위는 A의 성폭력 범죄에 대한 방조(종범)에 해당함과 동시에 아동복지법위반(유기·방임)죄에 해당한다고 보았다. B는 A로부터 지속적인 억압과 협박을 당하여 이 사건 각 범행을 저질렀다고 주장하였으나 법원은 이를 받아들이지 않았다.

최종적으로 A에게는 징역 18년이, B에게는 징역 10년이 선고되었으며, A와 B에게 각 80시간의 성폭력 치료프로그램 이수명령과 40시간의 아동학대 치료프로그램 이수명령, 취업제한 5년이 선고되었다.

[사건번호]
수원지방법원 2019.5.9. 선고 2019고합4 판결
수원고등법원 2019.9.5. 선고 2019노123 판결
대법원 2019.11.28. 선고 2019도13398 판결

타인의 범죄를 방조한 자는 종범으로 처벌하며, 종범의 형은 정범의 형보다 감경한다(형법 제32조 제1항, 제2항 참조). 위 〈사례 51〉에서 행위자 B의

행위가 A의 성폭력 범죄에 대한 방조에 해당한다고 본 것은 그러한 의미다.

한편 아동복지법위반(유기·방임)에 해당한다고 본 것은 아동복지법 제17조 제6호를 적용하였다는 것으로서, 아동학대의 네 가지 유형 중 방임에 해당한다고 판단했다는 의미가 되겠다.

아동학대의 유형으로서 방임은 "자신의 보호·감독을 받는 아동을 유기하거나 의식주를 포함한 기본적 보호·양육·치료 및 교육을 소홀히 하는 방임행위(아동복지법 제17조 제6호)"를 가리킨다. 위 〈사례 51〉에서 법원은 아동의 입장에서 계부라고 할 수 있는 사람의 성학대 사실을 친모가 알면서도 묵인하고 오히려 계부를 도와준 행위가 "기본적 보호·양육·치료 및 교육을 소홀히 하는 방임행위"에 해당한다고 본 것이다.

유사한 사례를 한 가지 더 살펴본다.

사례 52

탄원서 요청 사건

행위자 D는 피해아동의 친부이고 행위자 I는 피해아동의 친모이다.

D는 2013년경 피해아동(당시 8세)을 강간한 것을 비롯하여 2018년경까지 5년여에 걸쳐 피해아동을 상대로 강간, 강제추행 등 성학대에 해당하는 행위를 지속적으로 해 왔다.

I는 2013.겨울경 피해아동(당시 9세)의 팬티에 노란 분비물이 묻어 있어 피해아동을 병원에서 진료를 받게 한 후 피해아동에게 "무슨 일 있었냐"라고 물었고, 피해아동으로부터 "사실은 아빠가 날 건드렸어. 팬티를 벗기고 거기를 빨았어"라는 대답을 들었다. 그럼에도 I는 피해아동을 D에게서 격리하거나 D의 행동을 제지하거나 경찰에 신고하는 등 피해아동의 보호자로서 필요한 조치를 전혀 취하지 않고 방치하였다.

피해아동은 D의 성학대로 인하여 임균 등에 감염되어 생긴 골반염증이 심각한 정도로 진행되어서 불임 가능성까지 있는 등 신체적 피해를 입었으며, 심리학적 평가 결과 정신적 외상 정도가 위험군에 해당하는 것으로 평가되고, 자살 충동을 느끼고 있으며 실제 팔을 긋는 자해 행동도 했던 것으로 확인되었다.

2018.4.경 피해아동의 신고에 의하여 범행이 발각되자, D는 피해아동에게 "OO아, 사랑하고 아빠가, 죽음으로 갚을께", "아빠 열심히 살다 보니까 그런거 같아, 술이 문제인데"와 같은 문자메시지를 보내, 범행을 반성하기보다는 오히려 변명으로 일관하고 마치 자신이 자살할 것처럼 하여 피해아동의 불안감을 가중시켰다. 한편 경찰 조사에서는 "딸이 자위행위를 하는 걸 보고 제가 술에 만땅 취한 상태에서 갑자기 여자로 보여서 그랬습니다"고 자신에게 책임이 있지 않다는 취지의 진술을 하였다.

D는 재판에 유리한 정상 자료로 피해아동의 처벌불원서가 필요하다는 이유로 2018.6.11.경 교도소 접견실에서 I에게, 피해아동에게 아빠의 건강이 위독하니 아빠를 용서해 달라는 취지의 말을 전해 달라고 하고, 피해아동 명의의 처벌불원서를 작성해서 피해아동과 함께 찾아와 전달해 달라고 요청하였다.

D의 요청에 따라 I는 피해아동에게 "아빠가 얼마 살지 못할 것 같다. 고혈압도 심하고 이도 안 좋고 눈도 너무 안 좋다. 아빠가 조금만 살고 나올 수 있게 네가 판사님한테 탄원서라도 써 주는 게 좋지 않겠냐? 아빠가 나중에 오더라도 우리 곁으로는 절대로 오지 않는다고 했다. 아빠도 지금 많이 뉘우치고 있다", "아빠가 한 번만 와 달라는데 넌 올 생각 있냐?", "아빠가 탄원서를 써 달라고 부탁하더라. 아빠가 형량이 줄어들었으면 좋겠니? 네가 조금이라도 아빠에게 도움이 되고 싶든지, 아빠 형량을 더 높이고 싶든지 하면 판사 앞으로 네 솔직한 마음을 편지로 써서 보내라"고 말하였다.

검사는 I가 D의 성학대를 방치한 행위가 방임에 해당한다고 보고, 한편 I가 피해아동에게 탄원서를 요청한 행위는 정서학대에 해당한다고 보아 기소하였다. 그러나 I를 심판한 1심 법원은 방임 부분은 유죄를 인정하였으나 정서학대 부분은 무죄로 판단하였다. 2심 법원도 동일하게 판단하였다.

D와 I에 대한 재판은 분리되어 진행되었다. 최종적으로 D에게는 징역 20년과 취업제한 10년, 위치추적 전자장치 부착 30년이 선고되었고, I에게는 징역 8월에 집행유예 2년, 40시간의 아동학대 재범예방강의 수강명령이 선고되었다.

[사건번호]
의정부지방법원 고양지원 2018.9.4. 선고 2018고합104, 165(병합), 2018전고6(병합) 판결
의정부지방법원 고양지원 2018.11.8. 선고 2018고단1697 판결
서울고등법원 2019.1.17. 선고 2018노2474, 2018전노142(병합) 판결
의정부지방법원 2019.9.5. 선고 2018노3336 판결

위 〈사례 52〉 역시 친부의 성학대 사실을 친모가 알면서도 방치한 행위를 방임으로 판단한 점은 〈사례 51〉과 동일하다.

다만 〈사례 52〉에서 좀 더 주의 깊게 살펴볼 것은 정서학대에 관한 부분이다. 검사는 친모가 피해아동에게 탄원서 작성을 요청한 행위가 정서학대에 해당한다고 보고 기소하였다. 이에 대하여 친모를 심판한 1심 법원은 다음과 같이 판단하였다.

판결문 읽기

... ① 피고인은 피해자의 어머니로서는 누구보다도 피해자의 처벌을 원해야 할 입장이지만, 한편 D의 처로서는 D의 방어권 행사를 위하여서 누구보다도 앞장서서 도움을 주어야 할 입장인 점, ② 피고인은 ... "아빠가 탄원서를 써 달라고 부탁하더라. 아빠가 형량이 줄어들었으면 좋겠니? 네가 조금이라도 아빠에게 도움이 되고 싶든지, 아빠 형량을 더 높이고 싶든지 하면 판사 앞으로 네 솔직한 마음을 편지로 써서 보내라"고 말하기도 한 사실, 피해자가 이를 거절하자 피고인도 탄원서 제출을 요구하지는 않은 사실에 비추어 보면, 피고인은 D의 처이자 피해자의 어머니로서 피해자에게 나름의 배려를 갖추고 중립적 입장에서 탄원서를 제출할 수 있음을 알린 것이라고 보이는 점 등에 비추어 보면, 검사가 제출한 증거만으로는 피고인의 행위가 정서적 학대행위라고 보기 어렵고 달리 이를 인정할 만한 증거가 없다. (의정부지방법원 고양지원 2018.11.8. 선고 2018고단1697 판결)

피고인의 방어권은 형사재판 절차에서 반드시 보장되어야 할 권리이고, 피해자와의 합의는 선고 형량에 중요한 영향을 줄 수 있는 양형 요소다. 그런 면에서 비록 피해아동의 어머니이지만 피고인(D)의 아내이기도 한 I가 합의를 시도한 행위를 정서학대로 볼 수 없다는 법원의 판단도 전혀 이해할 수 없는 것은 아니다.

그러나 피해아동의 입장에서 생각해 보면, 5년 동안이나 이어진 악몽과도 같은 학대에서 이제야 벗어날 수 있다는 희망을 갖게 되었는데, 그동안 학대를 계속 방임해 왔던 엄마가 아빠 편을 들면서 합의를 종용한다면 이는 다시 떠올리기 싫은 기억을 불러내는 행위요, 2차 가해가 아닐 수 없다. 비록 한 번 요청했을 뿐이고 그 뒤로 강요한 사실은 없다고 하지만, 이미 한 번의 요청만으로도 피해아동에게 큰 정신적 상처가 되었을 것임은 어렵지 않게 짐작할 수 있다.

그런 면에서 위 〈사례 52〉는 생각해 볼 점이 많은 사례다. 나아가 아동에 대한 성학대 사례, 특히 가정 내에서 발생한 성학대 사례에서 피해아동과의 합의를 양형에 반영하는 것 자체가 옳은 일인지에 대해서도 고민할 필요가 있다. 대부분의 경우 피해아동이 행위자와 대등한 입장에서 자유롭게 자신의 진정한 의사를 표현할 수 있으리라 기대하기는 어려울 것이기 때문이다.[35]

---

[35] 성범죄 양형기준에는 양형인자인 처벌불원과 관련하여 "① 피고인 측의 사실상의 강요 또는 기망에 의한 처벌불원 등 자유로운 의사에 기하지 않은 처벌불원의 의사표시를 한 경우나, ② 피해자가 미성년자, 장애인, 친족 등에 해당하는 때에 피해자나 법정대리인의 처벌불원의사에 통상적으로 납득할 만한 사유가 없다고 판단되는 경우는 포함하지 않는다. 피해자가 미성년자, 장애인, 친족 등에 해당하는 때에 피해자 또는 그 법정대리인의 나이, 지능 및 지적 수준에 비추어 처벌불원의 의사표시가 가지는 의미, 내용, 효과를 이해하고 알아차릴 수 있는 능력이 있는지 여부 및 그러한 의사표시가 진실한 것인지 여부를 세밀하고 신중하게 조사, 판단한 결과 이에 해당되는 경우만을 포함한다"고 명시되어 있다(『2020 양형기준』, 양형위원회, 2020 참조). 그러나 위와 같은 기준이 위 〈사례 52〉에서처럼 피해아동에게 합의를 요청함으로써 발생하는 2차 가해를 차단하기 위한 장치로서 충분한지는 의문이다.

31. 쓰레기장에 버려진 아이

아동복지법 제17조 제6호를 다시 보자. "자신의 보호·감독을 받는 아동을 유기하거나 의식주를 포함한 기본적 보호·양육·치료 및 교육을 소홀히 하는 방임행위"를 금지행위로 규정하고 있다.

"유기(遺棄)"의 사전적 의미는 "내다 버림"인데,[36] 이와 관련하여 형법상 유기치사죄(형법 제275조 제1항)에 관한 오래된 판례를 참조할 필요가 있다.

판결문 읽기

… 피고인이 질병으로 인하여 이와 같이 보호를 요하는 딸을 병원에 입원시켜 놓고 의사가 그 당시 국내의 의료기술상 최선의 치료방법이라는 수혈을 하려 하여도 이를 완강하게 거부하고 방해하였다면 이는 결과적으로 요부조자를 위험한 장소에 두고 떠난 것이나 다름이 없다고 할 것이어서 … (대법원 1980.9.24. 선고 79도1387 판결)

위 79도1387 판결은 종교적 신념을 이유로 수혈을 거부하고 방해하여 자신의 딸을 사망케 한 행위에 대하여, 보호를 요하는 자를 위험한 장소에 두고 떠난 것과 다름이 없다고 보아 피고인에게 유기치사죄를 인정한 예다. 위 판결 당시에는 아동복지법에 방임 관련 규정이 없었지만, 현행 아동

---

36 표준국어대사전, https://stdict.korean.go.kr 참조. (2021.5.26. 확인)

복지법 제17조 제6호에서 금지하는 방임행위의 의미 역시 위 79도1387 판결에 비추어 이해해도 무리가 없을 것으로 생각된다. 즉 아동을 보호받지 못하는 장소에 두고 떠나는("유기"의 사전적 의미와 같이 내다 버리는) 행위뿐 아니라, 이에 준할 정도로 아동에 대한 기본적 보호 등을 소홀히 하는 행위가 모두 아동복지법 제17조 제6호의 방임행위에 포함된다고 볼 수 있겠다.

아동을 보호받지 못하는 장소에 두고 떠나는 행위로 처벌된 사례를 살펴보면 다음과 같다.

사례 53
신생아 쓰레기장 유기 사건

행위자는 집에서 혼자 피해아동을 출산한 후, 가족들이 출산 사실을 알까 봐 두렵고 피해아동을 양육할 경제적 능력이 없다는 이유로, 출산한 지 약 13시간만에 피해아동을 쓰레기 수거장에 있던 종이박스 속에 넣어 두고 갔다.

1심 법원은 아동복지법위반(아동유기)죄를 인정하여 징역 8월에 집행유예 2년을 선고하였다. 검사는 1심 법원의 선고 형량이 지나치게 가볍다는 이유로 항소했지만 2심 법원은 항소를 기각하였다.

[사건번호]
서울북부지방법원 2017.3.16. 선고 2016고단5172 판결
서울북부지방법원 2017.6.29. 선고 2017노653 판결

갓 태어난 아기를 쓰레기 버리듯 쓰레기장에 유기한 충격적이고도 안타까운 사례다. 가족들이 출산 사실을 알까 봐 두려워했다는 점을 보면 행위자에게도 말 못 할 힘든 사정이 있었겠지만, 그렇다 하더라도 소중한 생명을 위험에 처하게 한 행위가 용납될 수는 없을 것이다.

유사한 사례를 한 가지 더 살펴보면 다음과 같다.

> **사례 54**
> **산부인과 신생아실 유기 사건**
>
> 행위자는 2015년경 자신이 출산한 아이를 유기한 행위로 인하여 징역 6월에 집행유예 2년을 선고받았다가, 집행유예 기간 중 보호관찰을 이행하지 않아 2017.2.9. 집행유예 선고가 취소되고 교도소에서 징역형의 집행 중 2017.6.30. 가석방되었다.
>
> 행위자는 가석방된 지 불과 2개월도 지나지 않은 2017.8.7.경 산부인과 분만실에서 피해아동을 출산하였으나, 양육할 경제적 능력이 없다는 이유로 신생아실에 있는 피해아동을 그대로 둔 채 도주하였다. 당시 피해아동의 생부는 임신 사실 자체를 알지 못했으므로 행위자 외에는 피해아동을 보호할 수 있는 사람이 없는 상황이었다.
>
> 1심 법원은 징역 6월을 선고하였다. 검사는 1심 법원의 선고 형량이 지나치게 가볍다는 이유로 항소했지만 2심 법원은 항소를 기각하였다.
>
> [사건번호]
> 광주지방법원 2018.10.24. 선고 2017고단3793 판결
> 광주지방법원 2019.1.10. 선고 2018노3234 판결

아동을 산부인과 신생아실에 두고 갔기 때문에 현실적으로 아동에게 위험이 발생하지는 않았지만, 아동의 유일한 보호자인 행위자가 아동을 두고 떠났으므로 역시 유기에 해당한다고 본 사례다.

위 〈사례 54〉는 처벌만으로 위와 같은 아동 유기를 막는 데 한계가 있음을 여실히 보여 준다. 행위자는 한 번 아동을 유기하여 처벌을 받았음에도 경제적 능력이 없다는 이유로 또다시 아동을 유기했기 때문이다. 이처럼 양육 의지나 능력이 없는 부모에게서 태어난 아동들이 안전하게 보호될 수 있도록 사회 안전망의 구비가 필요하다. 아동학대사건에서 처벌만이 능사가 아니요, 재발 방지와 피해아동 보호를 위한 절차의 중요성이 강조되는 것 역시 이 때문이다.

아동을 보호받지 못하는 장소에 두고 떠나는 행위는 대부분의 경우에 비교적 행위태양이 명확하기 때문에 학대 여부를 판단하기에 어려움이 없을 것이다. 그보다 판단이 어려운 문제는 아동에 대한 기본적 보호·양육·치료 및 교육을 소홀히 하는 행위에 어떤 행위가 해당할 수 있는가 하는 것이다.

〈사례 6〉 평택 아동 살해 암매장 사건을 다시 보자. 행위자들이었던 친부와 계모의 행위 중에는 피해아동 E와 G를 주거지와 같은 건물의 다른 층에 있는 원룸에서 따로 생활하게 하면서 의복과 식사를 제대로 제공하지 않은 행위도 있었다. 이처럼 아동에게 의식주를 포함한 기본적 보호를 소홀히 하는 행위가 방임의 대표적인 예다. 이후 피해아동 G를 화장실에 가두고 끝내 사망케 한 행위는 방임을 넘어 살인에 해당함을 앞에서 살펴보았다.

〈사례 6〉과 유사하게 아동들을 따로 생활하게 하면서 의식주를 포함한 기본적 보호를 소홀히 한 사례를 하나 더 살펴본다.

> **사례 55**
>
> **집 나간 친모 사건**
>
> 　행위자는 피해아동 E(사건당시 11세), F(사건당시 10세), G(사건당시 8세)의 친모로서, 행위자 자신은 집을 나가 내연 관계에 있는 남성의 집에서 함께 생활하면서 피해아동들은 행위자의 집에서 아동들끼리만 지내도록 하고, 제대로 된 식사를 제공하지 않았으며 위생 관리를 소홀히 하고 사고와 질병의 위험에 그대로 노출되게 하였다. 피해아동들은 지역아동센터에서 끼니를 해결하면서 배고픔에 시달려야 했다.
> 　행위자에게는 최종적으로 징역 1년6월에 집행유예 3년, 보호관찰, 120시간의 아동학대 치료강의 수강명령이 선고되었다. 한편 행위자와 내연 관계에 있던 남성은 피해아동 E를 강제추행한 혐의로 기소되어 최종적으로 징역 6년과 120시간의 성폭력 치료프로그램 이수명령을 선고받았다.
>
> [사건번호]
> 제주지방법원 2018.1.11. 선고 2017고합131 판결
> 광주고등법원 2018.3.14. 선고 (제주)2018노4 판결

　한편 보호자가 아동들과 집에서 함께 생활하였더라도, 집 자체를 쓰레기장처럼 비위생적인 환경으로 만들었다면 역시 의식주를 포함한 기본적 보호를 소홀히 한 행위로서 방임에 해당한다. 앞서 신체학대에 관하여 논의하면서 살펴보았던 〈사례 17〉 전자부품 조립 사건도 그러한 예로서, 행위자는 주거지 청소를 전혀 하지 않은 채 쓰레기와 물건을 쌓아 두는 등 불

결한 위생상태에서 피해아동들을 양육하고, 피해아동들에게 계절에 맞지 않는 똑같은 옷을 수일씩 입고 씻지 않은 채 지내게 하였다.

유사한 사례를 하나 더 살펴본다.

> **사례 56**
>
> **비린내와 악취 사건**
>
> 　행위자는 피해아동(2007.10월 생)의 친부로, 피해아동 및 고령의 모친과 함께 생활하면서 냄새가 나는 더러운 옷과 이불 등을 세탁하지 않고, 집안에 먼지와 머리카락 등 이물질이 쌓이고 비린내와 악취로 화장실 사용이 어려울 만큼 장기간 청소를 하지 않았다.
>
> 　행위자는 2014년경 피해아동이 학교에서 담임교사에게 대들어 담임교사로부터 전화가 오자 화가 나 플라스틱 막대기 또는 나뭇가지로 피해아동의 허벅지를 때리기도 했으며, 피해아동이 할머니를 돌보지 않는다는 이유로 플라스틱 막대기로 피해아동의 허벅지를 때리기도 했다. 2015년경에는 피해아동이 거짓말을 한다고 생각하여 화가 나 피해아동으로 하여금 개집 위에 올라가서 무릎을 꿇은 채 수십 분 동안 물이 든 그릇을 들게 하기도 하였다.
>
> 　1심 법원은 행위자에게 아동복지법위반(아동유기·방임) 및 아동복지법위반(아동학대) 혐의를 인정하여 징역 1년에 집행유예 3년, 보호관찰, 120시간의 아동학대 재범 예방강의 수강명령을 선고하였다. 2심 법원은 행위자의 항소를 기각하였다.
>
> [사건번호]
> 수원지방법원 2018.2.1. 선고 2017고단4869 판결
> 수원지방법원 2018.8.14. 선고 2018노1183 판결

위 〈사례 56〉에서 1심 법원이 방임으로 판단한 이유를 좀 더 자세히 살펴보면 다음과 같다.

판결문 읽기

① 피해자에 대한 아동학대가 의심된다는 신고가 2013.11.25.과 2015.10.16. 두 차례 접수되었다. 신고 당시 F가 현장을 방문하여 조사하였는데, 당시 조사결과에 따르면 집 안에 쓰레기나 먼지, 머리카락이 널려 있고 이불 등이 더러운 채로 방치되었으며 개비린내 등의 악취가 심했던 것으로 보일 뿐만 아니라, 상한 음식 찌꺼기 등이 방치되어 있기도 하였다. 2013.11.26. 당시 피해자는 발냄새가 나고 두피에 피부병이 있는 등 비위생적인 환경에 지속적으로 노출되어 있었던 것으로 보인다. 피해자의 진술에 의하면 위와 같은 집안의 비위생적인 환경은 위 기간 동안 거의 대부분 지속되었던 것으로 보인다.

② 피해자의 2학년 담임교사는 피해자가 옷을 계절별로 1벌만 입고 있어서 냄새가 나서 학교에 옷과 신발을 보관하면서 갈아입힐 정도였다고 진술하고 있다.

③ 피해자는 학교에 입학한 이후로는 방과 후 할머니를 돌보기 위하여 10분 내에 집에 돌아오지 않으면 피고인에게 혼이 났고, 7살 이후로는 밥과 반찬도 스스로 만들어 먹는 경우가 많았으며, 피고인의 방을 제외한 공간을 치우는 것도 자신이 하였고, 옷도 일주일

> 넘게 입다가 한 번씩 빠는 경우도 있고 그렇지 않은 경우도 있다고 구체적으로 진술한 바 있다. 피해자는 피고인이 생업을 하는 사이에 뇌졸중의 후유증을 앓고 있는 할머니를 돌보는 일, 식사를 만들고 차리는 일, 청소 등의 가사업무의 상당 부분을 떠맡았던 것으로 보인다. 피해자는 이를 견디지 못하여 2015년 8월부터 2015.10.15. 경까지 6차례 가출하였던 것으로 보인다. (수원지방법원 2018.2.1. 선고 2017고단4869 판결)

비위생적인 환경이라고 해도 어느 정도까지를 방임에 해당한다고 보아야 할지 객관적인 기준을 정하는 일은 쉽지 않겠으나, 위 〈사례 56〉은 그 판단에 하나의 참고가 될 수 있을 것이다.

32. 의료적 방임

"의료적 방임"이란 아동에게 필요한 의료적 처치 및 개입을 하지 않는 행위를 말한다.[37] 이하에서 곧 살펴보겠지만, 법원은 "신체에 손상을 주거나 신체 및 정신의 건강 및 발달에 해악을 미칠 우려가 있음에도 치료 등의 지원을 하지 않는 것"도 방임에 해당한다고 본다(수원지방법원 2018.1.25. 선고 2017고단6279 판결 참조).

〈사례 1〉 은비 사건을 다시 보자. 피해아동의 양모는 피해아동이 뜨거운 꿀물을 쏟아 얼굴과 몸에 화상을 입었음에도, 피해아동의 양부가 그동안 피해아동을 학대해 온 사실이 발각될 것을 두려워하여 병원에 데려가지 않았다.

〈사례 5〉 동거녀의 33개월 자녀 살해사건에서도 피해아동의 친모는 자신의 동거남이 피해아동을 학대하여 피해아동이 타박상 및 찰과상 등을 입었음에도 피해아동을 병원에 데려가거나 달리 적절한 치료를 하지 않았다. 〈사례 1〉이나 〈사례 5〉 모두 의료적 방임에 해당한다.

이처럼 학대사실을 은폐하기 위한 동기에서 의료적 방임을 하는 사례가 있는가 하면, 왜곡된 종교적 신념으로 인한 의료적 방임 사례도 있다. 앞서 살펴보았던 대법원 1980.9.24. 선고 79도1387 판결 역시 종교적 신념을 이유로 수혈을 거부하고 방해하여 자신의 딸을 사망케 한 피고인에 대한 판결이었으며, 유사한 사례가 언론에도 종종 보도되어 일반인에게도 알려진 바 있다.

다음 사례 역시 이와 관련이 있는 사례다.

---

37 아동권리보장원 홈페이지, http://www.ncrc.or.kr 참조. (2021.5.24. 확인)

사례 57
연비 의식 영아 사망 사건

행위자는 2003.4.경 부친이 낸 교통사고 합의 문제로 인하여 가족 전체가 큰 어려움을 겪게 되자, 친언니의 중학교 스승이었던 D가 소위 "신내림"을 받아 교사직을 그만두고 사람들의 길흉화복을 점쳐 주면서 돈을 받고 기도해 준다는 사실을 알고 D에게 도움을 청하였다.

D는 행위자에게 "전생으로 인해 단명한다. 악업을 처리하려면 기도비가 필요하다. 기도를 하지 않으면 가족들이 더 큰 액운으로 고통 받게 된다. 나는 달이나 태양과도 교신을 한다"는 등의 말을 하였는데, 행위자는 D의 말을 전적으로 믿고 D의 방생기도를 위하여 많은 빚을 내어 미꾸라지 등 물고기 방생에 필요한 자금을 대고, D를 따라 전국의 사찰을 다니면서 기도를 하는 등 D에게 복종하는 종속적 관계를 맺었다.

대출금을 갚지 못하여 채무독촉에 시달리던 행위자는 2009.경 D의 소개로 D의 사촌 동생이자 승려인 E가 있는 사찰에 들어가 지내면서, E와의 사이에 피해아동을 갖게 되었다.

임신 34주만에 제왕절개로 피해아동을 출산한 행위자는 피해아동이 미숙아로서 신생아 중환자실에 입원하여 인공호흡기 치료 중에 있음에도 D의 지시에 따라 여러 차례 병원에 피해아동의 퇴원을 요구하였고, 신생아 대사이상검사에서 이상소견이 나타나 의료진이 재검을 권유하였으나 거부하였다. 피해아동은 2010.2.26.경 퇴원하였는데, 피해아동의 뇌 초음파 상 이상이 나타나 퇴원 후에도 정기 검진이 필요함에도 행위자는 이를 위한 진료를 전혀 실시하지 않았다. 또한 생후 2개월부터 2개월 간격으로 3회에 걸쳐 시행해야 할 신생아 필수접종 역시 1회만 시행하고 더 이상 하지 않았다.

2010.5.경 D는 행위자에게 액운을 사라지게 하려면 몸을 태워 업장(業障)을 소멸시켜야 한다며 향에 불을 붙여 행위자의 등 위쪽에서 아래쪽까지 댔다 떼기를 반복하다가 점차 향의 개수를 늘려 행위자의 양쪽 어깨, 허벅지, 머리 등에 향을 대는 이른바 연비(燃臂) 의식을 2010.7.경까지 두 달 가량에 걸쳐 행하였다. 이로 인해 행위자는 양쪽 어깨에 심한 화상을 입었다.

2010.8.2. 저녁 무렵 D는 행위자에게 "좌선을 했는데 안 좋은 게 보였다. 기도하러 보냈는데 왜 애를 만들었느냐"고 화를 내면서, 행위자에 대한 연비를 통해서도 액운이 사라지지 않으므로 피해아동에게 연비를 하겠다고 하였다. 이에 행위자는 자신이 연비의 고통을 잘 알고 있으므로 피해아동의 친모이자 친권자로서 피해아동에 대한 연비를 막아야 할 보호의무가 있음에도 불구하고, 적극적으로 D를 막지 않고, 피해아동이 연비를 당하면서 흐느낌에도 벽 쪽을 향한 채로 귀를 막고 모른 체하였다.

연비가 끝난 후 행위자는 피해아동이 화상을 입었는지 여부도 확인하지 않고, 피해아동에게 필요한 치료 행위 등의 조치를 전혀 하지 않은 채 방치하였다. 피해아동은 다음날인 2010.8.3. 오전 무렵 사망하였다(사망당시 생후 6개월).

행위자와 D는 피해아동의 사망을 은폐하기 위하여 사체를 불태우는 행위까지 저질렀다.

검사는 행위자가 D의 피해아동에 대한 연비를 막지 않은 행위를 D와 공모한 신체학대로 보고, 행위자가 피해아동에 대한 진료 등을 미실시한 행위와 연비 후 화상을 방치한 행위를 의료적 방임으로 보아 아동복지법위반(아동학대), 아동복지법위반(유기·방임), 사체손괴 혐의로 기소하였다. 1심 법원은 행위자에게 징역 2년과 80시간의 아동학대 치료 프로그램 이수명령을 선고하였으며 2심 법원은 행위자와 검사의 항소를 모두 기각하였다.[38]

> [사건번호]
> 부산지방법원 2017.12.20. 선고 2017고단2436 판결
> 부산지방법원 2018.4.5. 선고 2018노134 판결

위 〈사례 57〉은 종교라고 할 수도 없는 일개 사이비 무속인의 말을 믿은 사례이기는 하나, "액운을 사라지게 하려면 무속인의 말을 따라야 한다"는 왜곡된 신념에 사로잡혀 의료적 방임을 했다는 점에서 유사한 사례로 볼 수 있을 것이다.

한편 학대사실의 은폐나 왜곡된 종교적 신념과 같은 특별한 동기가 없이 그저 방치하는 경우도 물론 있을 수 있는데, 이를테면 다음과 같은 사례다.

> **사례 58**
> **3개월 영아 뇌손상 사건**
>
> 행위자는 피해아동 E(사건당시 생후 3개월)의 친모로서, 2017.6.4.경 E를 왼팔로 안고 오른손으로 분유를 타던 중 E를 바닥에 떨어뜨려 외상성 경막하출혈 등의 상해를 입게 하였으나, E를 즉시 병원에 데려가지 않았다.

38 사건으로는 현행 법률을 적용하면 아동학대치사죄(아동학대처벌법 제4조 제2항)가 적용될 수 있다고 생각되나, 사건 당시는 아동학대처벌법이 제정되기 전이었다. 대법원 1980.9.24. 선고 79도1387 판결의 취지를 감안하면 유기치사죄(형법 제275조 제1항)가 적용될 수도 있었을 것으로 생각되는데, 그렇게 되지 않은 이유는 명확하지 않다. 한편 연비 의식을 직접 행하여 피해아동을 사망케 한 D는 사건이 발각되기 전인 2011.5.2. 사망하였다.

다음날인 2017.6.5. 밤 11시경 행위자는 E가 계속 우는데도 도리어 화를 내며 손으로 E의 이마에 딱밤을 3회 세게 때려 멍이 들게 하였다. 그 다음날인 2017.6.6. 저녁부터 2017.6.7. 새벽까지 사이에 E는 2회에 걸쳐 심하게 구토를 하고, 고열, 축 처짐 등 이상 증세를 보였으나, 행위자는 그때까지 E를 병원에 데려가는 등의 조치를 취하지 않았다. 결국 E는 뇌손상으로 인하여 뇌수술이 필요한 상태에 이르게 되었다.

한편 행위자는 그보다 전인 2016.11.경에는 의붓아들인 피해아동 C(사건당시 1세)가 잠을 자지 않고 칭얼거리며 보챈다는 이유로 화가 나 빗자루로 피해아동의 허벅지를 2~3회 때린 사실도 있었다.

1심 법원은 행위자가 C를 때린 행위와 E에게 딱밤을 때린 행위는 신체학대로 보고, 이상 증세를 보이는 E를 즉시 병원에 데려가는 등의 조치를 취하지 않은 행위는 의료적 방임으로 보아 징역 2년을 선고하였다. 2심 법원은 항소를 기각하였다.

[사건번호]
수원지방법원 평택지원 2017.8.24. 선고 2017고단1436 판결
수원지방법원 2017.11.3. 선고 2017노6209 판결

이처럼 보호자가 특별한 이유 없이 아동을 병원에 데려가지 않는 사례는 가정 내에서뿐 아니라 아동양육시설이나 학원, 어린이집 등 단체생활을 하는 시설에서도 발생할 수 있는데, 이 경우 보호자에게 의료적 방임의 고의가 있었는지 여부가 쟁점이 될 것이다. 다음 사례와 함께 살펴보자.

사례 59
어학원 안와골절 방치 사건

　행위자 A는 어학원의 교사이고, 피해아동(사건당시 5세)은 위 어학원의 학생이다.

　피해아동이 어학원 강당에서 뛰어놀다가 다른 아동과 세게 부딪히는 것을 보고 A는 피해아동에게 다가갔으나, 피해아동이 눈 아래 광대뼈 부근에 붉은 멍이 든 채 아프다고 말하고 바닥에 엎드려 우는 것을 보고도 A는 피해아동을 발로 2회 툭툭 차면서 일어나라고 했을 뿐이었다(A는 법정에서, 피해아동을 발로 찬 이유는 임신 상태여서 몸을 구부리기 어려웠기 때문이라고 주장했다).

　그로부터 약 2시간 동안 피해아동은 수업시간표에 따라 교실과 미술실 등을 이동하면서도 계속 울었는데, A는 피해아동을 위하여 아무런 조치도 취하지 않고, 피해아동 때문에 뮤지컬 연습을 할 수가 없다면서 교수부장에게 도움을 청했을 뿐이었다.

　피해아동은 학원을 마치고 안과 진료를 받았다. 안과 담당의는 "우측 안면부 외상 후 코피, 통증, 어지러움" 등을 관찰하고 분당 서울대학교병원으로 진료 의뢰를 보냈다. 분당 서울대학교병원 응급실에 입원한 피해아동은 두경부 단층촬영 등을 통해 우안 안와바닥 골절 진단을 받았다.

　1심 법원은 A의 행위가 정서학대에 해당하면서 동시에 의료적 방임에도 해당한다고 보고 징역 4월에 집행유예 2년, 40시간의 사회봉사와 40시간의 아동학대 치료강의 수강명령을 선고하였다. 또한 양벌규정에 따라 위 어학원의 이사장 B에게도 벌금 1천만 원을 선고하였다. 2심 법원은 항소를 기각하였으며 대법원도 상고를 기각하였다.

[사건번호]
수원지방법원 2018.1.25. 선고 2017고단6279 판결
수원지방법원 2018.9.11. 선고 2018노1062 판결
대법원 2019.6.13. 선고 2018도15473 판결

위 〈사례 59〉의 1심 법원은 방임에 관한 법리를 다음과 같이 설시하였다.

판결문 읽기

... 아동복지법 제17조 제6호는 '자신의 보호·감독을 받는 아동을 유기하거나 의식주를 포함한 기본적 보호·양육·치료 및 교육을 소홀히 하는 방임행위'를 별도로 규정하고 있다. 이와 같은 방임행위는 아동의 복지를 저해할 위험이 있는 행위 중 아동이 행복과 안전을 누리는 데 절대적으로 필요한 기본적 의식주와 같은 기본적인 여건도 조성하지 않거나, 신체에 손상을 주거나 신체 및 정신의 건강 및 발달에 해악을 미칠 우려가 있음에도 치료 등의 지원을 하지 않는 것으로 볼 수 있다(아동복지법 제1조 및 제17조 제3호, 제5호 등과의 병렬적 규정 참조). 아울러 이와 같은 방임행위는 부작위에 의하여 이루어지는 것이므로, 아동에게 그와 같은 보호·양육·치료 및 교육이 적극적으로 필요한 상황이 발생하였음을 인식하였음에도 그 결과 발생을 용인한 채 그에 필요한 조치를 취하지 않아 신체적·정신적 손상을 객관적으로 예견할 수 있었던 경우에는

> 그 행위에 대한 고의가 인정된다. (수원지방법원 2018.1.25. 선고 2017고단6279 판결)

위 2017고단6279 판결이 설시한, 방임의 고의에 관한 법리도 앞서 살펴보았던 신체학대 및 정서학대의 고의에 관한 법리와 다르지 않다. 신체학대나 정서학대와는 달리 부작위에 의하여 이루어진다는 차이점은 있으나, 결과를 발생시킬 가능성 또는 위험을 인식하였음에도 결과 발생을 용인한 경우에 고의가 인정된다는 점은 같다. 즉 미필적 고의의 법리가 동일하게 적용된다.

위 〈사례 59〉에서 법원은 피해아동에게 병원 치료가 필요함을 행위자가 인식하였음에도 병원에 데려가는 등의 조치를 취하지 않았다고 보고 의료적 방임의 고의를 인정하였다. 그런데 위와 같이 미필적 고의의 법리를 적용하더라도, 보호자의 고의 여부가 여전히 명확하지 않은 경우가 있을 수 있다. 다음 사례를 보자.

사례 60

해열제 사건

행위자는 아동양육시설의 원장이고, 피해아동(사건당시 생후 9개월)은 위 아동양육시설에서 양육되던 아동이다.

J는 2015.8.2. 오전부터 설사를 하여 2015.8.3. 점심부터 흰죽을 먹었으나 그 다음날부터 이틀간 설사를 계속하면서 고열이 나 해열제를 먹었다. 2015.8.6.부터 2015.8.8.까지도 J는 설사를 계속하면서 힘들어

했고, 2015.8.9.에는 다시 열이 나면서 계속적으로 설사를 하고 해열제를 먹으면 열이 살짝 떨어졌다가 다시 오르는 상태가 되었다.

2015.8.9.는 일요일이었다. 위 아동양육시설의 생활지도원 K는 J의 상태를 보고 행위자에게 시급히 병원 치료가 필요하다고 보고했으나, 행위자는 평일에 진료를 받으라고 지시하였다.

다음날 월요일인 2015.8.10. 소아과에 간 J는 목감기로 열이 나고 목이 부은 상태라는 진단을 받아 해열제를 먹었으며, 시일이 경과함에 따라 증세가 호전되었다.

1심 법원은 행위자가 J에게 월요일까지 병원 진료를 제공하지 않은 행위를 의료적 방임으로 보았으나, 2심 법원은 의료적 방임에 해당하지 않는다고 보고 이 부분을 무죄로 판단하였다. 대법원은 2심 판결을 확정하였다.

[사건번호]
서울남부지방법원 2017.9.7. 선고 2016고단6047 판결
서울남부지방법원 2018.12.18. 선고 2017노1921 판결
대법원 2019.5.30. 선고 2019도779 판결

위 〈사례 60〉에 드러난 행위는 의료적 방임일까, 아닐까? 판결문을 읽어 보아도 판단하기가 쉽지 않다. 1심 법원은 다음과 같은 점 등을 들어 유죄로 판단하였다.

판결문 읽기

... 피해자는 당시 며칠째 고열과 설사에 시달리고 있었는데 ... 통상의 가정 같았으면 이미 병원에 데려갔을 상황으로 보이는 점, 실제로 피해자는 월요일에야 병원에 가서 치료를 받은 후 병세가 호전될 수 있었던 점 ... (서울남부지방법원 2017.9.7. 선고 2016고단6047 판결)

반면 2심 법원은 다음과 같이 정반대의 판단을 내렸다.

판결문 읽기

... J이 생후 9개월의 유아임을 감안하더라도, J에게 그 동안 별다른 질병이나 건강이상증세는 없었으며, 장염이나 감기 등 유아에게 흔히 발생하는 질병의 경우 통상적으로 고열과 설사가 동반되고 이러한 증세가 호전되기까지는 상당한 시일이 걸리는 등의 사정까지 고려하면, 단순히 J에게 위와 같은 증상이 나타남에도 2015.8.10.에야 병원에 데려갔다는 사정만으로는 피고인 C이 J의 치료를 방임하였다고 단정하기 어렵다(J의 설사 증세 이후 흰죽을 먹이고, 고열의 증세가 나타난 경우 해열제를 먹이는 등 증세에 따른 적절한 치료는 이루어졌으며, 이에 따라 2015.8.6.부터 2015.8.8.까지 고열 증세가 완화되었던 것으로 보인다)...

> 2015.8.9.은 일요일이어서 일반 소아과는 진료를 하지 않았으며, K의 증언에 따르더라도 차를 타고 큰 병원으로 가야 하는 상황이었는데, 일반 가정의 경우에도 아이의 상태를 보아 큰 병원에 급하게 가야 할 것인지 여부에 대한 고려를 하였을 것으로 보인다. (서울남부지방법원 2018.12.18. 선고 2017노1921 판결)

일반 가정 같았으면 고열과 설사 증세를 보이는 아이를 휴일에도 즉시 큰 병원에 데려갔을까, 아니면 상태를 보아 가면서 결정했을까? 한마디로 잘라 말하기 어렵다. 당연히 이런 가정도 있고 저런 가정도 있을 것이기 때문이다.

위 〈사례 60〉의 피해아동 J는 다행스럽게도 월요일에 병원을 다녀와서 증세가 호전되었기 때문에, 결과를 놓고 보면 당시 급박한 치료를 필요로 하는 상황이 아니었고, 월요일에 병원 진료를 받도록 한 행위자의 결정이 결과적으로 잘못되었다고도 보기 어려웠다는 점이 2심 법원과 대법원의 판단에 영향을 주었을 것으로 짐작해 볼 수 있다.

하지만 위와 같은 행위자의 결정이 과연 신중하고 정확한 판단에 근거한 것이었는지, 아니면 우연히 들어맞은 것에 불과했는지는 의심스럽다. 생후 9개월의 영아가 설사를 하고 열이 오르는 것만 보고, 급박한 치료를 필요로 하는지 여부를 의료인이 아닌 자가 언제나 정확하게 판단할 수 있으리라 기대하기는 어렵기 때문이다. 만약 사건이 다르게 전개되어, 피해아동이 치료 시기를 놓쳐서 생명 또는 신체에 심각한 위험이 발생했다면 그때는 법원이 어떻게 판단했을지 의문이다.

33. 교육적 방임

"교육적 방임"이란 보호자가 아동을 특별한 사유 없이 학교(의무교육)에 보내지 않거나 아동의 무단결석을 방치하는 행위를 말한다.[39]

의무교육은 6년의 초등교육과 3년의 중등교육을 말한다(교육기본법 제8조 제1항 참조). 의무교육이니까 자녀에게 의무적으로 교육을 시키지 않으면 부모가 처벌을 받는 것으로 알고 있는 사람들도 있다. 과연 그럴까?

> **초·중등교육법**
>
> **제13조(취학 의무)** ① 모든 국민은 보호하는 자녀 또는 아동이 6세가 된 날이 속하는 해의 다음 해 3월 1일에 그 자녀 또는 아동을 초등학교에 입학시켜야 하고, 초등학교를 졸업할 때까지 다니게 하여야 한다.
> ② 모든 국민은 제1항에도 불구하고 그가 보호하는 자녀 또는 아동이 5세가 된 날이 속하는 해의 다음 해 또는 7세가 된 날이 속하는 해의 다음 해에 그 자녀 또는 아동을 초등학교에 입학시킬 수 있다. 이 경우에도 그 자녀 또는 아동이 초등학교에 입학한 해의 3월 1일부터 졸업할 때까지 초등학교에 다니게 하여야 한다.
> ③ 모든 국민은 보호하는 자녀 또는 아동이 초등학교를 졸업한 학년의 다음 학년 초에 그 자녀 또는 아동을 중학교에 입학시켜야 하고, 중학교를 졸업할 때까지 다니게 하여야 한다.
> ④ 제1항부터 제3항까지의 규정에 따른 취학 의무의 이행과 이행 독려 등에 필요한 사항은 대통령령으로 정한다.

---

39 아동권리보장원 홈페이지, http://www.ncrc.or.kr 참조. (2021.5.24. 확인)

> **제68조(과태료)** ① 다음 각 호의 어느 하나에 해당하는 자에게는 100만원 이하의 과태료를 부과한다.
>   1. 제13조제4항에 따른 취학 의무의 이행을 독려받고도 취학 의무를 이행하지 아니한 자

초·중등교육법에 따르면 처벌이 아니라 100만 원 이하의 과태료가 부과될 뿐이다.

그렇다면 아동복지법에 의해서는 처벌될 수 있을까? 관련 사례와 함께 알아보자.

사례 61
교육적 방임 1년 8개월 사건

행위자는 피해아동의 친모로서, 2014.4.30. 전 남편과 별거하게 되면서 피해아동과 함께 새로운 주소로 전입하고 2014.5.14. G초등학교로 피해아동을 전학시켰으나 학교의 지속적인 출석 독려에도 불구하고 2014.5.27.부터 피해아동을 학교에 보내지 않고, 2014.9.15. 자퇴 신청한 후 다른 초등학교로 전학 조치도 하지 않아 G초등학교에서 "정원 외 관리 학생"으로 등재되게 한 후 2016.1.19.까지 총 1년 8개월 동안 피해아동을 초등학교에 보내지 않았다.

위 기간 동안 행위자는 피해아동에게 별도의 학습을 시키지 않고, 행위자가 출근하거나 외출하는 시간에는 피해아동을 홀로 지내게 하는 등 방치하였다.

1심 법원은 징역 6월과 40시간의 아동학대 치료프로그램 이수명령을 선고하였다. 그러나 2심 법원은 1심 판결의 선고 형량이 지나치게 무겁다고 보고 징역 6월에 집행유예 2년을 선고하였다.

[사건번호]
부산지방법원 2017.10.25. 선고 2016고단3178 판결
부산지방법원 2018.10.24. 선고 2017노4131 판결

위 〈사례 61〉은 보호자가 정당한 사유 없이 아동을 초등학교에 보내지 않은 교육적 방임의 전형적인 예로서(다만 보호자가 위와 같은 방임 행위를 하게 된 동기는 판결문만으로는 알 수 없다), 초등학교에 보내지 않은 기간이 1년 8개월로 상당한 장기간이었다.

위 〈사례 61〉보다 더 짧은 기간 동안 아동을 학교에 보내지 않은 경우에도 교육적 방임에 해당할 수 있을까? 다음 사례를 보자.

사례 62
교육적 방임 48일 사건

행위자는 피해아동의 친모로서, 피해아동은 사건당시 제주시에 있는 주거지 인근 초등학교 2학년에 재학 중이었으나, 행위자는 2017.2.경 피해아동을 데리고 부천시로 거주지를 이전하여 유흥업에 종사하면서 피해아동의 개학날인 2017.3.2.부터 2017.4.18.까지 특별한 이유 없이 피해아동을 초등학교에 보내거나 전학 조치를 취하지 않은 채 부천시 소재 주거지에 방치하였다.

행위자는 위 행위에 대하여 아동복지법위반으로 기소되었으며, 그 외에 도로교통법위반(음주운전), 사기 혐의로도 기소되었다. 최종적으로 행위자에게는 징역 8월에 집행유예 2년, 40시간의 아동학대 재범예방 프로그램 수강명령이 선고되었다.

[사건번호]
 제주지방법원 2017.7.19. 선고 2016고단2028, 2017고단984(병합), 1170(병합) 판결
 제주지방법원 2017.10.19. 선고 2017노454 판결

위 〈사례 62〉에서 행위자가 피해아동을 초등학교에 보내지 않은 기간은 휴일까지 포함해서 48일가량이다. 이에 대해서도 법원은 〈사례 61〉과 마찬가지로 교육적 방임으로 보았다.

반면 교육적 방임에 관한 혐의를 무죄로 판단한 사례도 있다.

사례 63
농사일 사건

행위자는 피해아동 D, F의 친부인 C와 사실혼 관계에 있으면서 피해아동들과 함께 거주하고 있었다.

행위자는 2012.3월경부터 D(사건당시 12세)에게 평일에는 학교를 마치고 저녁 6시경부터 9시경까지, 주말과 방학에는 아침 8시경부터 저녁 9시경까지 고추, 파, 무, 마늘, 양파, 고구마, 배추, 상추 등을 심고 수확하는 농사일을 시켰다. 2013.여름경부터는 F(사건당시 8세)에게도 똑같이 일을 시켰다.

피해아동들이 힘들어서 하기 싫다고 하면 행위자는 "쌍년이네, 개 같은 년이네, 그것 하나 못하냐?", "머리를 빠개 봐야 된다"와 같은 욕설을 하면서 손으로 등이나 팔을 때리고, 효자손이나 파리채로 등이나 팔, 허벅지를 때리고, 주변에 있는 흙을 집어던지고, 호미를 피해아동들 쪽으로 집어던졌다.

2013.7월경 행위자는 D에게 "학교에 뭐 하러 다니냐? 학교에 갈 것도 없다. 그냥 일이나 해라"라고 말하면서 D를 학교에 가지 못하게 하기도 했다.

검사는 행위자가 피해아동들에게 농사일을 시키면서 욕설을 하거나 때리는 등의 행위를 한 것은 정서학대로 보고, D를 학교에 가지 못하게 한 것은 교육적 방임으로 보아 기소하였다. 그러나 법원은 정서학대에 관한 혐의는 인정하면서도, 교육적 방임에 대해서는 학교를 가지 못하게 한 행위가 1회에 그쳤던 점, 피해아동이 학교를 가지 못하도록 행위자가 직접 강제하거나 적극적인 행위를 하지는 않았던 점 등을 들어 무죄로 판단하였다.

1심 법원은 행위자에게 벌금 200만 원을 선고하였으며 2심 법원은 항소를 기각하였다.

[사건번호]
전주지방법원 군산지원 2018.9.5. 선고 2017고정409 판결
전주지방법원 2018.12.21. 선고 2018노1317 판결

위 〈사례 63〉에서 법원은 아동을 하루 정도 학교에 보내지 않은 행위를 교육적 방임으로 보지는 않았다. 그렇다면 며칠 이상 학교에 보내지 않아야 교육적 방임이 될 수 있는 것일까? 이에 대한 명확한 기준이 있을까?

일단 초·중등교육법 시행령을 보자.

초·중등교육법 시행령

제25조(초등학교 및 중학교의 장의 취학 독촉·경고 및 통보) ① 초등학교 및 중학교의 장은 해당 학교에 취학할 예정인 아동이나 취학 중인 학생이 다음 각 호의 어느 하나에 해당하는 경우에는 지체 없이 그 보호자 또는 고용자에게 해당 아동이나 학생의 취학 또는 출석을 독촉하거나 의무교육을 받는 것을 방해하지 아니하도록 경고하여야 한다.

1. 입학·재취학·전학 또는 편입학 기일 이후 2일 이내에 입학·재취학·전학 또는 편입학하지 아니한 경우
2. 정당한 사유 없이 계속하여 2일 이상 결석하는 경우
3. 학생의 고용자에 의하여 의무교육을 받는 것이 방해당하는 때

② 초등학교 및 중학교의 장은 제1항에 따른 독촉을 위하여 필요한 경우 해당 아동이나 학생의 가정을 방문하거나 그 보호자가 학교로 출석하도록 요청할 수 있다.

③ 초등학교 및 중학교의 장은 제2항에 따라 가정을 방문하는 경우에는 해당 아동이나 학생의 거주지를 관할하는 읍·면·동의 장에게 동행을 요청할 수 있으며, 필요하면 해당 아동이나 학생의 거주지를 관할하는 경찰서의 장에게 협조를 요청할 수 있다. 이 경우 요청을 받은 읍·면·동의 장 또는 경찰서의 장은 특별한 사유가 없으면 적극 협조하여야 한다.

④ 초등학교 및 중학교의 장은 해당 학교에 취학할 예정인 아동이나 취학 중인 학생이 다음 각 호의 어느 하나에 해당하는 경우 그 구분에 따른 사항을 초등학교의 경우에는 해당 아동이나 학생의 거주지를 관할하는 읍·면·동의 장 및 교육장에게, 중학교의 경우에는 교육장에게 각각 통보하여야 한다.

1. 제1항에 따른 독촉 또는 경고 후 3일이 지나거나 독촉 또는 경고를 2회 이상 한 경우에도 그 상태가 계속되는 경우: 그 경과
2. 제1항 각 호의 어느 하나에 해당하는 아동이나 학생 중 주소지와 실제 거주지가 다른 아동이나 학생이 있는 경우: 그 성명 및 주민등록번호

⑤ 초등학교 및 중학교의 장은 제29조제1항에 따라 정원 외로 학적이 관리되는 학생이 다음 각 호의 구분에 따른 시기에 학교에 출석할 수 있도록 해당 시기에 이르기 한 달 전까지 해당 학생의 보호자에게 통보하여야 한다.
1. 취학 의무를 유예받은 학생의 경우: 그 유예 기간이 종료될 때
2. 장기결석 학생의 경우: 학년도가 시작될 때

제26조(읍·면·동의 장 및 교육장의 취학 독촉·경고 및 보고) ① 읍·면·동의 장 및 교육장(중학교의 경우에는 교육장만을 말한다. 이하 이 조에서 같다)은 제25조제4항 각 호 외의 부분에 따라 같은 항 제1호의 사항을 통보받은 경우에는 지체 없이 해당 아동이나 학생의 보호자 또는 고용자에게 해당 아동이나 학생의 취학 또는 출석을 독촉하거나 의무교육을 받는 것을 방해하지 아니하도록 경고하여야 한다.
② 읍·면·동의 장 및 교육장은 제1항에 따른 독촉을 위하여 필요한 경우 해당 아동이나 학생의 가정을 방문할 수 있다.
③ 읍·면·동의 장 및 교육장은 제2항에 따라 가정을 방문하는 경우에는 해당 아동이나 학생이 취학할 예정이거나 취학 중인 학교의 장에게 동행을 요청할 수 있으며, 필요하면 해당 아동이나 학생의 거주지를 관할하는 경찰서의 장에게 협조를 요청할 수 있다. 이 경우 요청을 받은 학교의 장 또는 경찰서의 장은 특별한 사유가 없으면 적극 협조하여야 한다.
④ 교육장은 제1항에 따른 독촉 또는 경고를 2회 이상 하여도 그 상태가 계속되는 경우에는 그 경과를 교육감에게 지체 없이 보고하여야 한다.

즉 보호자가 아동을 초등학교 또는 중학교에 보내지 않는 경우에, 학교의 장은 아동이 2일 이상 학교에 나오지 않으면 보호자에게 독촉을 하여야

하며(초·중등교육법 시행령 제25조 제1항 제1호, 제2호 참조), 독촉을 하여도 아동이 3일 이상 나오지 않거나 독촉을 2회 이상 하여도 아동이 나오지 않는다면 읍·면·동의 장 및 교육장에게 통보하여야 한다(동조 제4항 제1호 참조). 통보를 받은 읍·면·동의 장 및 교육장은 보호자에게 독촉을 하여야 하며(동 시행령 제26조 제1항 참조), 독촉을 2회 이상 하여도 아동이 출석하지 않는다면 교육감에게 보고하여야 한다(동조 제4항 참조).

교육감은 과태료의 부과권자이므로(초·중등교육법 제68조 제2항 참조) 교육감에게 보고되면 과태료의 부과가 가능하게 된다. 교육감에게 보고되기까지는 2일 + 3일(또는 학교의 장의 독촉 2회) + 읍·면·동의 장 및 교육장의 독촉 2회가 이루어져야 한다. 그렇다면 여기에 이르렀을 경우 과태료뿐 아니라 아동복지법에 따른 처벌도 가능하다고 볼 수 있을까?

관련하여 다음 사례를 주목할 필요가 있다.

사례 64

채식 계율 사건

행위자는 자신의 자녀들인 피해아동 C와 D를 초등학교에 보내지 않아 교육적 방임을 했다는 혐의로 기소되었다.

행위자는 ○○○○라는 종교의 신도로서, C와 D를 학교에 보내지 않은 것은 종교의 계율에 따라 채식을 시키기 위해서였다(단, 위 종교 자체가 자녀들의 취학을 금지하는 것은 아니고, 상당수 신자의 자녀들은 도시락을 갖고 학교에 다니는 것으로 확인되었다). 그 대신 행위자는 집에서 공인된 교재를 사용하여 C와 D를 교육하고 있었다.

피해아동들 외에 행위자의 큰아이는 초등학교에 입학했다가 아토피 증상으로 인한 피부 질환이 악화되어, 행위자가 큰아이를 학교에 더 이상 보내지 않고 집에서 교육하여 초등학교 졸업 검정고시에 합격하게 한 사실도 있었다.

1심 법원은 행위자가 C와 D를 초등학교에 보내지 않은 행위가 교육적 방임에 해당한다고 볼 수 없다고 판단하고 무죄를 선고하였다. 2심 법원도 동일하게 판단하였다.

[사건번호]
수원지방법원 성남지원 2016.11.23. 선고 2016고단2397 판결
수원지방법원 2017.7.6. 선고 2016노8490 판결

위 〈사례 64〉의 1심 법원 판결은 교육적 방임과 관련하여 매우 중요한 의미를 갖는다. 종교적 신념을 이유로 아동을 학교에 보내지 않은 행위자를 무죄로 판단한 결론이 선뜻 이해되지 않을 수도 있지만(앞서 종교적 신념에 의한 방임 사례인 〈사례 57〉 연비 의식 영아 사망 사건을 살펴보기도 했거니와), 차근차근 법리를 따라가 보기로 한다. 1심 법원은 먼저 교육적 방임의 법리에 관하여 다음과 같이 설시하였다.

판결문 읽기

'방임'의 사전적 의미는 "돌보거나 간섭하지 않고 제멋대로 내버려 둠"이다. 이러한 사전적 의미와 … 아동복지법 제17조에서 장기간 지속될 경우 아동의 인격 발달에 치명적인 영향을 미칠 수 있는

학대의 유형을 구별하고, 동 법 제71조 제1항 제2호에서 신체적 학대행위, 정서적 학대행위, 유기, 방임행위 등을 동일한 법정형으로 처벌하도록 규정한 아동복지법의 입법체계에 앞서 본 취학의무 위반에 따른 과태료 부과처분 규정 등의 관계 등을 종합하여 보면, 아동복지법 제71조 제1항 제2호에 따라 처벌대상이 되는 '<u>교육을 소홀히 하는 방임행위</u>'란 단순히 초·중등교육법상의 취학의무를 위반하는 정도를 넘어서 "<u>고의적, 반복적으로 아동에 대한 교육기회를 박탈하여 아동의 정상적 발달을 저해하거나 이에 대한 현저한 위험을 초래할 수 있는 행위</u>"에 이르러야 한다고 봄이 상당하다(위와 같은 해석에는 '정서적 학대행위'의 해석과 관련된 헌법재판소 2015.10.21. 선고 2014헌바266 전원재판부 결정을 참조하였다). (수원지방법원 성남지원 2016.11.23. 선고 2016고단2397 판결)

즉 위 2016고단2397 판결에 따르면, 초·중등교육법에 따른 취학의무의 위반과 아동복지법에 따른 교육적 방임은 서로 별개이며, 취학의무를 위반하였다고 해서 교육적 방임이라고 단정할 수는 없고, "고의적, 반복적으로 아동에 대한 교육기회를 박탈하여 아동의 정상적 발달을 저해하거나 이에 대한 현저한 위험을 초래할 수 있는 행위"에 이르러야 교육적 방임으로 볼 수 있다는 것이다.

위와 같은 법리를 설시한 다음 위 2016고단2397 판결은 해당 사례에 관하여 다음과 같이 판단하고 있다.

판결문 읽기

... 피고인의 종교적 이유 등에 의한 취학의무 위반이 초·중등교육법에 따른 과태료 사안을 넘어 아동복지법상의 '교육을 소홀히 한 방임행위'에 이르렀다고 평가하기 위해서는, 피고인의 종교적 신념으로 인해 "아동의 정상적 발달이 저해되었거나 현저한 위험을 초래할 수 있는 행위를 하였다"라는 점까지 증명되어야 할 것인바, 검사가 제출한 증거들만으로는 그러한 사실을 인정하기에 부족하고 달리 이를 인정할 증거가 없다. 오히려 기록에 의하면, 피고인은 집에서 공인된 교재를 사용하여 자녀들을 교육하고 있는 점, 피고인과 피고인의 남편 모두 대학교육을 받은 사람들로서 초등학교 교육을 일정 부분 대체할 수 있는 능력이 있어 보이는 점, 피고인의 큰 아이는 2016.8.25. 초등학교 졸업 검정고시에 합격까지 한 점, ... 검찰에서 개최된 「아동학대사건관리회」에서도 유아교육학과 교수, 장학사 등의 전문가들 모두 일치하여 피고인의 행위가 '교육적 방임'에 해당한다고 보기 어렵다는 의견을 제시한 점이 인정될 뿐이다 (피고인은 법정출석 2회 모두 자녀들을 동반하였는바, 자녀들의 행동 등에서 일견 특이한 사항은 관찰되지 않았다). (수원지방법원 성남지원 2016.11.23. 선고 2016고단2397 판결)

다시 정리하면, 아동을 학교에 보내지 않은 경우 초·중등교육법에 따라 과태료 부과 대상이 될 수는 있지만, 아동복지법에 따른 교육적 방임으로 처벌의 대상이 되려면 "아동의 정상적 발달이 저해되거나 현저한 위험을 초래할 수 있는 행위"를 하였다는 사실이 증명되어야 한다. 〈사례 64〉의 행위자는 피해아동들을 초등학교에 보내지 않은 대신 집에서 교육하고 있었고, 같은 방법으로 큰아이도 집에서 교육하여 검정고시까지 합격하게 하였으므로, 이는 교육적 방임으로 보기 어렵다는 것이다.

따라서 앞서 던진, "며칠 이상 학교에 보내지 않아야 교육적 방임이 될 수 있는 것일까?" 하는 질문에 대하여 〈사례 64〉에 비추어 답을 하자면, 단순히 기간이 중요한 것은 아니라고 말할 수 있다. 그보다는 아동의 정상적 발달이 저해되거나 현저한 위험을 초래하였는지 여부가 중요할 것이다.

🔍 홈스쿨링을 어떻게 볼 것인가?

홈스쿨링(home-schooling)이란 학교에 다니지 않고 집에서 공부를 하는 것을 말한다. 대한민국에서는 아직까지 생소한 개념이지만, 국가에 따라서는(미국 등) 그리 드물지만은 않은 것으로 보인다. 위인전에 나오는, 발명왕 토머스 에디슨(Thomas Edison, 1847~1931)이 초등학교를 중퇴하고 어머니에게 교육을 받았다는 이야기를 떠올리면 어떤 개념인지 이해하기 쉬울 것이다.

현행 대한민국 법령에서는 홈스쿨링이 의무교육을 대체할 수 있는 교육으로 인정되지 않고 있다. 앞서 살펴보았듯 자녀를 초등학교 및 중학교에 보내지 않으면 과태료 부과의 대상이 되며, 홈스쿨링으로써 과태료를 면할 수 있다는 규정은 없다. 다만 초등학교 또는 중학교의 교육과정을 마치지 않은 사람은 학력인정 시험(검정고시)을 통하여 동등한 학력을 인정받을 수 있으므로(초·중등교육법 제27조의2 참조), 어떤 이유에서건 의무교육을 받지 못한 사람이 홈스쿨링으로 학력을 인정받을 수 있는 길은 열려 있다.

〈사례 64〉 채식 계율 사건에서 법원의 판단에 중요한 영향을 준 것은 행위자가 피해아동들을 집에서 교육하였다는 사실인데, 그것이 결국 홈스쿨링이다. 〈사례 64〉와 사실관계가 거의 동일한 다른 사건에서도 법원은 홈스쿨링이라는 용어를 직접적으로 언급하면서 행위자를 무죄로 판단하였다.

> **판결문 읽기**
>
> ... ① 피고인은 집에서 이른바 홈스쿨링을 통해 E을 교육시키려고 하였고, 피고인이 대학 졸업의 학력으로 학원 강사로 활동하기도 하는 등 초등학교 교육을 일정 부분 대체할 능력이 있어 보이는 점, ② 피고인은 E와 함께 주거지 인근 도서관을 이용하여 독서 교육을 하고 있고, 그 밖에 국어, 수학, 사회, 과학 학습지 등을 통한 초등학교 교과를 가르치고 있는 점, ... 등에 비추어 보면, 단지 피고인이 E을 학교에 보내지 않았다는 사실만으로 피고인이 고의적, 반복적으로 그의 보호를 받는 E에 대한 교육기회를 박탈하여 그의 정상적 발달을 저해하거나 이에 대한 현저한 위험을 초래하였다고 보기에 부족하고, 달리 이를 인정할 만한 증거가 없다. (수원지방법원 성남지원 2016.12.22. 선고 2016고단1975 판결)

한편 다음 사례도 함께 참조할 만하다.

사례 65
양자 교육적 방임 사건

행위자는 2001년경 어린이집을 운영하면서 피해아동을 맡아 보호하다가 부모와 연락이 두절되자 피해아동을 입양하였다.

행위자는 2008.3.3. 피해아동을 초등학교에 입학시켰다가, 2008.4.1. 학교를 방문하여 피해아동의 잦은 도벽 때문에 학교를 보내기 어려울 것 같다고 말하고 그 무렵부터 학교를 보내지 않았다. 2010.3.10. 행위자는 피해아동을 다른 초등학교에 재취학시켰으나 단 6일만 등교시켰고, 그 이후로 더 이상 학교에 보내지 않았다.

피해아동은 정상적으로 진학하였다면 고등학교 1학년을 다닐 무렵인 2017년경부터 행위자의 동의하에 전단지 아르바이트, 식당 아르바이트 등을 하며 생활하였다. 이는 2018.1.17. 피해아동의 지인이 경찰에 아동학대 의심으로 행위자를 신고할 때까지 계속되었다.

행위자는 자신이 피해아동을 충분히 교육하였다고 주장하였다. 반면 피해아동은 행위자에게서 더하기, 빼기를 배웠을 뿐 곱하기, 나누기를 배우지 못했으며, 간단한 수학과 한문을 배웠을 뿐 영어나 과학 등의 과목에 대한 교육을 받지 못했다고 진술하였다. 행위자는 피해아동을 대안학교나 특수학교에 보내거나 검정고시에 응시하게 한 사실도 없었다.

법원은 행위자가 피해아동에 대한 기본적 교육을 소홀히 한 행위가 교육적 방임에 해당한다고 보았다. 최종적으로 행위자에게는 징역 6월에 집행유예 2년이 선고되었다.

[사건번호]
서울동부지방법원 2019.5.15. 선고 2018고단2174 판결
서울동부지방법원 2020.5.8. 선고 2019노769 판결

위 〈사례 65〉에서 주목해야 할 부분은 1심 법원이 교육적 방임 여부를 판단함에 있어서 관련 법리를 설시한 대목이다.

판결문 읽기

피해아동에 대한 기본적 교육으로는 초·중등교육법상 의무교육을 대표적으로 들 수 있으나, 기본적 교육을 의무교육과 완전히 동일한 의미로 해석할 수 없을 뿐만 아니라, 앞서 본 바와 같이 초·중등교육법 제68조는 의무교육에 대한 취학의무를 위반한 경우 과태료 처분을 한다고 명시적으로 규정하고 있는데 반하여, 이 사건 아동복지법 규정은 형벌을 규정하고 있고, 재택교육(이른바 홈스쿨링) 등의 실시로 피해아동에 대한 기본적 교육을 소홀히 하지 않았다고 볼 여지가 있으며, 오히려 아동의 복지를 위해 재택교육이나 대안학교 등의 교육이 필요하고 적절한 경우도 있을 수 있으므로, 이에 관하여 살펴본다.

피해아동은 이 법정에서, "한글, 수학을 조금 공부하고 한문을 공부하였을 뿐 영어를 공부한 적은 없고 ... 학교를 가고 싶었지만 무서워서 이야기를 하지 못했다"는 취지로 진술하고 있다 ... 피해아동의 진술내용 등에 비추어 피고인이 주장하는 사정들만으로는 피고인이 친권자로서, 피해아동이 서로 다른 성향의 또래와 교류하면서 지득할 수 있는 사회적응력 배양 등 아동의 사회적, 정서적 내지 지적인 균형 성장을 위한 의무교육의 목적을 대체할 수 있는 기회를 피해아동에게 제공하였다고 보기 어렵다. (서울동부지방법원 2019.5.15. 선고 2018고단2174 판결)

위 2018고단2174 판결에 따르면, 법원이 교육적 방임으로 판단한 이유는 비단 행위자가 피해아동에게 의무교육을 시키지 않았기 때문만은 아니었다. 의무교육을 시키지 않더라도 홈스쿨링 등을 통하여 기본적 교육을 실시하는 것도 가능하고 그것이 오히려 아동의 복지를 위하여 더 필요하고 적절한 경우도 있을 수 있으나, 행위자는 피해아동에게 그러한 교육조차도 시키지 않았기 때문이었다.

결론적으로 〈사례 64〉와 〈사례 65〉 등을 종합하면, 홈스쿨링을 통하여 기본적 교육을 실시한 경우는 교육적 방임에 해당하지 않는다는 것이 법원의 입장이라고 볼 수 있다. 홈스쿨링에 대한 법원의 태도는 관계 법령이나 국민들의 일반적 인식보다도 더 긍정적이라고 말할 수 있겠다.

2020년 전 세계를 강타한 코로나바이러스감염증-19(COVID-19)가 사회 각 분야에 격변을 불러일으키고 있다. 2021년 현재까지도 그 격변의 방향을 전망하기는 어려우나, 학교에서의 집단 감염에 대한 불안이 확산되면서 홈스쿨링에 대한 시각도 과거와는 달라질 것으로 조심스럽게 예측해 볼 수 있다.

사견이지만, 미래의 변화에 대비하기 위해서는 홈스쿨링을 무조건 금지의 대상으로 보기보다는 음지에서 양지로 이끌어 내기 위한 정책이 필요할 것이다. 의무교육을 대체할 수 있는 홈스쿨링 교육과정에 관한 기준 마련과 관련 제도의 정비가 필요하다. 그렇지 않고 홈스쿨링이 음지에만 머물러 있다면, 명분만 홈스쿨링일 뿐 실제로는 교육적 방임이 이루어지는 것을 방치하게 될 수도 있기 때문이다.

34. 출생신고를 하지 않는 것도 방임이다

출생신고에 관한 사항은 「가족관계의 등록 등에 관한 법률」(이하 "가족관계등록법")에 규정되어 있다. 출생신고는 출생 후 1개월 이내에 하여야 한다(가족관계등록법 제44조 제1항 참조). 혼인 중 출생자의 출생신고는 부 또는 모가 하여야 하고(동법 제46조 제1항 참조), 혼인 외 출생자의 출생신고는 모가 하여야 한다(동조 제2항 참조).

출생신고의 의무가 있는 자가 정당한 사유 없이 출생신고를 하지 않으면 어떻게 될까? 5만 원 이하의 과태료가 부과된다(가족관계등록법 제122조 참조).

출생신고는 의무교육이나 국민건강보험 등 국가로부터 받을 수 있는 각종 혜택과 보호 등을 위하여 현행 법령상 필수적인 절차이고, 출생신고가 되지 않은 아동은 "없는 아이"나 마찬가지로 되어 생사조차 국가가 확인할 수 없게 됨에도 불구하고, 출생신고 미신고에 대한 가족관계등록법상의 제재는 어이없을 정도로 약하다.

가족관계등록법의 과태료 규정과는 별개로, 보호자가 아동의 출생신고를 하지 않은 경우에 이를 방임으로 보아 처벌할 수 있을까? 관련 사례를 살펴보자.

사례 66

출생신고 미신고 유기 사건

행위자는 2012.1.12.경 피해아동을 출산하였음에도 출생신고를 하지 않고, 그 무렵부터 2014.9.경까지 인천 소재 주거지에서 거주하다가 피해아동을 유기한 채 가출하였다.

1심 법원은 행위자에게 아동복지법위반(유기·방임) 혐의를 인정하였으며, 그 밖에 행위자가 2015.3.4.경 노트북을 절도한 혐의도 인정하여 징역 8월에 집행유예 2년과 보호관찰명령을 선고하였다. 검사는 1심 판결의 선고 형량이 지나치게 가볍다는 이유로 항소했지만 2심 법원은 항소를 기각하였다.

[사건번호]
인천지방법원 2016.6.9. 선고 2015고단6538, 2016고단2510(병합) 판결
인천지방법원 2017.1.25. 선고 2016노2227 판결

위 〈사례 66〉의 사실관계는 매우 단순하며, 행위자가 출생신고를 하지 않았을 뿐 아니라 아동을 유기하고 가출하기까지 했으므로 아동복지법위반(유기·방임) 혐의가 인정된 것은 당연하다고 할 수 있다. 그러나 주목해야 할 부분은 위 〈사례 66〉의 1심 법원이 출생신고 미신고와 관련하여 설시한 대목이다.

판결문 읽기

출생신고는 사회구성원으로서 교육, 보건의료, 사회보장 등 공적 서비스와 법적인 보호를 받을 수 있는 기본적이고 필수적인 요소이며 아동의 정체성과 존재를 인정하여 사회 전반에 걸친 관심과 보호의 대상으로 편입하는 사회적 의미의 인간으로 겪는 첫 관문으로

> 출생신고가 이루어지는 것은 아동에게 주어진 권리라고 할 것인데, 피고인이 피해아동에 대한 출생신고조차 하지 않고 피해아동을 돌보지 않아 피해아동이 기본적인 의료혜택조차 받지 못하도록 방임한 점. {인천지방법원 2016.6.9. 선고 2015고단6538, 2016고단2510(병합) 판결}

출생신고의 의의와 중요성을 짧지만 강하게 설시하고 있다. 위와 같은 법원의 태도에 따르면, 출생신고를 하지 않는 행위는 (유기 등 다른 행위가 수반되지 않았더라도) 아동에 대한 방임으로 판단될 수 있을 것이다.
반면 출생신고를 하지 않은 사실이 있음에도 해당 공소사실을 무죄로 판단한 사례가 있는데, 함께 살펴보자.

사례 67
출생신고 미신고 무죄 사건

행위자(남)는 베트남인 B(여)와 2013년경부터 동거하였는데, 당시 B는 법적인 남편 F와의 혼인관계가 정리되지 않은 상태였다.
B는 행위자와의 사이에서 피해아동을 출산하였는데, 행위자는 피해아동의 출생신고를 하지 않은 상태에서 B와 함께 피해아동을 양육하였다. 그러던 중 2016.12.31.경 행위자는 피해아동이 운다는 이유로 손바닥으로 피해아동의 머리를 1회 때려 피해아동이 침대 프레임에 머리를 부딪히게 하였다.
피해아동을 때린 위 행위로 인하여 행위자는 아동학대처벌법에 따른 보호처분을 받았다. 보호처분 기간 중인 2017.7.31. 행위자는 F를 상대로 친생부인의 소를 제기하여[40] 2018.2.3. 승소판결을 받은 다음 2018. 3.23. 피해아동의 출생신고를 마쳤다.

행위자는 보호처분에 따른 아동보호전문기관의 상담위탁과 보호관찰관의 지도를 제대로 따르지 않아 보호처분이 취소되고 형사재판을 받게 되었다. 형사재판에서는 행위자가 피해아동을 때린 행위 이외에 출생신고를 하지 않았던 행위도 심판을 받게 되었으나, 1심 법원은 출생신고를 하지 않았던 행위가 방임에 해당하지 않는다고 판단하였다. 2심 법원과 대법원도 동일하게 판단하였다.

[사건번호]
울산지방법원 2018.12.13. 선고 2018고단1793 판결
울산지방법원 2019.5.16. 선고 2019노10 판결
대법원 2019.11.28. 선고 2019도7874 판결

위 〈사례 67〉을 정확히 이해하려면 민법에 대한 지식이 있어야 하므로 다시 한번 차근차근 살펴본다.

B가 F와 법적으로 혼인관계에 있는 상태에서 피해아동을 출산하였다면, 피해아동의 부는 F로 추정된다. 아내가 혼인 중에 임신한 자녀는 남편의 자녀로 추정되기 때문이다(민법 제844조 제1항 참조). 그 상태에서 피해아동의 출생신고를 하면 행위자가 아닌 F가 피해아동의 부로 가족관계등록

---

[40] 친생부인의 소는 부부의 일방만이 제기할 수 있으므로(민법 제846조, 제847조 제1항 참조) 행위자는 원고적격이 없다. 따라서 친생부인의 소의 원고는 행위자가 아니라 B였을 것으로 짐작되나, 일단 형사재판의 1심 법원 판결문(울산지방법원 2018.12.13. 선고 2018고단1793 판결)에는 행위자가 친생부인의 소를 제기한 것처럼 서술되어 있으므로 그대로 옮긴다.

부에 등록된다.

행위자가 피해아동의 부로 등록되려면 친생부인의 소(민법 제846조, 제847조 제1항 참조)를 통하여 피해아동이 F의 자녀라는 추정이 부인되어야 한다. 실제로 위 〈사례 67〉에서 행위자는 친생부인의 소에서 승소판결을 받은 이후 피해아동에 대한 출생신고를 마쳤다.

따라서 행위자로서는 피해아동의 출생신고를 위하여 자기 나름대로 노력한 끝에, 비록 기간이 상당히 지났지만 출생신고를 한 것으로 볼 수 있으므로, 이를 방임으로 판단하는 것은 행위자에게 지나치게 가혹한 처사일 것이다. 2심 법원도 다음과 같은 이유로 행위자를 무죄로 판단하였다.

판결문 읽기

아동복지법 제17조 제6호는 누구든지 자신의 보호·감독을 받는 아동을 유기하거나 의식주를 포함한 기본적 보호·양육·치료 및 교육을 소홀히 하는 방임행위를 하는 것을 금지하고 있다. 위 조항이 '자신의 보호감독을 받는 아동에 대한 보호, 양육, 치료 또는 교육을 소홀히 하는 방임행위'를 금지행위로 규정하고 있는 이상, 아동에 대한 출생신고를 제때에 하지 아니한 경우 그러한 사실만으로 바로 위 조항에서 금지하는 아동에 대한 보호, 양육, 치료 또는 교육을 소홀히 하는 방임행위에 해당한다고 단정할 수는 없고, 그로 인해 해당 아동이 취학연령에 도달하였음에도 의무교육 기관인 초등학교에 입학하지 못하거나 필요한 의료서비스를 받지 못하는 등 아동에 대한 보호, 양육, 치료 또는 교육을 소홀히 하였다고 볼 만한

> 사정이 있어야만 위 조항에서 금지하는 방임행위를 한 것이라고 할 수 있을 것이다.
>
> 　아동에 대한 출생신고를 제때에 하지 아니하는 경우 필요한 의무교육이나 의료서비스를 받지 못하게 될 가능성이 높아질 여지가 있겠으나, <u>그러한 개연성만으로 바로 위 조항 위반으로 의율하는 것은 앞서 본 형벌법규 해석의 원칙에 어긋나는 것으로서 허용될 수 없다.</u> (울산지방법원 2019.5.16. 선고 2019노10 판결)

　위 2019노10 판결의 태도에 따르면, 출생신고를 하지 않았다는 사실만으로 방임에 해당하는 것이 아니라, 출생신고를 하지 않음으로 인하여 아동에 대한 기본적인 보호·양육·치료 및 교육을 소홀히 하였다고 볼 만한 사정이 있어야만 방임으로 판단될 수 있을 것이다.[41] 이는 앞서 본 교육적 방임의 경우와 유사하다고 할 수 있다.

　법무부는 2021.5.3. 아동인권을 위하여 출생통보제도(의료기관이 아동의 출생정보를 국가기관에 신속히 통보하도록 하는 제도)를 도입할 예정이

---

[41] 한편 위 〈사례 67〉에서 법원은 행위자가 출생신고의 의무 있는 자인지 여부에 대하여는 명시적으로 판단하지 않았으나, 행위자는 출생신고의 의무 있는 지가 아니라고 보아야 할 것이다. 2018.2.3. 친생부인의 소의 판결이 있기 전까지 아동의 부는 F로 추정되었으므로 행위자는 출생신고의 의무가 없었다. 2018.2.3. 판결에 의하여 친생 추정이 부인된 이후에도, 피해아동은 혼인 외의 출생자이므로 출생신고의 의무는 모인 B에게 있을 뿐 행위자에게 있다고 볼 수 없다. 이렇게 보면 "(행위자가) 출생신고를 하지 않음으로써 (피해아동을) 방임하였다"는 공소사실은 그 자체로 이유 없는 것이 된다.

라고 발표하였다.[42] 국가가 출생통보와 출생신고를 각각 집계하여 대조함으로써 출생신고가 누락되는 아동이 없도록 한다는 것이 제도의 취지다.

출생신고를 하지 않음으로써 아동을 방임하는 행위를 근절하려면 출생통보제도가 취지에 맞게 시행되어야 하며, 출생신고 미신고에 대한 제재도 강화될 필요가 있을 것이다.

---

[42] "가족구성원 모두 행복한 나라, 법무부가 함께합니다-5월 가정의 달, 법무부의 Law Story-", 법무부 보도자료 (2021.5.3.) 참조.

35. 아동을 차량에 두고 내리면 방임일까

보호자가 깜빡 잊고, 또는 일부러 차량에 두고 내린 아동이 나오지 못하고 갇힌 채 사망하는 사건은 잊을 만하면 한 번씩 발생하여 많은 이들에게 깊은 슬픔과 안타까움을 준다.

아동을 차량에 두고 내리는 행위는 매우 위험성이 큼에도 불구하고, 사망 등의 결과가 실제로 발생하지 않는 한 현행 법률상 처벌규정이 미비하다는 점이 문제점으로 지적되어 왔다. 어린이통학버스를 운전하는 자에 한하여 어린이통학버스 운행을 마친 후 어린이나 영유아가 모두 하차하였는지를 확인하여야 할 의무가 있을 뿐이고(도로교통법 제53조 제4항 참조), 그나마도 위반 시 30만 원 이하의 벌금이나 구류에 처해질 뿐이다(동법 제154조 제3의3호 참조).

아동을 차량에 두고 내리는 행위를 방임으로 보아 아동복지법으로 처벌할 수는 없을까? 관련 사례와 함께 알아보자.

사례 68

유치원통학버스 13분 방치 사건

행위사 B는 F유치원의 원장이고, 행위자 A는 F유치원에서 통학버스를 운전하는 운전기사이며, 피해아동(사건당시 4세)은 F유치원의 원생이다. 2018.7.4. 오전 F유치원의 원생들은 통학버스 4대를 나누어 타고 박물관 견학을 다녀왔다. 견학 일정이 늦어져 점심시간을 넘긴 12:40경에야 원생들은 유치원으로 돌아왔다. A가 운전하는 버스가 가장 먼저 유치원에 도착하였는데, 해당 버스에는 유치원 교사 G가 원생들과 동승하고 있었다.

B는 유치원 밖에서 기다리고 있다가 버스를 맞이하여, G에게 어서 들어가서 원생들의 점심 준비를 하라고 지시하고 B 자신이 원생들의 하차 지도를 하였다. 4대의 버스에 대하여 차례로 하차 지도를 하던 B는 원생들이 모두 하차하였는지 여부를 확인하기 위하여 버스 밖에서 차창을 통해 둘러보았을 뿐, 버스에 직접 탑승하여 좌석을 일일이 살펴보지는 않았다. 한편 A도 백미러를 통해 버스 안의 상황을 지켜보았을 뿐, 좌석을 일일이 살펴보지 않았다. 그로 인해 A와 B 모두, 피해아동이 버스 뒤편 좌석에서 잠이 들어 하차하지 않은 것을 확인하지 못했다.

A는 피해아동이 탑승해 있는 것을 알지 못한 채 12:44경 점심식사를 하러 버스를 운전하여 12:55경 자신의 집이 있는 아파트 입구에 도착하였고, 버스를 주차한 다음 집으로 향했다.

G는 원생들의 점심식사를 챙겨 주다가 피해아동이 없는 것을 발견하고 B에게 보고하였다. B는 G와 함께 유치원 안팎을 살펴보고, 견학 장소였던 박물관에도 전화로 확인하였다가 13:05경 A에게 전화하여 버스 안을 확인해 보도록 지시하였다. 13:08경 A는 피해아동을 버스 안에서 발견하였다는 사실을 전화로 B에게 알린 다음 바로 버스를 운전하여 유치원으로 향했다. 피해아동은 13:14경 버스 안에서 깨어나 울음을 터뜨렸으며, 13:22경 유치원에 도착하였다.

G는 버스가 도착하자마자 버스 안에 들어가 피해아동을 안고 내린 다음 교무실에 데려갔다. B는 피해아동에게 떠먹는 요플레를 먹였고, G는 피해아동을 교실로 데려가 점심을 먹였다.

검사는 A를 도로교통법위반 및 아동복지법위반(아동유기·방임) 혐의로 기소하고, B도 아동복지법위반(아동유기·방임) 혐의로 기소하였으나, 1심 법원은 A의 도로교통법위반 혐의만을 유죄로 판단하여 A에게 벌금 20만 원을 선고하였다. 2심 법원은 검사의 항소를 기각하였다.

[사건번호]
의정부지방법원 고양지원 2019.3.28. 선고 2018고정1102 판결
의정부지방법원 2019.8.23. 선고 2019노872 판결

다행히 피해아동은 무사했지만, 상상만 해도 아찔한 사건이다. 만약 점심식사를 하러 간 운전기사 A가 원장 B와 바로 연락이 되지 않았더라면 피해아동에게 큰 위험이 발생했을지도 모를 일이었다.

위 〈사례 68〉의 1심 법원은 아동복지법위반(아동유기·방임) 부분을 무죄로 판결한 이유를 다음과 같이 설시하였다.

판결문 읽기

... 피고인들에게 위 과실에 의한 책임을 물을 여지가 있음은 별론으로 하되, 검사가 제출한 증거들만으로는 피고인들의 행위가 아동복지법이 처벌하고자 하는 아동학대의 하나인 '방임행위'에 이르렀다거나 피고인들에게 그와 같은 방임의 고의가 있었다는 점이 합리적인 의심의 여지없이 증명되었다고 보기에 부족하다.

... 어린이통학버스의 운행을 마친 다음 그 운전자 또는 그 통학버스에 탑승한 어린이 또는 영아의 보호·감독자가 해당 통학버스에 직접 탑승하여 좌석을 일일이 살피면서 어린이 등이 모두 하차하였는지 여부를 확인하는 것이 가장 바람직하다고 할 것이지만, 그렇다고 하여 그와 같은 방식이 어린이 등의 통학버스 하차 여부를

> 확인하는 유일한 방법이라고까지 할 수는 없으며(예를 들어, 일단 어린이 등을 하차시킨 다음 통학버스 밖에서 어린이 등의 숫자를 세는 방법이 있을 수 있다) … 이 사건 당시 H 원생들은 이 사건 버스에서 하차한 다음 각자 유치원 내의 다른 장소로 흩어지거나 유치원을 이탈하기로 되어 있었던 것이 아니라 하차 후 바로 H 교실에 모두 모여 각자 정해진 자리에 앉아 점심식사를 하기로 되어 있었기 때문에 설령 H 원생들이 이 사건 버스에서 하차하고 있는 와중에는 인원이 제대로 파악되지 않더라도 <u>짧은 시간 안에 담임교사인 G에 의하여 인원 파악이 될 수 있는 상황이었다</u>. 따라서 피고인들이 <u>평소와 달리 이 사건 버스에 직접 탑승하여 좌석을 일일이 살펴보지 않았다고 하여</u>, 반드시 피고인들에게 아동학대의 하나인 '방임행위'에 대한 고의가 있었다고 단정할 수 없다. (의정부지방법원 고양지원 2019.3.28. 선고 2018고정1102 판결)

길게 인용했지만 요지를 다시 정리하면, 행위자들이 피해아동을 방임의 고의로 두고 내린 것은 아니며, 행위자들이 버스에 직접 탑승하여 좌석을 일일이 살펴보지 않은 것은 사실이지만 그렇게 하지 않더라도 짧은 시간 안에 인원 파악이 될 수 있는 상황이었으므로, 위와 같은 행위에 방임의 고의가 있었다고 단정할 수는 없다는 것이다.

물론 사실관계가 위와 같다면 원장과 운전기사에게 피해아동을 방임할 고의가 미필적으로라도 있었다고 보기 어려울 것이므로 판결에는 수긍할 수 있지만, 결과적으로 운전기사만 도로교통법위반으로 벌금형을 받았을 뿐 원장은 아무런 형사적 책임을 지지 않은 점에 대해서 비판하는 의견도 있을 수 있다. 이 부분은 입법적 고민이 필요한 대목이라고 생각된다.

위 〈사례 68〉은 아동이 차량에 남아 있다는 사실을 행위자가 미처 알지 못했던 사례이다. 이와는 달리 행위자가 의도적으로 아동을 차량에 두고 내린 경우에 법원은 어떻게 판단했을까?

> **사례 69**
>
> **아동 승용차 방치 후 마사지업소 사건**
>
> 행위자는 피해아동 E(사건당시 5세)의 친부이며, E의 친모 C와는 사실혼 관계이다. 행위자와 C 사이에는 E 이외에도 D(사건당시 9세)라는 자녀도 있었다.
>
> 행위자는 C와 자녀들과 동거하면서도 집에는 며칠에 한 번씩만 들어오고 C에게 생활비도 주지 않아서, D와 E의 양육은 거의 전적으로 C가 하고 있었다.
>
> 2017.4.23. 행위자는 C와 금전 문제 등으로 문자메시지를 통하여 서로 다툰 뒤 집에 들어와 D와 E에게 고기를 사 준다며 19:30경 데리고 나가더니, 다음날 새벽까지 D와 E을 데리고 다니며 옷, 신발, 모자, 아이스크림 등을 사 주었다.
>
> C는 D와 E가 새벽까지 들어오지 않자 4시경 행위자에게 문자메시지를 보내 어디에 있냐고 물었다. 이에 행위자는 문자메시지로 "아이들은 모든 일이 정리될 때까지 못 본다"는 말과 힘께 폭언과 협박을 하였다.
>
> 5:30경 집에 돌아온 행위자는 D와 E의 짐을 챙기며 C에게 "애들을 데리고 가겠다. 3일 동안 못 볼 줄 알아라"라고 말하였다. C가 "그래, 한 번 키워 봐라"라고 대답하자 행위자는 "넌 숨도 쉬지 말고 있어라"

라고 하면서 손으로 C의 멱살을 잡고 가슴을 밀쳤다. C가 "남편에게 맞고 있다"고 경찰에 신고하자, 행위자는 집에 있던 부엌칼과 망치를 휘둘러 C에게 약 20일간의 치료가 필요한 좌측 안면부 열상 등을 가하였다.

행위자가 집을 나와 자신의 승용차 안에서 잠들어 있는 D와 E을 데리고 다른 곳으로 운전하여 가려고 하자, C가 쫓아와서 좌석 문을 열고 D와 E을 끌어내리려고 하였다. 행위자는 C와 실랑이를 하는 과정에서 C의 복부를 발로 1회 걷어찼다. C가 D를 끌어내린 다음 E도 끌어내리려고 할 때, 행위자가 좌석 문이 열린 채로 출발하여 E을 데리고 떠났다.

5:52경 행위자는 집에서 1.4km 떨어진 골목길에 승용차를 주차한 후, 뒷좌석에 잠들어 있는 E을 홀로 둔 채 근처에 있는 마사지업소에 들어가 종업원에게 "8시에 깨워 달라"는 말과 함께 "차 안에 아이가 자고 있으니 가끔 봐 달라"는 말을 하고 잠을 잤다.

C의 신고를 받고 출동한 경찰관은 승용차 안에 있는 E을 발견하고 좌석 문을 두드렸으나 반응이 없어서 유리창을 깨뜨리고 E을 끌어냈으며, 7:35경 마사지업소에 들어가 행위자를 긴급체포하였다.

행위자는 위와 같은 각 행위들뿐 아니라 필로폰을 투약 및 매매하고 대마를 흡입한 사실도 확인되어 기소되었다. 검사는 행위자가 E을 데려가서 차량에 홀로 방치한 행위는 아동을 약취한 다음 유기한 행위에 해당하면서 동시에 정서학대에도 해당한다고 보고 특정범죄가중처벌등에관한법률위반(13세미만약취·유인) 및 아동복지법위반(아동학대) 혐의를 적용하여 기소하였다.

그러나 법원은 행위자의 E에 대한 행위가 정서학대에는 해당하지만 유기에는 해당하지 않는다고 보았다. 최종적으로 행위자에게는 징역 2년과 40시간의 아동학대 치료프로그램 이수명령, 1,303,000원의 추징명령이 선고되었다.

[사건번호]
춘천지방법원 2017.10.31. 선고 2017고합44, 79(병합) 판결
서울고등법원 2018.1.31. 선고 (춘천)2017노161 판결
대법원 2018.5.15. 선고 2018도2813 판결

위 〈사례 69〉에서 행위자는 피해아동을 차량에 두고 내린 행위와 관련하여 아동복지법위반(아동유기·방임) 혐의로는 기소되지 않고 특정범죄가중처벌등에관한법률위반(13세미만약취·유인) 및 아동복지법위반(아동학대) 혐의로 기소되었다. 「특정범죄 가중처벌 등에 관한 법률」(이하 "특정범죄가중법")에서 행위자에게 적용된 조항은 다음과 같다.

> **특정범죄가중법**
>
> **제5조의2(약취·유인죄의 가중처벌)** ② 13세 미만의 미성년자에 대하여 「형법」 제287조의 죄를 범한 사람이 다음 각 호의 어느 하나에 해당하는 행위를 한 경우에는 다음 각 호와 같이 가중처벌한다.
> 1. 약취 또는 유인한 미성년자의 부모나 그 밖에 그 미성년자의 안전을 염려하는 사람의 우려를 이용하여 재물이나 재산상의 이익을 취득하거나 이를 요구한 경우에는 무기 또는 10년 이상의 징역에 처한다.
> 2. 약취 또는 유인한 미성년자를 살해한 경우에는 사형 또는 무기징역에 처한다.
> 3. 약취 또는 유인한 미성년자를 폭행·상해·감금 또는 유기(遺棄)하거나 그 미성년자에게 가혹한 행위를 한 경우에는 무기 또는 5년 이상의 징역에 처한다.

피해아동 E는 사건당시 13세 미만이었으며, 행위자는 피해아동을 약취하였으므로,[43] 만약 행위자가 피해아동을 차량에 방치한 행위가 유기에 해당한다면 행위자는 13세 미만의 미성년자를 약취하여 유기한 것이 되어 위 특정범죄가중법 제5조의2 제2항 제3호의 적용을 받게 된다.

그러나 법원은 행위자의 위 행위가 유기에는 해당하지 않는다고 보았는데, 1심 법원은 다음과 같이 이유를 설시하였다.

판결문 읽기

'유기'란 요부조자의 생명·신체에 추상적인 위험이 될 만큼 그를 보호 없는 상태에 버려두는 행위를 의미하는데, … 피고인이 피해자를 유기하였다거나 유기할 의사가 있었다는 점에 관하여 합리적인 의심의 여지를 배제할 정도로 증명되었다고 보기 어렵고, 달리 이를 인정할 만한 증거가 없다.

… ㉮ 피고인은 약 2시간 정도만 마사지업소에서 자고 다시 피해자가

---

43 행위자는 피해아동의 친부이며 피해아동과 동거하는 관계에 있었음에도 법원은 행위자가 피해아동을 약취한 점을 인정하였다. 이 부분에 관한 논의는 2심 판결문을 다음과 같이 인용하는 것으로 갈음한다. "… 피고인과 C이 동거하면서 미성년의 자녀인 E을 보호·양육하고 있었기는 하나, 피고인은 C에게 생활비를 주지 않고 집에도 며칠에 한 번씩 들어오는 등 C이 E을 주로 보호·양육하였다. 또한 피고인은 … 폭행을 수단으로 사용하여 E을 다른 보호감독자인 C의 의사에 반하여(C의 감호권을 침해하여) C의 보호를 받는 관계로부터 이탈시켜 피고인의 사실상 지배하에 옮겼다고 할 것이고, 약취의 고의도 인정되므로 … 미성년자약취죄가 성립한다. {서울고등법원 2018.1.31. 선고 (춘천)2017노161 판결}"

자고 있는 차로 돌아올 예정이었던 점, ㉴ 당시는 4월이고 해가 뜬 아침시간이라 차 안이 피해자의 건강에 위해할 정도로 춥거나 덥지는 않았을 것으로 보이는 점, ㉵ 피해자가 밤 늦게 피고인과 서울 S시장에 다녀왔으므로 아침 일찍 잠에서 깨지는 않을 것으로 예상되는 상황이었고, 실제로 피해자가 피고인이 마사지업소에 들어간 후 경찰이 출동하기까지 93분간 잠에서 깨지 않았던 점, ㉶ 피고인이 마사지업소 종업원에게 피해자가 잘 자고 있는지 가끔 봐달라고 부탁해둔 점 등 사정에 비추어 보면, 피고인이 피해자를 유기한 것이라고 보기 어렵다. (춘천지방법원 2017.10.31. 선고 2017고합44, 79(병합) 판결)

2심 법원도 1심 법원과 동일하게 판단하였다. 그러면서도 1심 법원과 2심 법원 모두 위 행위가 정서학대에는 해당한다고 보았는데, 이 점에 대해서는 2심 법원이 더 자세하게 이유를 설시하였으므로 살펴본다.

판결문 읽기

E은 이 사건 당시 5세 8개월 정도에 불과한 아동이었고, 비록 E이 잠을 자고 있었다고는 하나 피고인이 K 마사지업소에서 잠을 잘 것으로 예정한 시간이 2시간 가량이었는바, 그 사이에 E이 잠에서 깰 가능성이 있고 그럴 경우 혼자 낯선 곳에 있고 주변에 부모님이 아무도 없는 것을 알게 되어 놀라거나 정신적 충격을 받게 될

> 위험성이 큰 점을 생각해 볼 때, 피고인이 이 사건 승용차 뒷좌석에서 잠을 자고 있는 E을 혼자 두고 위 업소에 들어가 잠을 잔 행위로 인해 E의 <u>정신건강과 그 정상적인 발달에 해를 끼칠 위험 또는 가능성</u>이 있었고, 피고인 또한 그러한 <u>위험 또는 가능성</u>이 있음을 미필적으로나마 인식하였다고 할 것이다. {서울고등법원 2018.1.31. 선고 (춘천)2017노161 판결}

유기 여부를 판단함에 있어서는 "피해아동이 일찍 잠에서 깨지는 않을 것으로 예상되는 상황"이었다고 하면서, 정서학대 여부를 판단함에 있어서는 "일찍 잠에서 깰 경우 놀라거나 정신적 충격을 받게 될 위험성이 크다는 점을 행위자가 미필적으로나마 인식"하였다고 본 것은 앞뒤가 맞지 않는다고 생각된다. 만약 전자가 타당하다면 후자에서도 행위자의 인식이 부정되어야 할 것이고, 반대로 후자가 타당하다면 전자에서도 피해아동이 일찍 잠에서 깰 경우 발생할 수 있는 생명·신체의 위험을 고려하여야 할 것이다.

아동이 차에 홀로 방치되었을 때 발생할 수 있는 생명·신체의 위험은 질식만 있는 것이 아니다. 5세 정도의 아동이라면 잠에서 깨서 좌석 문을 열고 나가거나 위험한 행동을 할 가능성도 있고, 혹은 지나가던 제3자에 의한 범죄의 표적이 될 수도 있다. 그런 점을 고려했을 때 유기를 인정함이 타당하지 않았을까 하는 아쉬움이 있다.

〈사례 68〉과 〈사례 69〉에서 공통적으로, 법원은 아동을 차량에 두고 내린 사실에 대하여 방임 또는 유기에 해당한다고 판단하지는 않았다. 다만 아동을 의도적으로 차량에 두고 내린 행위에 대해서는 정서학대로 판단한 점을 참고할 만하다.

36. 양벌규정

 지금까지 살펴본 다양한 사례들 중에는 어린이집 등 시설에서 아동학대가 발생한 경우에 해당 시설의 원장도 양벌규정에 따라 처벌된 사례가 다수 있었다. 제2장에서 신고의무 교육에 관하여 설명하면서 이미 언급했지만, 아동복지법상의 양벌규정을 다시 한번 확인해 보자.

> **아동복지법**
>
> **제74조(양벌규정)** 법인의 대표자나 법인 또는 개인의 대리인, 사용인, 그 밖의 종업원이 그 법인 또는 개인의 업무에 관하여 제71조의 위반행위를 하면 그 행위자를 벌하는 외에 그 법인 또는 개인에게도 해당 조문의 벌금형을 과(科)한다. 다만, 법인 또는 개인이 그 위반행위를 방지하기 위하여 해당 업무에 관하여 상당한 주의와 감독을 게을리하지 아니한 경우에는 그러하지 아니하다.

 사업장 내에서 아동학대가 발생한 경우에 사용자가 양벌규정에 따른 형사책임을 면하기 위해서는 "아동학대를 방지하기 위하여 상당한 주의와 감독을 한 사실"을 증명해야 한다.
 그렇다면 어떻게 해야 상당한 주의와 감독을 했다고 인정받을 수 있을 것인가? 사업자의 입장에서는 매우 중요한 문제가 아닐 수 없다. 이에 관하여 고찰하는 것으로 제3장을 마무리하고자 한다.

우선 기본적으로 해야 할 것은 아동학대 예방교육(신고의무 교육)이다.[44] 제2장에서 살펴본 바와 같이, 신고의무자가 소속된 기관·시설 등의 장은 신고의무자를 대상으로 매년 1시간 이상 신고의무 교육을 실시하여야 한다 (아동복지법 제26조 제3항, 시행령 제26조 제3항 참조).

만약 신고의무 교육을 실시하지 않았다면 과태료의 대상이 될뿐더러(동법 제75조 제3항 제1의2호 참조), 아동학대를 방지하기 위하여 상당한 주의와 감독을 했다고도 볼 수 없을 것이다. 법령에 따른 가장 기본적인 의무조차도 이행하지 않았기 때문이다.

그런데 법원은 아동학대 예방교육을 실시하였다는 사정만으로는 상당한 주의와 감독을 하였다고 인정할 수 없다고 보고 있다.

판결문 읽기

... 이 사건 범행으로 인한 피해의 심각성에 비추어 볼 때 피고인 A가 피고인 B를 비롯한 보육교사들에게 아동학대예방교육을 실시하였다는 사정만으로는 어린이집 원장으로서 취하여야 할 충분한 주의의무를 다하였다고 인정할 수 없는 점. (수원지방법원 2017.6.8. 선고 2017노932 판결)

---

44 신고의무 교육(아동복지법 제26조)과 아동학대 예방교육(아동복지법 제26조의2)은 서로 별개이지만, 신고의무 교육도 아동학대를 예방하기 위한 목적으로 실시되는 교육이므로 이하에서 "아동학대 예방교육"이라 하면 신고의무 교육까지를 포괄해서 의미한다.

즉 아동학대 예방교육은 상당한 주의와 감독을 했음을 인정받기 위한 필요조건일 뿐, 충분조건은 아니라는 의미다.

다음 판결도 아동학대 예방교육을 실시하였음에도 불구하고 상당한 주의와 감독을 하였다고 인정하지 않은 예다.

> **판결문 읽기**
>
> … 피고인 A은 피고인 B이 작성하여 제출하는 보육일지 등의 서류와 <u>온라인에서 진행되거나 단체로 진행되는 아동학대 예방교육 참여 여부만 확인하거나 칠판에 '아동학대예방'이라고 적어두는 등 형식적·피상적인 관리·감독을 하였고</u>, 피고인 A의 사무실이 이 사건 기쁨반 교실 바로 옆임에도 불구하고 피고인 B이 실제 어떻게 보육을 하고 있는지 등의 교육상황과 피해자들에 대한 학대행위 여부에 대하여 관찰·확인을 하지 아니한 것으로 보인다. (창원지방법원 통영지원 2017.6.21. 선고 2016고단1955 판결)

매년 1시간 이상 실시하는 신고의무 교육 이외에 원장이 수시로 종사자들을 직접 교육한 사실이 있음에도 여전히 상당한 주의와 감독을 하지 않았다고 본 판결들이 있다.

판결문 읽기

... 피고인 C가 그 주장과 같이 평소 A, B를 비롯한 교사들에게 '아이들을 체벌하지 말고 자주 안아주라'고 이야기한 사실이 있다고 하더라도, 위와 같은 추상적인 말을 반복하였다는 것만으로는 아동학대행위를 방지하기 위하여 이 사건 유치원의 운영자로서 취하여야 할 상당한 주의와 감독을 다 한 것이라고 보기 어렵고, 정기적으로 아동학대 예방교육을 실시하거나 교사들로 하여금 외부 연수를 받게 하였다고 하더라도 마찬가지이다. (부산지방법원 2018.1.12. 선고 2017노2822 판결)

판결문 읽기

... 피고인이 직접적, 적극적, 실질적으로 아동학대예방교육을 실시한 정황은 달리 보이지 않고, 다른 교사나 외부강사 등을 통해서 형식적으로 교육을 하거나 교육일지 등을 작성한 정도만이 인정될 뿐이다. 결국 감독기관의 감독을 통과하기 위하여 외형적으로만 아동학대예방교육을 유지하였던 것으로 보인다.

... 피고인이 공동피고인들을 직접 교육한 것은 아침조회 시 정도인데, 그 내용은 다른 아동복지시설에서 일어난 사례를 간단히 언급한 것으로, 이는 아침조회의 성격상 당연히 기대되는 수준이다. 따라서 피고인의 아침조회를 모두 아동학대예방교육으로 인정한다고

하더라도 여전히 아동학대방지를 위해 상당한 주의와 관리·감독을 게을리하였다고 볼 수밖에 없다. (울산지방법원 2018.7.20. 선고 2018노418 판결)

위 판결들에 따르면 "아이들을 체벌하지 말고 자주 안아 주라"고 자주 이야기했거나, 조회 시 다른 아동복지시설에서 일어난 아동학대사례를 언급했다고 하더라도 상당한 주의와 감독으로 보기에는 충분치 않다는 것이다. 그렇다면 어떻게 교육을 해야 한다는 것일까? 다음 판결을 보자.

판결문 읽기

... ① 피고인은 A의 별지 범죄일람표 연번 6, 9 기재 범행을 목격하고도 이를 제지하지 않은 점, ② 피고인은 평소 교사들에게 아동학대 예방교육을 하는 등의 조치를 취하여 왔다고 주장하나, 위 범행을 목격하였음에도 사건의 경위를 구체적으로 확인하거나, 재발방지대책을 세우는 등의 조치는 취하지 않은 것으로 보이는 점, ③ 다른 보육교사도 A의 범행을 목격하고서도 이를 말리거나 피고인에게 위 사실을 보고하는 등의 조치를 취하지 않았는바, 피고인이 보육교사들에게 아동학대 방지를 위한 실효성 있는 교육을 제대로 하지 않은 것으로 보이는 점 등을 종합하면, 피고인이 A의 위 범행을 방지하기 위한 상당한 주의와 감독을 게을리하지 않았다고 볼 수 없다. (수원지방법원 2018.4.17. 선고 2017노4404 판결)

원장은 아동학대 예방교육을 하였다고 주장하였으나, 법원은 실효성 있는 교육을 하지 않은 것으로 보인다고 판단한 사례다.

여기서 실효성 있는 교육을 하지 않았다고 본 근거는 다른 보육교사가 아동학대를 목격하고도 말리거나 원장에게 보고하지 않았다는 사실이다. 신고의무자들이 스스로 의무를 자각하고 이에 따라 행동하는 데 이르지 못했다면 교육의 실효성을 인정할 수 없다는 의미로 해석할 수 있겠다.

결국 교육의 횟수나 방식 등이 중요한 것이 아니라, 교육의 결과 실제로 종사자들의 인식과 행동이 변화했는지 여부가 중요하다고 말할 수 있다. 아동학대 예방교육의 목적은 과태료를 면하거나 양벌규정의 책임을 면하는 데 있는 것이 아니라 실제로 아동학대를 예방하는 데 있다. 교육에도 불구하고 아동학대가 발생했다면 교육을 했다는 사실만으로 양벌규정의 책임을 면하기는 매우 어렵다.

교육과 더불어 또 한 가지 기본적인 사항은 CCTV(폐쇄회로 텔레비전)의 설치와 운영이다. 어린이집의 경우 영유아보육법에 따라 CCTV를 의무적으로 설치하여야 한다.

> **영유아보육법**
>
> **제15조(어린이집 설치기준)** 어린이집을 설치·운영하려는 자는 보건복지부령으로 정하는 설치기준을 갖추어야 한다. 다만, 놀이터, 비상재해대비시설 및 폐쇄회로 텔레비전의 설치와 관련된 사항은 각각 제15조의2부터 제15조의4까지에 따른다.

제15조의4(폐쇄회로 텔레비전의 설치 등) ① 어린이집을 설치·운영하는 자는 아동학대 방지 등 영유아의 안전과 어린이집의 보안을 위하여 「개인정보 보호법」 및 관련 법령에 따른 폐쇄회로 텔레비전(이하 "폐쇄회로 텔레비전"이라 한다)을 설치·관리하여야 한다. 다만, 다음 각 호의 어느 하나에 해당하는 경우에는 그러하지 아니하다.

1. 어린이집을 설치·운영하는 자가 보호자 전원의 동의를 받아 특별자치시장·특별자치도지사·시장·군수·구청장에게 신고한 경우
2. 어린이집을 설치·운영하는 자가 보호자 및 보육교직원 전원의 동의를 받아 「개인정보 보호법」 및 관련 법령에 따른 네트워크 카메라를 설치한 경우

② 제1항에 따라 폐쇄회로 텔레비전을 설치·관리하는 자는 영유아 및 보육교직원 등 정보주체의 권리가 침해되지 아니하도록 다음 각 호의 사항을 준수하여야 한다.

1. 아동학대 방지 등 영유아의 안전과 어린이집의 보안을 위하여 최소한의 영상정보만을 적법하고 정당하게 수집하고, 목적 외의 용도로 활용하지 아니하도록 할 것
2. 영유아 및 보육교직원 등 정보주체의 권리가 침해받을 가능성과 그 위험 정도를 고려하여 영상정보를 안전하게 관리할 것
3. 영유아 및 보육교직원 등 정보주체의 사생활 침해를 최소화하는 방법으로 영상정보를 처리할 것

③ 어린이집을 설치·운영하는 자는 폐쇄회로 텔레비전에 기록된 영상정보를 60일 이상 보관하여야 한다.

④ 제1항에 따른 폐쇄회로 텔레비전의 설치·관리기준 및 동의 또는 신고의 방법·절차·요건, 제3항에 따른 영상정보의 보관기준 및 보관기간 등에 필요한 사항은 보건복지부령으로 정한다.

어린이집 설치기준에 CCTV의 설치가 포함되어 있으므로 대부분의 어

린이집에는 일단 CCTV가 설치되어 있을 것이나(만약 CCTV를 설치하지도 않은 채 어린이집을 운영했다면 상당한 주의와 감독을 했다고 볼 수 없음은 당연하다), 문제는 CCTV를 설치하고도 그 영상을 제대로 확인하지 않는 경우가 빈번하다는 것이다.

판결문 읽기

... 영유아보육법 제15조의4 제1항은 '아동학대 방지 등을 위하여 CCTV를 설치·관리하여야 한다'고 규정하고 있음에도, 피고인 A은 보육교사들의 인권침해를 이유로 CCTV 화면을 꺼둔 채 아동학대 여부 등에 대하여 주의를 기울이지 아니하였다. (창원지방법원 통영지원 2017.6.21. 선고 2016고단1955 판결)

CCTV를 설치해 두기만 하고 아예 꺼 놓은 사례. 상당한 주의와 감독을 하지 않은 것으로 법원이 판단하였음은 물론이다.

판결문 읽기

... 아동학대가 이루어진 교실과 강당에는 CCTV가 설치되어 있어 조금만 주의를 기울이면 아동학대를 미리 예방하거나 초기에 막을 수 있었음에도, 피고인은 이 사건이 발생할 때까지 CCTV 영상의 재생방법조차 모르고 있었다. (부산지방법원 2018.8.17. 선고 2018노890 판결)

원장이 평소 CCTV 영상을 확인하지 않아서 영상의 재생 방법조차 모르고 있었던 사례다. 아동학대와 관련하여 수사를 받는 과정에서 원장이 영상을 재생할 줄 모른다는 사실이 탄로 난다면 법적 책임을 떠나서 개인적으로도 망신스러운 일일 것이다.

판결문 읽기

... 피고인 A는 경찰에서 조사를 받으면서 "월 1회 정도 랜덤으로 CCTV를 지정해서 녹화분을 간단히 열람하였으나 면밀하게 보지는 못하여 아동학대가 발생한 것을 확인하지 못하였다"라는 취지로 진술하였고, 피고인 B 또한 당심 법정에서 "피고인 A는 CCTV가 돌아가고 있다고만 이야기하였을 뿐 실제로 CCTV를 보고 피고인 B의 행동을 지적한 적은 없었다"는 취지로 진술한 점, ... 행정업무 등으로 인하여 외근 시간이 많았던 피고인 A가 보육교사들을 관리·감독할 목적으로 어린이집 내에 수개의 CCTV를 설치하였다면, 녹화된 CCTV 화면을 정기적으로 확인하는 등 당초 CCTV를 설치한 목적에 따라 아동학대 행위를 방지하기 위한 실질적인 노력까지 기울였어야 함에도 이를 게을리 하여 피고인 B의 학대행위를 수개월 간 방치한 것으로 보이는 점 등을 종합하여 보면, 피고인 A가 어린이집을 운영하는 원장으로서 보육교사의 아동학대 행위를 방지하기 위하여 그 업무에 관하여 기울였어야 할 상당한 주의와 감독을 다하지 않은 사실이 인정된다. (수원지방법원 2017.6.8. 선고 2017노932 판결)

위 2017노932 판결은 원장이 CCTV 영상을 정기적으로 확인하는 등의 노력을 하지 않았다면 상당한 주의와 감독을 한 것으로 볼 수 없음을 직접적으로 언급하고 있는데, 아예 확인하지 않은 것도 아니고 월 1회 정도 랜덤으로 열람하였음에도 충분하지 않다고 보았다.

녹화된 CCTV 영상을 확인하는 작업은 현실적으로 굉장히 시간이 많이 걸릴뿐더러 고단한 일이다. 다른 업무로도 바쁜 어린이집 원장들이 한 달에 한 번이라도 영상을 직접 확인하기가 쉽지 않은데, 그것으로도 부족하니 더 자주 확인하라는 말은 무리한 요구일지도 모른다.

이렇게 보면 CCTV 설치·운영 역시 아동학대 예방교육과 마찬가지로 필요조건일 뿐 충분조건은 아니라고 볼 수 있다. 미비했다면 상당한 주의와 감독을 하지 않았다는 근거가 되지만, 반대로 CCTV를 설치하고 월 1회 정도 직접 영상을 확인까지 했더라도 상당한 주의와 감독을 했다는 근거는 되기 어렵다는 것이다.

원장 등 사용자의 입장에서 여기까지 읽었다면 답답함에 분통이 터질지도 모르겠다. 도대체 어떻게 해야 상당한 주의와 감독을 한 것으로 인정받을 수 있다는 것인가?

아동복지법 제74조 자체가 원칙적으로 양벌규정에 따라 사용자를 처벌하고, 다만 상당한 주의와 감독을 한 것으로 인정되는 경우에만 예외적으로 처벌하지 않도록 되어 있는 구조이므로, 예외를 인정받기는 매우 어렵다. 다만 실제로 예외가 인정되어 벌금형을 면한 사례가 있으므로 참고해 보자.

사례 70
아동복지시설 양벌규정 무죄 사건

　행위자 A는 아동복지시설에서 사회복지사로 근무하던 사람이고, 행위자 B는 위 아동복지시설의 원장이며, 피해아동(사건당시 4세)은 위 아동복지시설에서 생활하던 아동이다. 위 아동복지시설은 사건당시 피해아동을 포함하여 부모가 양육하기 어려운 아동 약 40명을 보육하고 있었다.

　A는 평소 조용하고 차분한 성격으로 아동들에게 말로써 훈육을 해왔고, 사건 이전까지 다른 문제를 일으킨 적이 없으나, 2016.7.30.경 피해아동이 화장실에서 물장난을 치며 물통을 어지럽힌다는 이유로 화가 나서 장난감 블록 모서리로 피해아동의 머리를 1회 때려 전치 1주의 두피열상을 가하였다.

　사건 직후 A는 B에게 사실을 알린 다음 피해아동을 데리고 병원에 가서 치료를 받게 하였다. B는 A에게 사회복지사로서의 책임과 의무를 다하지 않았으므로 사직서를 제출하라고 말했다. 이에 A는 시말서와 사직서를 제출하였다.

　2016.8.4. 아동보호전문기관이 위 아동복지시설에 대하여 전수조사를 실시한 결과, 이 사건 외에 아동학대가 지속되거나 반복되었다는 정황은 발견되지 않았다.

　1심 법원은 A에게 징역 4월에 집행유예 2년, 120시간의 사회봉사, 40시간의 아동학대치료강의 수강명령을 선고한 반면, B는 업무에 관하여 상당한 주의와 감독을 게을리하지 않았다고 보아 무죄로 판단하였다. 2심 법원은 항소를 기각하였으며 대법원도 상고를 기각하였다.

[사건번호]
광주지방법원 2017.2.3. 선고 2016고단3445 판결
광주지방법원 2017.9.27. 선고 2017노890 판결
대법원 2018.1.25. 선고 2017도17035 판결

위 〈사례 70〉에서 법원이 원장 B를 무죄로 판단한 데는 해당 시설에서 아동학대가 지속되거나 반복된 정황이 없고 일회적으로 발생한 사건인 점, 사건 직후 B가 신속하고 단호하게 A에게 사직을 종용한 점 등이 크게 영향을 준 것으로 보인다. 그 밖에 B가 평소 시설을 어떻게 관리해 왔는지에 대하여 1심 판결문에 언급된 내용을 살펴보면 다음과 같다.

판결문 읽기

4) 이 사건 시설의 직원들은 1년에 2회 정도 광주동구청 등 외부기관에서 실시하는 아동인권교육 및 아동학대예방교육, 아동학대 신고의무자교육에 참가하였다. 특히 피고인 B은 이 사건 범행 전인 2016.3.24. 및 2016.4.14. 피고인 A를 포함한 이 사건 시설에서 근무하는 직원들로 하여금 동구지역사회보장협의체에서 아동·청소년 사회복지기관 및 시설 실무자를 대상으로 실시하는 역량강화교육 과정에 참가하도록 하였고, 그에 따라 위 직원들은 아동·청소년의 문제행동에 대한 대처 방법, 아동학대 예방 및 신고의무에 대한 교육을 받았다(수사기록 제22 내지 27쪽).

5) 피고인 B은 매주 1회씩 열리는 이 사건 시설의 직원회의에서 여러 차례 아동학대 방지를 강조하면서, '아동학대 범행이 발생하지 않도록 항상 조심해야 한다', '아동학대 사고가 발생하지 않도록 잘 지도해 달라', '어떠한 경우에도 체벌이나 학대행위는 금지한다', '언론에 아동학대 사건들이 많이 보도되고 있으니, 아동학대 및 체벌이 발생하지 않도록 아이들 관리 및 양육에 만전을 기하도록 해달라'는 취지로 이야기했다(수사기록 제124, 125쪽, 피고인 제출 증제2호증). 이 사건 시설은 사회복지시설로서 국가보조금으로 운영비를 조달하고 있고, 매년 한 차례씩 관할 관청의 지도·점검을 받아 왔는데, 이 사건 범행 발생 전인 2016.5.경 지도·점검 당시 특별한 문제점이 발견되지 않았다. 또한 피고인 B이 이 사건 시설에서 근무한 기간 동안 이 사건 범행 외에 아동학대와 관련된 사건이 발생한 적도 없다.

6) 피고인 B은 이 사건 시설에서 보육하는 아동들의 숙소와 인접한 방에서 사실상 상주하면서 근무를 하여 왔다. 피고인 B은 매일 아침, 점심, 저녁식사를 위 아동들과 함께 하였고, 하루에 2~3번 이상 위 아동들이 있는 방을 순찰하였다(증인 A, J의 각 법정진술). 이 사건 시설에서 아동들을 보육하는 생활지도원들은 매일 보육일지에 각 아동별보 보육내용, 건강기록 등을 구체적으로 기재하였고(피고인 제출 증 제5호증), 그 보육일지를 피고인 B에게 제출하여 결재를 받았다. 피고인 B은 위 보육일지의 내용을 검토하고 생활지도원들에게 아동의 훈육 방식 등에 관한 지시를 하기도 하였다(피고인, 증인 A의 각 법정진술). 또한 위 보육일지의 내용은 사회정보

시스템을 통하여 관할 구청의 담당공무원도 열람이 가능하였다. 이 사건 시설의 생활지도원들은 아동들의 보육 과정에서 문제가 발생하면, 바로 구두로 피고인 B에게 보고하였다(수사기록 제148쪽).

7) 이 사건 시설의 원내생활규정 제5조 제1호는 '시설장, 직원 등은 아동의 인권을 존중하고 아동의 인권침해를 방지하기 위하여 노력하여야 한다'라고, 제26조 제1호는 '아동 선도는 문제 행위의 처벌보다는 사전예방 지도에 중점을 두며 아동들에게 신체적 고통을 가하거나 정신적 모욕감과 수치심을 주는 언어폭력 등을 포함한 일체의 행위는 금지한다'라고 각 규정하고 있고, 제32조는 '도구에 의한 체벌' 등 특히 금지하여야 할 체벌의 유형을 규정하고 있다(피고인 제출 증 제4호증). 위 원내생활규정은 이 사건 시설의 아동들이 생활하는 각 방마다 한 부씩 비치되어 있었다. (광주지방법원 2017.2.3. 선고 2016고단3445 판결)

판결문에 언급된 내용만 보더라도 원장이 아동학대 예방을 위하여 남달리 철저하게 관리·감독을 해 왔음을 짐작할 수 있다. 직원들을 외부기관에서 실시하는 아동학대 예방교육에 참가시키거나 주 1회 직원회의에서 원장 스스로 아동학대 방지를 강조한 사실도 있지만, 그보다 더 눈여겨보아야 할 것은 원장이 시설에 상주하면서 아동들과 식사를 같이 하고, 하루에 2~3번 아동들의 방을 순찰하였다는 점이다.

판결문에는 CCTV에 관한 언급은 없으나(어린이집이 아니라 아동복지시설이므로 CCTV를 설치할 의무는 없었을 것으로 보인다) 날마다 직접 아동들을 가까이에서 관찰하고 감독하였다면 CCTV 영상을 보는 것 이상으로 세심한 확인이 이루어졌다고 인정되기에 부족함이 없을 것이다. 물론 그 결과 실제로 이 사건 이전까지 아동학대가 발생하지 않았다는 점도 중요한데, 아무리 날마다 확인을 했다고 해도 정작 반복되는 아동학대를 발견하지 못했다면 확인하는 시늉만 한 꼴이 되므로 역시 책임을 면하기 어려울 것이다.

시설에서 아동학대가 발생한 경우에, 양벌규정과 관련하여 원장 등이 상당한 주의와 감독을 하였다고 인정된 사례는 그렇지 않은 사례보다 훨씬 드물다.[45]

---

[45] 위 〈사례 70〉 이외에 〈사례 20〉 정서학대 헌법소원 사건도 원장이 양벌규정에 따른 책임을 면한 예다. 〈사례 20〉의 2심 법원은 위와 관련하여 "위 피고인은 이 사건 어린이집에 CCTV를 설치하여 간접적으로 어린이집 소속 교사들을 감시하고 심리적으로 부담감을 주어 아동교육에 소홀함이 없도록 한 점, 원감 공소외 3을 통하여 보육교사들의 개별교육, 안전사고 및 아동학대 방지, 교육프로그램과 관련된 교사회의를 정기적으로 실시한 점, 소속 교사들에 대하여 중앙보육정보센터에서 아동학대예방 교육을 받게 한 점, 3일에 한 번씩 상담일지를 살펴보아 어린이집 소속 아동 학부모와의 교류를 확인한 점, 오전 9시에서 10시 사이, 배식시간, 오후 3시에서 4시 사이에 걸쳐 수업 교실을 둘러보는 등으로 관찰을 게을리하지 않은 점 등을 종합하면 피고인은 아동복지법 제74조 단서에 정한 상당한 주의와 감독을 게을리하지 아니한 것으로 인정되고, 단순히 위 피고인이 CCTV 영상을 매일 확인하지 아니하고 매일 보육교사들과 그 내용에 대하여 토론을 하지 아니하였다는 사정만으로는 이를 게을리하였다고 단정하기 어렵다"고 판시하였다(대구지방법원 2015.4.23. 선고 2014노2526 판결 참조).

그런데 어린이집에 CCTV를 의무적으로 설치하도록 한 영유아보육법 제15조의4는 2015.5.18. 신설된 것으로, 〈사례 20〉 사건당시에는 해당 규정이 없었다. 위 2014노2526 판결은 원장이 어린이집에 CCTV를 설치하였다는 점을 원장에게 유리한 사실로 고려했지만, CCTV 설치가 의무화된 현재는 단순히 설치했다는 것만으로는 유리한 사실로 고려되기 힘들다. 그런 점에서 위 2014노2526 판결은 참고하는 데 한계가 있다고 판단된다.

생각건대 아동학대에 대한 사회 일반의 민감성이 점점 높아지고 관련 법령도 강화되는 추세에 있으므로, 시설의 원장 등에게 요구되는 상당한 주의와 감독의 수준도 점점 높아질 것이다. 따라서 과거 기준으로는 양벌규정의 책임을 면할 수 있을 정도로 주의와 감독을 했더라도 현재에는 처벌될 가능성도 있다.

일단 아동학대가 발생하면 원장 등이 책임을 면하기는 매우 어렵다는 의미다. 계속해서 강조하는 바이지만, 사용자로서는 "어떻게 하면 아동학대가 발생했을 때 책임을 면할 수 있을 것인가"보다는 "어떻게 해야 처음부터 아동학대가 발생하지 않을 것인가"를 고민할 필요가 있다.

아동학대 예방도 법률자문이 필요하다

어린이집, 유치원, 학교, 학원, 아동복지시설 등 아동을 대상으로 하는 시설을 운영함에 있어서 아동학대는 이제 경영학적 의미에서 일종의 위험(risk)으로 취급되어야 한다고 생각된다.

시설 내에서 아동학대가 발생하면 직접 아동학대행위를 한 종사자는 형사처벌의 대상이 됨은 물론 더 이상 시설에서 일할 수 없게 되며, 시설의 운영자도 양벌규정에 따른 벌금형의 대상이 될 뿐 아니라 민사적 손해배상 책임도 발생할 수 있다. 시설의 장과 종사자들도 신고의무 위반으로 과태료의 부과 대상이 될 수 있다. 시설 자체도 사업 정지나 시설 폐쇄 등 행정처분의 대상이 될 가능성이 있으며, 시설에 대한 고객(아동과 학부모 등)의 신뢰도 크게 떨어지게 된다.

이처럼 한 건의 아동학대가 시설 문을 닫게 만들 정도의 큰 파장을 일으킬 수 있으므로, 아동학대 예방은 시설 운영에 있어서 위험관리(risk management)의 영역에 포함되어야 할 것이다.

아직까지 아동을 대상으로 하는 시설이 아동학대 예방을 위하여 변호사의 조력을 받는 경우는 매우 드문 것으로 보인다. 아동학대로 의심되는 사건이 이미 발생하여 민·형사상 고소를 당한 뒤에야 비로소 변호사를 찾는 경우가 대부분이다. 그러나 일단 아동학대로 고소를 당하기에 이르렀다면 설령 나중에 무죄로 판결되더라도 한 번 잃은 신뢰는 회복하기 어렵다.

아동학대를 효과적으로 예방하기 위해서는 사건이 발생하기 이전에 선제적으로 아동학대 분야에 전문성이 있는 변호사로부터 법률자문을 받는 것이 바람직하다. 여기서 말하는 법률자문에는 종사자를 대상으로 한 법률교육(아동학대 예방교육) 외에 법률상담도 포함될 수 있다. 후자에 관하여 부연하자면, 가령 시설의 특정 종사자 또는 특정 행위와 관련하여 학부모의 불만이 접수되거나 혹은 아동학대로 의심되는 상황이 운영자에게 직접 목격된 경우, 아동학대로 판단될 가능성이 있는지와 어떻게 대응해야 할지(관련자에 대한 인사조치 등)에 관하여 변호사와 상담을 통하여 조언을 구할 수 있을 것이다.

물론 아동학대 예방은 단순히 시설 운영을 위한 계산적인 측면에서만 접근할 문제는 결코 아니다. 아동학대 예방의 궁극적인 목적은 우리의 미래인 아동들이 건강하고 행복하게 성장하고 발달할 수 있도록 보호하는 것으로서, 이는 국민 모두의 도의적인 의무이기도 할 것이다. 아동을 대상으로 하는 시설을 운영한다면 적어도 내 시설에서만큼은 아동학대가 발생하지 않도록 최선의 노력을 다하여야 할 것이다.

제4장

맺음말 :
아동학대 근절을
위한 제언

지금까지 아동학대 관련 법률에 따른 주요 개념과 다양한 아동학대 사례들을 알아보았다. "무엇이 아동학대인가" 하는 물음에 대한 답을 찾는 데 도움이 되었기를 희망하지만, 어쩌면 정답은 하나도 제시하지 못한 채 독자를 더욱 혼란스럽게만 했을지도 모르겠다.

이제 우리 사회에서 아동학대를 근절시키기 위하여 입법적, 제도적, 사회적 측면에서 고려할 필요가 있다고 생각되는 점들에 대하여 부족한 소견이나마 몇 마디 남기는 것으로 맺음말을 갈음하고자 한다.

🔍 아동학대 처벌규정의 재정비가 필요하다

정서학대를 규정한 아동복지법 제17조 제5호는 형벌법규의 명확성 원칙에 위반되지 않는다고 헌법재판소가 판시하였음을 앞서 살펴보았다(헌법재판소 2015.10.21. 선고 2014헌바266 결정 참조). 성학대를 규정한 아동복지법 제17조 제2호는 입법형식상 포괄구에 해당하나 역사적, 체계적, 논리적 해석을 통하여 그 의미를 해석할 수 있다고 판시한 법원 판결도 살펴보았다(인천지방법원 2017.8.11. 선고 2016노3342 판결 참조).

하지만 그럼에도 불구하고 여전히 위 조항들은 국민들이 "법률이 처벌하고자 하는 행위가 무엇인지를 누구나 예견"하기에는 지나치게 추상적·포괄적이라는 비판에서 자유롭기 힘들다. 이는 신체학대를 규정한 아동복지법 제17조 제3호, 방임을 규정한 동조 제6호도 마찬가지다.

법률조항이 추상적·포괄적인 탓에 다른 법률과의 관계도 문제가 된다. 신체학대의 경우 해당 조항만 보아서는 형법에 규정된 상해와 폭행의 죄와의 관계가 어떻게 되는지 애매하다.[46] 성학대의 경우 앞서 살펴본 것처럼 판결을 통하여 해석하기 전까지는 형법, 청소년성보호법, 성폭력처벌법에 따라 처벌되는 아동 대상 성범죄와의 관계가 불분명하다.

생각건대 아동학대와 관련하여 어떤 행위가 처벌대상이 되는지를 좀 더 구체화하고, 동시에 다른 법률과 중복되지 않게 하는 방향으로 관련 규정의 대대적인 재정비가 필요하다.

신체학대의 경우 현행과 같은 형태보다는 형법상 상해와 폭행의 죄의 구성요건에 더하여 피해자가 아동인 경우를 가중적 구성요건으로 하는 형태가 더 적합할 것으로 생각된다. 예컨대 "아동에 대한 폭행", "아동에 대한 상해" 등과 같은 죄명을 신설하는 형태로서, 이미 청소년성보호법이나 성폭력처벌법 등에서 유사한 입법례를 찾아볼 수 있다.

성학대의 경우 이미 형법, 청소년성보호법, 성폭력처벌법에 아동 대상 성범죄가 자세하게 규정되어 있으므로, 중복되는 부분들을 제외하고 현행 아동복지법 제17조 제2호에 의해서만 처벌될 수 있는 행위, 가령 "성적 도의관념에 어긋나고 아동의 건전한 성적 가치관의 형성 등 완전하고 조화로운 인격발달을 현저하게 저해할 우려가 있는 행위(대법원 2017.6.15. 선

---

46 대법원 판결 중에는 폭행치사죄와 아동복지법위반(아동학대)죄가 상상적 경합관계에 있다고 원심이 판단한 것을 정당하다고 본 사례가 있다(대법원 2018.1.25. 선고 2017도19187 판결 참조).
폭행죄와 아동복지법위반(아동학대)죄의 상상적 경합으로 기소되었다가 이후 피해아동이 처벌불원의사를 표시한 경우에, 폭행죄에 대해서는 공소를 기각하였으나 아동복지법위반(아동학대)죄에 대해서는 유죄를 선고한 하급심 판결 사례도 있다(부산지방법원 2019.7.17. 선고 2019고단510 판결 참조).

고 2017도3448 판결)"나 언어적 성희롱 등에 대해서만 별도의 처벌규정을 구체적으로 마련함이 바람직할 것이다.

정서학대의 경우 관련 헌법재판소 결정 및 법원 판결들을 참조하여 정서학대에 해당할 수 있는 행위들을 몇 가지로 구체화해서 규정하는 것을 고려할 필요가 있다.

방임의 경우도 아동을 보호받지 못하는 장소에 두고 떠나거나 비위생적인 환경에서 양육하는 등의 전형적인 방임행위 이외에 의료적 방임, 교육적 방임, 출생신고 미신고에 의한 방임 등 특수한 방임행위들에 대하여 별도로 구체적인 처벌규정을 신설할 수 있을 것이다.

🔍 누가 아동학대를 판단하는가?

아동학대사건이 발생했을 때 수사의 개시 및 기소 등은 당연히 수사기관이 판단하여 결정하는 것이지만, 이와 별개로 2020.10.1. 이전까지는 아동복지법 제45조 제2항에 따라 설치된 아동보호전문기관이 아동학대에 대한 조사 및 판단을 하여 왔다.

아동보호전문기관의 아동학대 판단은 법률에 직접적인 근거는 없으며 외부적 효력이 있다고도 볼 수 없으나, 피해아동의 분리 보호나 피해아동 및 가족과 행위자에 대한 상담·교육·심리적 치료 등 아동학대 방지를 위한 사례 개입 방향을 내부적으로 결정하는 근거가 되어 왔다. 또한 보건복지부가 생산하는 아동학대 관련 통계의 기초자료로도 활용되어 왔다.[47]

---

[47] 보건복지부는 2018년까지 연 1회 『전국아동학대현황보고서』를 발간하여 왔으며 2019년부터 『아동학대 주요통계』로 명칭을 변경하여 마찬가지로 연 1회 발간하고 있다.

그러나 아동보호전문기관이 아동학대로 판단한 사례 중에서 수사기관이 수사를 진행한 사례는 약 3분의 1 정도밖에 되지 않아, 양자의 괴리가 매우 크다.[48] 이러한 괴리는 아동보호전문기관의 아동학대 판단과 수사기관의 수사가 과연 충분히 객관적이고 전문적이게 이루어져 왔는지에 대한 의심을 불러일으키기에 충분하다.[49]

2020.10.1.부터 전국 시·도 및 시·군·구에 아동학대전담공무원이 배치됨에 따라, 기존에 아동보호전문기관이 하던 아동학대 판단을 시·도 및 시·군·구가 하게 되었다. 한편 2021.6.30.부터 시행될 개정 아동복지법 제75조 제3장 제1의5호에 따르면, 시·도지사 및 시장·군수·구청장은 아동학대행위자가 정당한 사유 없이 상담·교육·심리적 치료에 불참할 경우에는 과태료를 부과할 수 있게 된다. 따라서 시·도 및 시·군·구의 아동학대 판단은 행위자에 대한 과태료 부과의 직접적인 근거가 될 수 있어, 아동학대 판단의 객관성과 전문성에 대한 요청이 더욱 커지게 되었다.

시·도 및 시·군·구의 아동학대 판단의 객관성과 전문성이 보장되기 위해서는 아동학대전담공무원에게만 전적으로 판단을 맡겨서는 안 될 것이며, 판단 과정에서 법률·의료·임상심리·사회복지 등 관련 분야 전문

---

[48] 2019년 아동보호전문기관이 아동학대로 판단한 사례 30,054건 중 수사기관이 수사를 진행한 사례는 10,334건(34.4%)에 불과하다. 『2019 아동학대 주요통계』, 보건복지부, 2020 참조.

[49] 수사기관의 아동학대에 대한 민감성이 지나치게 떨어지는 것인지, 아니면 반대로 아동보호전문기관이 지나칠 정도로 넓게 아동학대를 판단한 것인지는 잘라 말하기 어렵다. 이는 결국 "무엇을 아동학대로 보아야 할 것인가"의 문제로 귀결되기 때문이다. 다만 통계를 통하여 확실히 알 수 있는 것은, "무엇이 아동학대인가"에 대하여 수사기관과 아동보호전문기관이 서로 동상이몽(同床異夢)에 가까울 정도로 전혀 다른 관점을 갖고 있다는 사실이다.

가의 의견이 청취되고 반영될 수 있어야 할 것이다.

관련하여 구 아동복지법(2020.4.7. 법률 제17206호로 일부개정되기 전의 것) 제46조의2는 아동보호전문기관에 아동학대사례전문위원회를 설치·운영하도록 하였으며, 구 아동복지법 시행령(2020.9.29. 대통령령 제31068호로 일부개정되기 전의 것) 제45조의2 제1항은 위 아동학대사례전문위원회를 분기 1회 이상 개최하도록 하고 있었다. 그러나 현행 아동복지법에서는 폐지되고 보건복지부에만 아동학대사례전문위원회를 두는 것으로 변경되었다.

매년 전국적으로 수만 건이나 신고가 접수되는 아동학대 의심 사례들을 (비록 모든 사례에 대하여 전문가의 의견이 필요하지는 않다고 하더라도) 보건복지부에 설치된 아동학대사례전문위원회 하나만으로 다 소화해 낸다는 것은 현실적으로 불가능하다. 시·도 및 시·군·구가 자체적으로 전문가의 자문 의견을 받을 수 있도록 별도의 전문가 회의를 구성·운영할 필요가 있을 것이다.[50]

시·도 및 시·군·구가 전문가 회의를 구성·운영한다고 하더라도, 구법에서와 같이 분기 1회 정도로만 회의를 개최한다면 이는 형식적인 운영에 불과해질 가능성이 크다. 전문가 회의를 실질적으로 의미 있게 운영하려면 회의 개최 횟수를 대폭 늘려야 할 것이며, 혹은 신속하고 정확한 자문이 상시 가능하도록 자문기구를 상설화한다면 더욱 바람직할 것이다.

---

50 관련하여, 서울특별시와 서울경찰청이 2021.5.12. 발표한 『아동학대 대응 및 예방을 위한 강화대책』에는 아동학대 판단의 전문성 확보를 위하여 경찰·공무원·의사·변호사·임상심리사 등 전문가가 참여하는 "아동학대 판단회의"의 자치구별 운영 계획이 포함되어 있다. "'제2의 정인이' 없도록, 서울경찰청-서울시 공동 아동학대 대응 강화대책 발표", 서울경찰청 보도자료 (2021.5.12.) 참조.

🔍 무엇이 아동학대인가, 사회적 합의를 위하여

이 책 전체를 통하여 여러 차례 강조한 바이지만, 아동학대 근절을 위하여 현재 가장 필요한 것은 결국 우리 사회가 무엇을 아동학대라고 보는지, 어떤 행위를 아동에게 해서는 안 된다고 생각하는지에 대한 사회적 합의일 것이다.

사회적 합의는 저절로 이루어지는 것이 아니다. 각계각층의 입장과 견해를 대변할 수 있는 사람들이 공론의 장에서 활발하게 목소리를 내어 소통과 논의를 계속해야 할 것이다. 법조계, 사회복지계, 보육계, 교육계, 의료계 등 관련 분야 전문가들 및 아동을 양육하는 부모들과 일반 시민들의 더 많은 관심이 필요하다.

또한 잊지 말아야 할 것이 있다. 아동학대 예방의 궁극적 목적은 아동들의 행복과 인권 보장임에도, 아동학대에 관한 논의에서 정작 아동들의 의견은 배제되기 쉽다. 아동들은 아동학대에 대하여 어떤 생각을 갖고 있는지, 아동들의 목소리를 어떻게 하면 경청하고 반영할 수 있을지에 대한 고민도 필요할 것이다.

판결색인

헌법재판소 결정
(선고일자순)

헌법재판소 2010.5.27. 선고 2007헌바100 결정	161
헌법재판소 2015.10.21. 선고 2014헌바266 결정	
	30, 160, 162, 163, 164, 165, 166, 167, 168, 392
헌법재판소 2016.3.31. 선고 2015헌바264 결정	169, 182
헌법재판소 2020.4.23. 선고 2019헌바537 결정	169

대법원 판결
(선고일자순)

대법원 1980.9.24. 선고 79도1387 판결	322, 330, 333
대법원 1982.4.27. 선고 82도186 판결	41
대법원 1987.5.12. 선고 87도739 판결	41
대법원 1994.11.4. 선고 94도1311 판결	114
대법원 2000.4.25. 선고 98도2389 판결	132
대법원 2002.2.8. 선고 2001도6468 판결	129
대법원 2004.6.10. 선고 2001노5380 판결	131
대법원 2006.1.13. 선고 2005도6791 판결	267
대법원 2008.7.24. 선고 2008도4069 판결	292
대법원 2015.2.12. 선고 2014도11501, 2014전도197 판결	282
대법원 2015.7.9. 선고 2013도7787 판결	269

대법원 2015.12.10. 선고 2015도15561 판결	91
대법원 2015.12.23. 선고 2015도13488 판결	171, 172, 178, 217
대법원 2016.5.12. 선고 2015도6781 판결	114, 160, 175
대법원 2017.4.13. 선고 2017도2176 판결	98
대법원 2017.6.15. 선고 2017도3448 판결	262, 265, 266, 299, 393
대법원 2017.7.11. 선고 2017도6508 판결	95
대법원 2017.9.21. 선고 2017도10993 판결	241
대법원 2017.12.5. 선고 2017도15074 판결	17
대법원 2017.12.7. 선고 2017도15825 판결	311
대법원 2018.1.25. 선고 2017도17035 판결	385
대법원 2018.1.25. 선고 2017도19187 판결	393
대법원 2018.2.8. 선고 2017도15260 판결	262
대법원 2018.2.28. 선고 2017도20360 판결	307
대법원 2018.4.26. 선고 2018도2224 판결	214
대법원 2018.5.15. 선고 2018도2813 판결	370
대법원 2018.7.11. 선고 2018도6786 판결	202
대법원 2018.9.13. 선고 2018도9340 판결	278, 280
대법원 2018.9.13. 선고 2018도10987 판결	236
대법원 2019.4.25. 선고 2019도950 판결	181
대법원 2019.5.30. 선고 2019도779 판결	338
대법원 2019.6.13. 선고 2018도15473 판결	336
대법원 2019.6.13. 선고 2019두2525 판결	222
대법원 2019.7.10. 선고 2019도4989 판결	133

대법원 2019.7.25. 선고 2019도5754 판결	275
대법원 2019.8.14. 선고 2019도7472 판결	246
대법원 2019.9.9. 선고 2019도9850 판결	276
대법원 2019.10.17. 선고 2019도11699 판결	288
대법원 2019.10.31. 선고 2019도12226 판결	205
대법원 2019.10.31. 선고 2019도12564 판결	37
대법원 2019.11.28. 선고 2019도7874 판결	360
대법원 2019.11.28. 선고 2019도13398 판결	316
대법원 2020.2.27. 선고 2019도17688 판결	102

고등법원 및 지방법원 판결

(법원명 가나다순, 선고일자순)

광주고등법원 2018.3.14. 선고 (제주)2018노4 판결	326
광주고등법원 2018.6.20. 선고 (제주)2018노29 판결	236, 239
광주고등법원 2019.6.20. 선고 2018노417 판결	276
광주지방법원 2017.2.3. 선고 2016고단3445 판결	385, 387
광주지방법원 2017.9.27. 선고 2017노890 판결	385
광주지방법원 2018.9.14. 선고 2017고합461 판결	276, 284
광주지방법원 2018.10.24. 선고 2017고단3793 판결	324
광주지방법원 2019.1.10. 선고 2018노3234 판결	324
대구고등법원 2017.9.7. 선고 2017노110 판결	17

대구고등법원 2019.3.27. 선고 2018노430 판결	291
대구지방법원 2015.4.23. 선고 2014노2526 판결	114, 160, 388
대구지방법원 2017.2.8. 선고 2016고합449 판결	17
대구지방법원 2018.2.8. 선고 2017노3358 판결	249
대구지방법원 2018.5.11. 선고 2017고단6135 판결	222
대구지방법원 2018.5.30. 선고 2017노5138 판결	115
대구지방법원 2019.1.24. 선고 2018노1809 판결	222, 223, 224
대구지방법원 경주지원 2018.8.16. 선고 2018고단61 판결	176
대구지방법원 김천지원 2014.7.2. 선고 2014고단149 판결	160, 174
대구지방법원 김천지원 2017.7.18. 선고 2017고정172 판결	249
대구지방법원 서부지원 2018.9.20. 선고 2017고합55 판결	291, 293
대구지방법원 안동지원 2017.11.2. 선고 2016고단873 판결	115
대전고등법원 2018.1.19. 선고 2017노365 판결	140
대전지방법원 2019.8.7. 선고 2018노1744 판결	205, 207, 208
대전지방법원 2019.8.8. 선고 2018노3714 판결	120
대전지방법원 서산지원 2017.8.30. 선고 2016고합70 판결	140, 142

대전지방법원 천안지원 2018.6.7. 선고 2017고단2551 판결	205
대전지방법원 천안지원 2018.11.30. 선고 2018고단2097 판결	120, 121
부산고등법원 2015.9.16. 선고 2015노146 판결	91
부산고등법원 2017.7.5. 선고 2017노82, 2017전노12(병합) 판결	241
부산지방법원 2017.10.25. 선고 2016고단3178 판결	343
부산지방법원 2017.12.20. 선고 2017고단2436 판결	333
부산지방법원 2018.1.12. 선고 2017노2822 판결	377
부산지방법원 2018.4.5. 선고 2018노134 판결	333
부산지방법원 2018.8.17. 선고 2018노890 판결	381
부산지방법원 2018.10.24. 선고 2017노4131 판결	343
부산지방법원 2018.12.19. 선고 2017고단6061 판결	133
부산지방법원 2019.2.20. 선고 2018고단2325 판결	286
부산지방법원 2019.4.11. 선고 2019노104 판결	133
부산지방법원 2019.7.17. 선고 2019고단510 판결	393
부산지방법원 2019.8.23. 선고 2019노814 판결	286
부산지방법원 동부지원 2017.1.24. 선고 2016고합158, 2016전고10(병합) 판결	241, 402
서울고등법원 2017.1.20. 선고 2016노2568 판결	98, 245
서울고등법원 2017.2.9. 선고 2016노3694 판결	262
서울고등법원 2017.4.19. 선고 (춘천)2016노208 판결	95, 96

서울고등법원 2017.5.19. 선고 2017노652, 2017전노32(병합) 판결	153
서울고등법원 2017.9.15. 선고 2017노1816 판결	262, 271
서울고등법원 2018.1.31. 선고 (춘천)2017노161 판결	370, 371, 373
서울고등법원 2019.1.17. 선고 2018노2474, 2018전노142(병합) 판결	319
서울고등법원 2019.4.16. 선고 2018노3618 판결	258, 275
서울고등법원 2019.5.16. 선고 2018노2830 판결	246
서울고등법원 2019.10.30. 선고 (춘천)2019노109 판결	44
서울고등법원 2019.11.22. 선고 2019노1112 판결	102
서울남부지방법원 2017.9.7. 선고 2016고단6047 판결	338, 339
서울남부지방법원 2018.12.18. 선고 2017노1921 판결	338, 340
서울남부지방법원 2019.4.26. 선고 2018고합580 판결	52, 102, 112
서울동부지방법원 2018.7.12. 선고 2018고단79 판결	147, 148
서울동부지방법원 2018.12.7. 선고 2018노999 판결	147
서울동부지방법원 2019.5.15. 선고 2018고단2174 판결	354, 355
서울동부지방법원 2019.11.22. 선고 2019노815 판결	62
서울동부지방법원 2020.5.8. 선고 2019노769 판결	354
서울북부지방법원 2017.3.16. 선고 2016고단5172 판결	323
서울북부지방법원 2017.6.29. 선고 2017노653 판결	323
서울북부지방법원 2018.6.14. 선고 2017고단3689 판결	181, 182, 183
서울북부지방법원 2018.12.21. 선고 2018노1060 판결	181, 184
서울북부지방법원 2019.1.9. 선고 2018고단2814 판결	45

서울북부지방법원 2019.7.19. 선고 2019노151 판결　　　　　44

서울서부지방법원 2017.11.8. 선고 2017고단2252 판결　　　152
서울서부지방법원 2018.1.25. 선고 2017노1566 판결　　　152

서울중앙지방법원 2018.10.12. 선고 2018고단775 판결　　　63
서울중앙지방법원 2019.2.1. 선고 2018고단3767 판결　　　288
서울중앙지방법원 2019.7.18. 선고 2019노574 판결　　　288, 289
서울중앙지방법원 2019.9.6. 선고 2018노3303 판결　　　63, 65, 72

수원고등법원 2019.8.22. 선고 2019노5 판결　　　37
수원고등법원 2019.9.5. 선고 2019노123 판결　　　316

수원지방법원 2016.11.1. 선고 2016고합235 판결　　　262, 263, 283, 303
수원지방법원 2017.6.8. 선고 2017노932 판결　　　81, 375, 382
수원지방법원 2017.6.15. 선고 2016고단6085 판결　　　202
수원지방법원 2017.7.6. 선고 2016노8490 판결　　　349
수원지방법원 2017.7.12. 선고 2017고정23 판결　　　313
수원지방법원 2017.9.7. 선고 2017고단5105 판결　　　310
수원시방법원 2017.11.3. 선고 2017노6209 판결　　　334
수원지방법원 2017.11.16. 선고 2017노669 판결　　　307, 308
수원지방법원 2018.1.25. 선고 2017고단6279 판결　　　43, 330, 336, 337
수원지방법원 2018.2.1. 선고 2017고단4869 판결　　　327, 329
수원지방법원 2018.4.17. 선고 2017노4404 판결　　　202, 203, 378

수원지방법원 2018.5.3. 선고 2017노5449 판결	313
수원지방법원 2018.6.28. 선고 2017노7085 판결	310
수원지방법원 2018.8.14. 선고 2018노1183 판결	327
수원지방법원 2018.9.11. 선고 2018노1062 판결	336
수원지방법원 2018.9.20. 선고 2018고합132 판결	246, 247
수원지방법원 2019.4.12. 선고 2018노6025 판결	250, 252
수원지방법원 2019.5.9. 선고 2019고합4 판결	316
수원지방법원 2019.5.24. 선고 2018노4258 판결	254
수원지방법원 2019.10.18. 선고 2019노4715 판결	211, 212
수원지방법원 2019.11.28. 선고 2019노4602 판결	61
수원지방법원 성남지원 2016.11.23. 선고 2016고단2397 판결	349, 350, 351
수원지방법원 성남지원 2016.12.22. 선고 2016고단1975 판결	353
수원지방법원 성남지원 2017.1.13. 선고 2016고단1243 판결	259, 307
수원지방법원 안산지원 2018.6.22. 선고 2018고정362 판결	254
수원지방법원 안양지원 2018.9.19. 선고 2017고단2518 판결	250
수원지방법원 안양지원 2019.2.20. 선고 2018고합128 판결	37
수원지방법원 평택지원 2016.8.10. 선고 2016고합26 판결	98, 99, 100
수원지방법원 평택지원 2017.8.24. 선고 2017고단1436 판결	334
수원지방법원 평택지원 2019.8.14. 선고 2018고정514 판결	211

울산지방법원 2015.2.3. 선고 2014고합356 판결	91, 92, 93
울산지방법원 2017.3.30. 선고 2016고단3819 판결	229
울산지방법원 2017.4.20. 선고 2016고단3926 판결	311
울산지방법원 2017.4.20. 선고 2016고단4566 판결	117
울산지방법원 2017.7.7. 선고 2017노472 판결	229
울산지방법원 2017.8.4. 선고 2017노542 판결	117, 118, 127, 128, 177, 180
울산지방법원 2017.9.7. 선고 2017노571 판결	311, 312
울산지방법원 2018.7.20. 선고 2018노418 판결	378
울산지방법원 2018.11.30. 선고 2018고정630 판결	43
울산지방법원 2018.12.13. 선고 2018고단1793 판결	360
울산지방법원 2019.2.19. 선고 2018고단852 판결	149, 150
울산지방법원 2019.5.16. 선고 2019노10 판결	360, 362
울산지방법원 2019.6.14. 선고 2019노255 판결	149
의정부지방법원 2015.1.30. 선고 2014고단2594 판결	171
의정부지방법원 2015.8.21. 선고 2015노492 판결	171, 179
의정부지방법원 2017.5.10. 선고 2016고단1626, 3545(병합), 3812(병합) 판결	259, 304
의정부지방법원 2017.9.28. 선고 2017노1305 판결	304
의정부지방법원 2017.11.3. 선고 2017고단3974 판결	189
의정부지방법원 2018.4.3. 선고 2017노3305 판결	189, 190
의정부지방법원 2018.11.20. 선고 2018노1717 판결	135
의정부지방법원 2019.8.23. 선고 2019노872 판결	366
의정부지방법원 2019.9.5. 선고 2018노3336 판결	319

의정부지방법원 고양지원 2017.2.3. 선고 2016고합231, 2017고합13(병합), 2016전고9(병합) 판결	153
의정부지방법원 고양지원 2018.6.1. 선고 2017고단3358 판결	135, 136
의정부지방법원 고양지원 2018.9.4. 선고 2018고합104, 165(병합), 2018전고6(병합) 판결	319
의정부지방법원 고양지원 2018.11.8. 선고 2018고단1697 판결	319, 320
의정부지방법원 고양지원 2018.12.18. 선고 2018고합210, 2018고합259(병합) 판결	275
의정부지방법원 고양지원 2019.3.28. 선고 2018고정1102 판결	366, 367
인천지방법원 2016.6.9. 선고 2015고단6538, 2016고단2510(병합) 판결	358, 359
인천지방법원 2017.1.25. 선고 2016노2227 판결	358
인천지방법원 2017.8.11. 선고 2016노3342 판결	296, 298, 300, 301, 302, 392
인천지방법원 2017.10.27. 선고 2017노2786 판결	187
인천지방법원 2018.1.19. 선고 2017노3464 판결	214, 218
인천지방법원 2019.10.25. 선고 2019노925 판결	60
인천지방법원 부천지원 2016.8.24. 선고 2016고단661 판결	296
인천지방법원 부천지원 2017.7.14. 선고 2017고정359 판결	187
인천지방법원 부천지원 2017.9.1. 선고 2017고단1420 판결	214, 216
전주지방법원 2018.12.21. 선고 2018노1317 판결	345

전주지방법원 2019.1.18. 선고 2017고단2525 판결	155, 157
전주지방법원 2019.4.3. 선고 2019노153 판결	155
전주지방법원 군산지원 2018.9.5. 선고 2017고정409 판결	345
제주지방법원 2017.7.19. 선고 2016고단2028, 2017고단984(병합), 1170(병합) 판결	344
제주지방법원 2017.10.19. 선고 2017노454 판결	344
제주지방법원 2018.1.11. 선고 2017고합131 판결	326
제주지방법원 2018.3.22. 선고 2017고합194 판결	236, 238, 258
창원지방법원 2017.11.23. 선고 2017노1932 판결	226
창원지방법원 2018.11.29. 선고 2018노1165 판결	137, 138
창원지방법원 진주지원 2018.4.27. 선고 2015고정737 판결	137
창원지방법원 통영지원 2017.6.21. 선고 2016고단1955 판결	226, 376, 381
춘천지방법원 2016.1.22. 선고 2015고단651 판결	193, 194
춘천지방법원 2016.12.20. 선고 2016고합52 판결	95
춘천지방법원 2017.4.19. 선고 2016노105 판결	193, 195
춘천지방법원 2017.10.31. 선고 2017고합44, 79(병합) 판결	370, 372